KB047509

방송문화진흥총서 183

뉴스 생태학

정보의 오염과 지식 기반 저널리즘

토머스 패터슨 지음 · 오현경 옮김

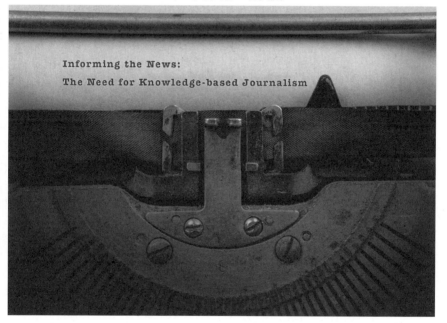

Informing the News:
The Need for Knowledge-based Journalism

INFORMING THE NEWS by Thomas E. Patterson

Copyright ⓒ 2013 by Thomas E. Patterson

All rights reserved.

This Korean edition was published by HanulMPlus Inc. in 2018 by arrangement with Vintage Anchor Publishing, an imprint of The Knopf Doubleday group, a division of Penguin Random House LLC. through KCC(Korea Copyright Center Inc.), Seoul.

이 책은 (주)한국저작권센터(KCC)를 통한 저작권자와의 독점계약으로 한울엠플러스(주)에서 출간되었습니다. 저작권법에 의해 보호를 받는 저작물이므로 무단전재와 복제를 금합니다.

일러두기

1. 본문에서 대괄호([ ])에 넣은 내용, 그리고 본문에 있는 각주 중에서 '[옮긴이]'라고 표기된 것은 독자의 원활한 독해와 이해를 돕고자 옮긴이가 덧붙인 것입니다.
2. 단행본은 『 』, 일간지와 주간지를 비롯한 정기간행물은 ≪≫, 방송 프로그램과 영화는 〈 〉를 사용해 제목을 표기했습니다.
3. 외래어는 문교부 고시 외래어표기법에 따라 표기했습니다. 다만 외래어표기법 원칙에 어긋나더라도 이미 굳어진 표현은 관용 표기를 따랐습니다.

이 책은 MBC 재단 방송문화진흥회의 지원을 받아 출간되었습니다.

이 도서의 국립중앙도서관 출판예정도서목록(CIP)은 서지정보유통지원시스템 홈페이지(http://seoji.nl.go.kr)와 국가자료공동목록시스템(http://www.nl.go.kr/kolisnet)에서 이용하실 수 있습니다.
CIP제어번호: CIP2018025961(양장), CIP2018025962(반양장)

로리에게

엄밀한 의미에서,
현재 서구 민주주의가 겪고 있는 위기는
저널리즘의 위기다.

월터 리프먼, 『자유와 뉴스』

차례

감사의 말

언론인은 '기술뿐 아니라 내용까지 터득'한 '지식 전문가'가 되지 않으면 민주주의의 필요를 충족시킬 수 없다. 이 생각은 뉴욕 카네기 재단의 회장인 바탄 그레고리안Vartan Gregorian 박사가 카네기-나이트 계획Carnegie-Knight Initiative 착수를 기념해 제시한 것인데, 이 책은 여기서 탄생했다.

바탄의 비전은 나이트 재단John S. & James L. Knight Foundation의 대표이자 최고경영자인 하딩 카터 3세Hodding Carter III의 주목을 받았다. 2005년에 그들은 저널리즘 교육과 실천을 강화하려는 목적으로 카네기-나이트 프로그램을 발표했다. 저널리즘 교육은 그 출발점이었다. 하버드 대학의 쇼렌스타인 언론·정치·공공정책 센터Shorenstein Center on the Press, Politics, and Public Policy뿐 아니라, 컬럼비아 대학, 노스웨스턴 대학, UC 버클리, 서던캘리포니아 대학 등 최고의 저널리즘 스쿨 네 군데도 언론학도들이 교육받는 방법을 재고해야 했다. 2년 후에는 애리조나 주립대학, 메릴랜드 대학, 미주리 대학, 네브래스카 대학, 노스캐롤라이나 대학, 시러큐스 대학, 그리고 텍사스 대학의 저널리즘 교육과정이 이 계획안에 추가되었다. 이 12개 기관은 저널리즘 교육에 지식을 더 충분히 담아내는 법을 개발하는 데 지난 수십 년을 보냈다.

이 책은 저널리즘 교육보다는 저널리즘 실천에 더 초점을 맞춘다. 그럼에도 불구하고 나는 이 프로그램에 참여하면서 그 목표에 대한 신념으로 이 책을 집필하기에 이르렀다. 나는 바탄 그레고리안과, 이 계획안 착수 이후 얼마 안 되어 나이트 재단의 대표이자 최고경영자인 하딩 카터를 승계한 알베르토 이바르겐Alberto Ibargüen에게 특별히 감사를 전한다. 바탄과 알베르토는 재단의 기금으로 이 프로그램을 지원하는 것 이상의 일을 했다. 그들은 이 프로그램에 에너지와 아이디어들을 쏟아부었다. 카네기 재단 대외협력 부사장인 수전 킹Susan King과 나이트 재단의 저널리즘 프로그램 부사장인 에릭 뉴턴Eric Newton도 마찬가지였다. 수전과 에릭의 끊임없는 영향이 없었더라면 이 프로그램의 영향력과 방향성은 지금에 훨씬 못 미쳤을 것이다. 카네기 재단의 앰비카 카푸르Ambika Kapur는 이 프로그램의 활동들을 조직해 재단의 업무 담당자들과 학자들을 포함한 우리 모두를 도왔다.

또한 카네기-나이트 프로그램이 진행된 6년 동안 참여 기관들의 학장을 지낸 모든 분께 감사를 표하고 싶다. 그들은 애리조나 주립대학의 크리스 캘러헌Chris Callahan, UC 버클리의 오빌 쉘Orville Schell과 닐 헨리Neil Henry, 컬럼비아 대학의 니컬러스 레먼Nicholas Lemann, 메릴랜드 대학의 톰 쿤켈Tom Kunkel과 케빈 클로스Kevin Klose, 미주리 대학 컬럼비아 캠퍼스의 딘 밀스Deal Mills, 네브래스카 대학의 개리 케벨Gary Kebbel과 윌 노튼Will Norton, 노스웨스턴 대학의 로렌 길리언Loren Ghiglione과 존 래빈John Lavine, 시러큐스 대학의 데이비드 루빈David Rubin과 로레인 브래넘Lorraine Branham, 노스캐롤라이나 대학 채플힐의 진 포커츠Jean Folkerts와 수전 킹Susan King, 서던캘리포니아 대학의 제프리 카원Geoffrey Cowan과 어니스트 윌슨Ernest Wilson, 텍사스 대학 오스틴의 로더릭 하트Roderick Hart다. 이분들은 분명 이 책에 제시된 몇몇 — 아마도 많은 — 주장에 이의를 제기할 것이지만, 저널리즘에 대한 그들의 통찰력은 이 주제에 대한 내 생각에 영향을 미쳤다.

나의 쇼렌스타인 센터 동료인 알렉스 존스Alex Jones에게도 감사드린다. 그는 쇼렌스타인 센터장이면서 이 프로그램의 시작부터 대책위원회 조정자로서 연구 및 정책 사안들에 관한 주요 역할을 담당했다.

알렉스의 공로는 이 프로그램을 도운 것에 그치지 않는다. 그의 우정과 조언은 내 일뿐 아니라 개인적인 삶에도 매우 소중하다. 쇼렌스타인 센터의 낸시 파머Nancy Palmer는 집필 시간을 확보해주었으며 내 지속적인 독자가 되어주었다. 그녀가 내 원고를 읽고 나서 한두 가지만 제안해왔을 때 비로소 각 장이 거의 완성되어가고 있다는 것을 알았다. 마지막 원고에는 쇼렌스타인 센터의 존 위비John Wihbey가 관여했다. 센터의 크리스티나 마스트로파스카는 내 연구조교였으며, 윌 콜, 멀리사 갤베즈, 해나 시걸은 내 대학원 학생들이었다. 그들은 이 일을 즐겁게, 그리고 훌륭하게 해냈다.

카네기-나이트 프로그램에서의 활동들이 이 책의 원동력이라면, 언론인 월터 리프먼Walter Lippmann의 100년 묵은 글들은 이 책의 길잡이였다. 나는 리프먼을 종종 인용하고, 내 주장 일부를 의식적으로 그의 주장에 따라 조형하며, 각 장을 그의 글에 대한 인용으로 시작하고, 그가 특징적으로 사용한 숫자들을 적용해 각 장의 마디마디를 이끌어감으로써 그의 공헌을 기리고자 했다.

감사드려야 할 가장 큰 집단은 나의 분석에 영향을 미친 수백 명의 학자들과 언론인들일 것이다. 그들의 정체는 이 책의 주석에 나타나 있다. 그들의 공헌은 저널리즘이 지식 기반의 직업일 수 있으며, 또 그래야만 한다는 내 주장에 힘을 실어준다.

감사의 말에 올릴 가장 짧은 명부를 구성하는 것은 단 한 명의 개인, 내 아내 로리 콘웨이Lorie Conway다. 나는 그녀에게 진심으로 감사할 일들을 빚고 있다. 내가 키보드를 향해 구부린 채로 보낸 주말과 저녁 시간은 우리가 함께했어야 할 시간들을 부당하게 가로챘다. 그녀가 하버드 대학의 전직 니먼 펠로Nieman Fellow로 교육받은 언론인이라는 사실이 그녀의 인내를 설명해줄 수 있을 것이다. 나는 잘 알고 있다. 그녀의 지지는 무조건적이었고, 그녀의 제안들은 지식 기반 저널리즘을 위한 프로그램을 개발하는 동안 생긴 수많은 수수께끼들을 풀 수 있도록 도와주었다. 내 편에 그녀가 없었다면 이 책을 준비하는 것은 결코 감당할 수도, 혹은 즐길 수도 없었을 것이다.

2013년 1월 30일
매사추세츠주 케임브리지
하버드 대학에서
토머스 패터슨

서장　　　　　　　　　정보의 오염

사실에 접근하지 못할 때 우리는 무능함, 불성실, 부패, 공포, 급기야 극단의 재난에 처하게 된다. 무가치한 정보들로는 그 누구든 어떤 일도 할 수 없다. 국민 역시 마찬가지다.[1]

월터 리프먼

워싱턴에서 이라크 침공 가능성에 대한 논쟁이 진행되는 동안, 여론조사원들은 국민들의 의견을 물어보느라 분주했다. 근소한 차이로 다수인 미국인들은 조지 W. 부시 대통령이 필요하다고 생각한다면 이라크 침공을 지지한다고 밝혔다.[2] 하지만 미국인들의 참전 의향은 이라크에 관한 정보들이 사실인지 아닌지에 따라 달라졌다. 사실과는 반대로, 미국인 대부분은 2001년 9월 11일 미국을 공격한 테러 집단 알카에다에 이라크가 동조하고 있다고 생각했다. 일부 미국인은 세계무역센터 및 펜타곤에 충돌한 비행기들을 이라크 비행사들이 조종했다고 믿기까지 했다.[3]

잘못된 믿음을 가진 미국인들은 그렇지 않은 이들에 비해 이라크 침공에 대해 우호적이었다.[4] 사담 후세인의 세계를 없애고자 하는 다른 이유도 있었을 것이다. 후세인은 그의 무기 체계에 대해 조사하는 UN을 반복적으로 위협했으며 자기 국민 수천수만 명을 죽음으로 내몰았다. 그렇지만 후세인이 알카에다에 동조했다는 것은 전혀 사실이 아니었다.

폭스 뉴스Fox News 시청자들은 누구보다도 가장 잘못 알고 있는 사람들이었다. 폭스 뉴스 시청자 3분의 2는 사담 후세인과 알카에다 사이에 '분명한 연결고리'가 있다고 여겼는데, 경쟁 언론사에서 일하는 기자들이 이 사실을 매우 흥미로워했다는 연구 결과가 있다.[5] 더욱 냉철하게 증거를 들여다보았다면 이토록 잘못된 확신을 갖게 되지는 않았을 것이다. 폭스 뉴스 시청자들만 잘못된 현실감을 가지고 있는 것은 아니었다. ABC, CBS, CNN, NBC의 시청자들 절반가량이 이라크와 알카에다가 협력자라고 잘못 생각했으며, 5개의 신문 중 2개 신문의 독자들도 마찬가지였다.[6]

이처럼 뒤틀린 이해는 그다지 새로운 일도 아니다. 반세기 전 국가의 상수도에 불소가 첨가되었을 때, 일부 미국인은 이것이 미국 청년들을 독살하려는 공산주의자의 음모라고 주장하기도 했다.[7] 역사가 리처드 호프스태터Richard Hofstadter는 1964년 ≪하퍼스 매거진Harper's Magazine≫에 실린 중대한 글에서 이러한 사고를 '편집증적 방식'이라고 묘사하며, "내 마음속에 품고 있는 열띤 과장과 의심, 음모의 판타지를 이보다 더 적절하게 불러일으키는 단어는 없다"라고 기록했다.[8]

이들은 전후 미국의 광적인 반공주의자들과 맞먹는다. 버락 오바마가 미국의 이익을 파괴하기 위해 극단주의 무슬림 단체로 자금을 유통했다고 주장하거나[9] 조지 W. 부시가 9·11 테러 모의를 사전에 알았는데도 이를 중단시키지 않기로 선택했다고 말하는[10] 음모론자들을 설명할 수 있는 단어가 '편집증적 방식' 외에 또 있을까? 하지만 오늘날 믿기 어려운 수준의 오보는 편집증으로 설명이 안 된다. 호프스태터가 정의했듯이 '편집증적 방식'은 소수의 사람들에게서 나타나는 망상적인 사고방식을 묘사하지만, 오늘날 수천 수백만 명의 미국인들이 터무니없는 견해를 갖고 있는 문제는 찾기 쉽다. 예를 들어, 2009~2010년 의료개혁 논쟁의 어느 시점에 미국 여론 절반은, 이 의료 법안에 정부가 노인 진료를 거부할 수 있는 권력을 가진 위원회인 '국가생명윤리위원회death panels'*의 임명안이 포함되었다고 잘못 믿었다.[11]

---

* [옮긴이] 2009년 8월 버락 오바마 행정부에서 의료보험개혁을 추진하는 것에 대해 세라 페일린은 오바마의 '국가생명윤리위원회'가 주관적인 잣대로 대상자의 사회적 생산성을 따져 의료 혜택 제공 여부를 판단할 것이며, 자신의 부모나 다운증후군을 앓는 자기 자녀를 비롯한 미국인들이 이에 맞서야 한다고 주장했다. 그녀는 그러한 주장을 뒷받침하고자 'death panels'라는 표현을 만들어내어 사용했으나, 이는 사실과 맞지 않는 정치적 수사였다. 이 주장은 오바마케어를 공격하기 위한 것이었고, 당시 미국 사회에서 큰 논쟁을 불러일으켰다.

최근 정책 토론회에서 우리가 반복해서 보았다시피 오보misinfor-mation가 피해mischief로 이어지는 것은 한순간이다. 다수의 사람들이 현실을 모르고 있다면 합리적인 공론은 거의 불가능하다.[12] 사실에 동의하지 않으면, 주장을 내세울 수 있는 근거가 없다.[13] 외교 정책부터 연방정부 예산에 이르기까지 최근 모든 주제에 대한 논쟁은 팩트 부족으로 분열되거나 소란해졌다.[14]

무슨 일이 벌어지고 있는 것일까? 왜 미국인들은 오보의 늪에 빠져 있을까? 몇 가지 요인이 있지만 커뮤니케이션에서의 변화가 첫 번째 요인이다. 믿을 만한 안내자로 자처하는 – 언론인, 정치인, 토크쇼 진행자, 학자, 블로거와 같은 – 중재자들로부터 미국인들은 푸대접을 받아 왔던 것이다.

———

언론인은 우리를 이해시키는 중요한 사람이다. 언론인은 다른 역할도 하지만, 대개 우리의 직접 경험을 넘어서는 사회문제를 가장 잘 이해할 수 있게 해주는 존재로서 필요하다. 언론인이 우리를 계속 이해시키기 위한 모든 부담을 져야 한다는 의미는 아니다. 만일 그러한 책임감으로 가득 차 있다면 그들은 실패하게 될 것이다. 교육자나 정치 지도자를 비롯한 이들 때문에 생긴 명백한 결함을 그들이 채워줄 수는 없다.[15] 하지만 언론인 월터 리프먼이 말했듯이 "믿을 수 있고 타당한trustworthy and relevant 뉴스를 꾸준히 제공하지 않으면" 민주주의는 흔들린다.[16]

언론인은 이를 전하는 데 실패하고 있다. 2006년 카네기 법인 보고서는 "언론의 품질이 이윤 창출, 객관성 약화, '오락성 바이러스'의 확산으로 그 설 자리를 잃어가고 있다"라는 결론을 내렸다.[17] 대중은 이 문제를 분명히 인식하고 있다. 2012년 갤럽 여론조사에서 뉴스 매체가 '완전하고, 정확하며, 공정하게' 보도하는 능력을 '매우' 신뢰한다고 응답한 이들은 단 8%에 불과했다. 이들의 7배가 넘는 응답자들, 즉 응답자의 60%가 언론을 거의, 혹은 전혀 신뢰하지 않는다고 답했다.[18] 이는 다수의 미국인들이 언론의 보도를 신뢰한다고 답했던 몇 십 년 전과 비교했을 때 극적으로 하락한 것이다.[19]

비난의 화살은 다른 데 돌려야 함에도 불구하고 일부 언론인들은 대중이 보도 내용을 가지고 언론을 비난하며 '엉뚱한 사람한테 화풀이'하고 있다고 말하면서 기사에 대한 비판을 일축한다.[20] 그들의 주장에도 어느 정도 일리는 있다. 하지만 대부분의 언론인들은 자신 역시 이 문제의 원인 제공자임을 예리하게 인지하고 있다. 퓨리서치Pew Research Center 조사에 의하면, 언론인들은 보도가 '갈수록 피상적이고', '갈수록 엉성하며', '너무 소심해졌다'고 생각하는 것으로 나타났다.[21] 퓨리서치의 이어진 조사에서는 기자들의 68%가 '현실주의적 압력이 언론을 해친다'고 믿는 것으로 나타났는데, 이는 10년 전보다도 41%가 증가한 수치다. 응답자 10명 중 6명은 언론이 '잘못된 방향으로' 향하고 있다고 답했다.[22]

그럼에도 불구하고 언론인은 더 나은 무언가를 위한 최선의 희망이다. 팩트를 수호하기 위해서는 토크쇼 진행자, 블로거, 정치운동가, 정치인 및 해설자도 믿을 수가 없다. 그 반열에서 많은 이들이 양심적이고 공공심을 갖고 있지만, 일부는 정당이나 개인의 이익을 위해 사실을 고의적으로 왜곡한다. 그들은 미국 대중에게 떠맡긴 반쪽짜리 진실과 거짓말을 대부분 날조해왔다.

오늘날에는 정보원이 늘어나고 사람들이 정보를 더 쉽게 공유할 수 있다는 점을 들어 언론인의 역할이 이전보다 덜 중요하다고 말하는 관찰자들이 있다.[23] 내가 보기에, 이용 가능한 정보의 품질 및 연관성이 다양하고도 많다는 바로 그 이유 때문에 시민들은 이전보다 언론인을 더욱더 필요로 한다. 기자의 공로는 학자나 정책 분석가의 공로와 비교가 안 되며, 토크쇼 진행자나 블로거와의 비교는 말할 것도 없다. 이들 각각은 우리의 공적인 삶에서 자리를 차지하고 있지만, 기자의 일을 할 줄 아는 사람은 아무도 없다. 기자는 눈에 띄지 않는 것들을 가시화하고 우리를 직접적 경험 너머에 있는 세상과 연결시키는 일을 일상적으로 담당한다. 공적인 삶은 갈수록 더 복잡해지기 때문에 현재 활동 중이면서 그날그날의 쟁점에 관해 시의적절한 정보를 제공하는 정보원이 필요하다. 이것이 바로 우리가 언론인을 필요로 하는 이유다.

그러나 언론인이 대중의 필수적인 정보원이라는 주장은 기자들이 선전과 오보를 유포하면서 점차 사라지는데, 이런 일들이 최근 몇 년간 너무 빈번하게 발생해왔다는 점을 이 책의 첫 두 장에서 보여주고자 한다. 양심적인 언론인들도 많지만, 그렇지 않은 기자들이 벌이고 있는 일들 때문에 그들의 노력이 수포가 된다. 형편없는 보도에 따른 비용은 우리의 민주주의뿐 아니라 그들의 생계에 대해서도 많은 언론인이 생각하는 것 이상으로 높다. 대중이 기자들의 메시지가 더 이상 다른 정보원들보다 더 가치 없다고 결론 내리면 뉴스에 대한 수요는 하락할 것이다.[24] 그러한 변화는 이미 진행 중이다. 지난 수십 년간에 걸친 설문조사들은 정당 블로거나 토크쇼 진행자 및 학자들로부터 정보를 얻는 것을 선호하는 미국인 수가 지속적으로 증가한 것을 보여준다.[25] 언론발전연구소Project for Excellence in Journalism*에서 2013년에 발행한 「미국 언론 현황 보고서」는 미국 성인들의 거의 3

분의 1 정도가 보도 품질이 하락하고 있다고 믿고 있어서 일부 뉴스 매체 이용하기를 중단했다고 언급했다.[26]

———

언론인들은 지난 몇 년간 자신감의 위기를 겪었다. 특히 1900년대 초반 '황색 언론' 시대에 가장 위태로웠는데, 이는 언론이 자만심과 광고주 영향력 및 시장 경쟁 때문에 어느 비평가가 "수단과 방법을 가리지 않고 독자를 유혹하며 악을 쓰는, 천박하며 선정적인 것을 너무나 좋아하는 천하태평 언론"이라고 부르게 되었을 때였다.[27] 이처럼 초기의 위기에 대응하기 위해 광고와 뉴스 부서를 분리하고, 사실무근 의견에 관한 뉴스를 벗겨내도록 하는 보도 형태인 객관적 저널리즘을 고안해냈다.[28]

　이번 위기에는 어떻게 대응할 수 있을까? 무엇이 뉴스의 신뢰도를 높일 수 있을까? 일부 관찰자들은 디지털 시대의 돌파구(시민 기자, 팩트체커fact checkers, 크라우드소싱crowdsourcing 같은 것들)가 뉴스를 더 신뢰할 만한 형태로 만드는 열쇠라고 믿고 있다. 이러한 신개발품들이 도움은 될 수 있겠지만 저마다 중대한 한계가 있다.[29] 그보다 더 유망한 가능성을 보장해주는 것은 내가 '지식 기반 저널리즘'이라고 부르려는 것이다. 현재 언론인들이 사용하고 있는 보도 수단은 100여 년 전에 개발되었기 때문에, 대중의 현실 감각을 날조된 합의와 교묘한 조작, 과장된 주장들이 폭행하고 있는 현재보다는 당대의 요구에 더 적합했다.

* [옮긴이] 언론발전연구소는 퓨리서치의 부속 연구팀이다.

다음 장에서는 대중의 정보가 그 제공자에 의해 얼마나 오염되어 왔는지, 그리고 지식 기반 저널리즘이 이를 어떻게 바로잡을 수 있는 지 알아보겠다. 또한 지식 기반 저널리즘이 뉴스 수용자를 굳건히 할 수 있다는 것을 희망적으로 보여주는* 증거를 제시할 것이다. 물론 지식 기반 저널리즘이 묘약은 될 수 없다. 정보의 오염은 현대 미국 사회에 깊이 뿌리내리고 있다. 과도한 자본 및 권력과 명성은 없어졌 으면 하는 정보 오염의 근원이다. 그럼에도 불구하고 지식 기반 저널 리즘은 미국인들에게 현재 부족하지만 몹시 필요하며, 타당하고 신뢰 할 만한 뉴스를 꾸준히 제공할 것이다.

---

* [옮긴이] 지은이는 'tantalizing evidence'라는 표현을 사용했는데, 이를 직역하면 '감질나는 증거'로, 희망적인 증거가 많지는 않지만 조금씩 제시되고 있음을 강조 하는 표현이다.

1장

정보의 문제

타당하고 믿을 만한 뉴스를 꾸준히 공급하지 않으면, 민주주의에 대해 가장 날카로운 비평가들이 의혹을 제기해온 것들은 모두 사실이 된다.[1]

월터 리프먼

1.

"시민은 최악의 조건에서 정부의 매우 위험한 일을 수행한다."[2] 요란한 공장들, 비대해진 대가족, 따분한 집안일들이 사람들의 시간과 관심을 무너뜨리던 시대인 1922년에 언론인 월터 리프먼은 이 말을 남겼다. 대부분의 사람들에게 석간신문을 읽는 고요한 순간은 시민교육을 받는 것이나 다름없었다. "신문은 문자 그대로 민주주의의 바이블, 즉 사람이 자신의 행동을 결정하는 책"이라고 리프먼은 기록했다. "신문은 대부분의 사람들이 읽는 유일하게 진지한 서적이다. 사람들이 매일 읽는 유일한 책이다."[3]

현대인의 생활은 그 당시보다 훨씬 수월하다. 하지만 리프먼의 시대에 시민의 은신처였던 미디어는 점차 바보들의 천국으로 변해왔다. 이전에는 대중이 사회문제에 관해 이토록 방대한 정보에 접근해본 적이 결코 없었다. 하지만 이토록 많은 정보가 신뢰할 수 없거나 무의미한 적도 결코 없었다. 뉴욕 대학의 닐 포스트먼Neil Postman 교수는 미디어의 시대에 우리가 "자기 자신을 죽을 때까지 재미있게 해주려는" 위험을 무릅쓴다며 우려했다.[4] 이제 우리는 쓸모없는 목표를 위해 자신을 속이려는 위험을 무릅쓰기도 한다. 잇따른 사안마다 다수의 미국인들이 가진 신념은 현실과 너무나 상충되고 있어서 그 사안을 분별 있게 생각할 수 없다. 수많은 지표들은 지구가 인간의 활동 탓에 온난화되고 있으며 기온 상승이 가속화되고 있음을 보여준다. 그러나 많은 사람은 지구온난화가 일어나고 있다는 사실을 단호히 거부하거나 인간의 활동이 그 요인이라고 생각하지 않는다.[5]

최초의 과학적 여론조사에서 대부분의 미국인들이 정치에 대해 기껏해야 아주 조금 알고 있을 뿐marginally informed임이 드러난 후로 분석가들은 시민들이 민주주의가 부여한 역할을 감당할 능력이 있는지를 질문해왔다.[6] 하지만 불충분하게 알고 있는inadequately informed 대중보다 더 안 좋은 것이 있으니, 이는 잘못 알고 있는misinformed 대중이다.[7] 시민들이 자기가 어떤 것에 대해 모르고 있음을 깨닫는 것은 항상 문젯거리였다.[8] 하지만 모르고 있으면서 시민들 스스로 안다고 생각하는 것은 또 다른 문젯거리다. 이것은 무지와 비이성의 차이다.[9] 자치self-government에 대해 다른 어떤 결론을 내리든 간에 시민들이 자기가 무엇을 이야기하고 있는지 모르는 것은 위험한 상태다.[10]

잘못된 정보, 즉 오보는 부분적으로 우리가 바라는 방식으로 세상을 보려고 하는 경향을 비롯한 심리적 요인들에 기인한다. 하지만 그러한 요인들은 늘 존재해왔던 오보에 관해서만 설명할 수 있다. 최근 몇 년간 오보가 급격히 증가한 원인은 다른 데 있다. 바로 매체들이다. "그들은 우리를 바보로 만들고 있다"라고 어느 관찰자는 말한다.[11] 상황은 그보다 더 나쁘다. 그들은 우리가 경계하도록 만들기도 한다. 사실이 허구에 굴복한다면 그 결과는 정치적 불신과 양극화가 될 것이라고 예측할 수 있다.[12]

2.

미국인들의 오보에는 여러 가지 근원이 있는데, 그중 하나는 연방통신위원회FCC가 1987년 공정성 원칙Fairness Doctrine을 폐지하면서 시작되었다. 공정성 원칙은 방송국들이 진보적인 프로그램과 보수적인 프로그램 간 균형 있는 편성을 요구함으로써 당파적 토크쇼 방송을 좌절시켰다. 이 요구 사항이 폐지되었을 때, 수백 개의 방송국들은 보수적인 성향을 띤 가장 성공적인 토크쇼를 선별해 내보냈다.[13] 시청률이 가장 높은 〈러시 림보 쇼The Rush Limbaugh Show〉는 몇 년 만에 매주 2000만 명의 시청자 수를 기록했다.[14] 림보의 성공으로 루퍼트 머독Rupert Murdoch은 1996년에 보수의 대안을 전통적인 TV 방송국에서 시작할 수 있다는 확신을 얻었다.* 토크쇼 진행자인 빌 오라일리Bill O'Reilly는 폭스 뉴스의 최초 고용인 중 하나였다. 오라일리는 2001년에 케이블에서 가장 시청률이 높은 토크쇼였으며, 폭스의 시청자 수가 경쟁사들의 시청자 수를 넘어서자 CNN과 MSNBC는 서둘러 토크쇼 진행자를 자체 고용하기 시작했다.

라디오 및 텔레비전 토크쇼들은 이제 미국인 5000만 명 이상의 주간 통합 시청자 수를 보유하고 있다.[15] 비록 몇몇 토크쇼들이 사려 깊은 토론 포럼을 제공하기는 하지만, 대부분은 단지 그런 척하는 것일 뿐이다.[16] 많은 토크쇼 진행자들은, 컬럼비아 대학의 저널리즘 대학전 학과장이었던 니컬러스 레먼Nicholas Lemann 교수가 말한 '정보의 오염the corruption of information'을 밀거래한다.[17] 글렌 벡Glenn Beck이 방심한 순간 자신을 '로데오 경기의 안전요원rodeo clown'이라고 불렀을 때, 그는 성공적인 정치 토크쇼를 위한 공식의 절반을 차지하는 것이 쇼맨십이라는 점을 분명히 지적했던 것이다. 공식의 나머지 부분은 허튼소리로 채워진다.[18] 월가의 시위자에 대해 글렌 벡은 다음과 같이 말했다. "자본주의자들, 여러분이 만일 이 시위자들과 한패가 될 수 있다고 생각한다면 오산이다. 그들은 여러분을 데리러 와서 이 거리로 끌어내 죽일 것이다."[19]

* 케이블 TV 뉴스는 공정성 원칙의 대상이 아니었고, 처음부터 당파성 모형을 추구하는 것이 가능했다. 최초의 케이블 뉴스 매체인 CNN은 정치적으로 균형 있는 뉴스 제작·편성 정책을 채택했다.

토크쇼에서 토해내는 오보는 다음 사례들에서도 볼 수 있는데, 이들은 각각 보수파와 진보파 사례다. 2009년 7월 16일, 전 뉴욕 부지사였던 벳시 매커히Betsy McCaughey 박사는 〈프레드 톰슨 쇼The Fred Thompson Show〉에 출연해 의회에서 논란 중인 의료보험개혁안이 "5년마다 의료보험 가입자들이 그들의 생을 더 빨리 마감할 방법을 설명해주는 필수 상담 회기를 거치도록 의무화할 것(절대적 요청 사항으로 만들 것)"이라며 틀린 주장을 했다.[20] 거기서부터 매커히 박사의 주장은 한 보수적인 프로그램에서 다른 보수적인 프로그램으로 꿈틀거리며 기어나갔다.[21] 글렌 벡은 이 제정법을 '안락사'라고 불렀다. 그는 다음과 같이 말했다. "때때로 당신은 공익을 위해 '할아버지는 즐겁게 사신 거예요. 할아버지 상황은 안됐지만 저는 그렇게 되고 싶지 않네요'라고 말하는 수밖에 없을 것이다."[22]

만일 보수파 진행자가 큰 정부를 한없이 욕하면 진보파 진행자는 보수주의자의 마음속 어두운 한편에 무엇이 도사리고 있는지 아는 체할 것이다. 2010년 MSNBC의 키스 올버먼Keith Olbermann은 'TKKTea Klux Klan'*(그가 티파티Tea Party에 붙인 꼬리표) 추종자들의 인종을 증거로 내세우며, 이들이 미국 최초의 흑인 대통령에 대한 증오 때문에 움직이는 것이라고 말했다. 올버먼은 다음과 같이 물었다. "당신은 살면서 어느 때고 다시 보게 될, 당신과 똑같이 생긴 사람들만 모인 가장 거대한 군중에 뭣 하러 둘러싸여 있는가?" 올버먼은 이 운동의 더

---

* [옮긴이] 티파티 사건은 본래 1973년 미국의 영국 식민지 시대에 보스턴에서 관세 징수에 반발해 일어난 일종의 애국 운동이었지만, 2009년에 감세와 작은 정부 등을 주장하며 길거리 시위 등을 시작한 일부 보수파가 자신의 시위를 보스턴 티파티 정신을 계승한 시민의 불복종 운동이라고 주장하면서 미국 보수주의 정치를 견인하는 계층으로 언급되었다. 올버먼은 이를 백인우월주의 집단인 KKK(Ku Klux Klan)에 빗대 TKK(Tea Klux Klan)로 비꼰 것이다.

깊은 뿌리가 한순간의 거짓 겸손임을 인정하기에 이르렀다: "내가 우리 본성의 선한 천사the better angels of our nature*에 대해 링컨이 말한 것을 경청할 수만 있다면, 나는 기본적으로 우리가 티파티에서 보고 있는 것이 - 지독히, 극도로, 그리고 치명적이며 맹목적으로 - 두려워하고 있는 인간들임을 알게 될 것이다."23

토크쇼들은 비슷한 생각을 가진 사람들에게 호소한다.24 보수적인 사람들은 보수파 진행자들에게 몰리고, 진보적인 사람들은 진보파의 진행자들에게 모인다. 림보와 글렌 벡의 청취자 중에서 스스로를 보수파로 여기는 사람들은 자신을 진보파라고 여기는 사람들보다 15 대 1 이상의 차이로 더 많다.25 진보적인 토크쇼의 수용자는 그다지 편파적이지는 않지만, 거기서 보수파는 일부만을 차지한다.26

하버드 대학의 캐스 선스타인Cass Sunstein 교수가 보여주었듯이, 편파적인 주장에 노출된 사람들은 극단적인 정치적 시각을 갖게 될 수 있다.27 또한 반대편 사람들이 믿는 것을 왜곡해서 이해하기도 한다. 예컨대 펜실베이니아 주립대학의 캐슬린 홀 제이미슨Kathleen Hall Jamieson 교수와 조지프 카펠라Joseph Cappella 교수는 〈러시 림보 쇼〉 청취자들이 공화당의 입장에 대해서는 비교적 정확히 이해하고 있지만 민주당의 입장에 대해서는 왜곡된 시각을 가진 것을 발견했다. 이는 민주당의 입장을 왜곡하는 림보의 습관과 민주당에 관해서는 최악을 믿고자 하는 청취자들의 열망에 따른 것이다.28

정치 블로그들도 그 지지자들이 뭐라고 말하든 간에 유사한 효과가 있다. 데이비드 클라인David Kline과 댄 버스틴Dan Burstein은 2005년에 펴낸 저서 『블로그!Blog!』에서 블로깅은 정보와 토론의 탄탄한 결

---

* [옮긴이] 이 표현은 1861년 에이브러햄 링컨의 대통령 취임 연설문의 마지막 단락에 나오는 표현이다.

합으로서 '인간 커뮤니케이션의 새로운 패러다임'이라고 주장했다.[29] 블로그들은 확실히 정보와 토론을 함께 이끌어내기는 하지만 대개 편협한 방식으로 제공한다.[30] 대부분 반대 견해들을 폄하하거나 막아내는 매우 당파적인 추종자들을 보유하고 있다.[31] 다른 견해를 가진 사람들이 정기적으로 모이는 정치 블로그는 드물고, 사실을 가려내기 위해 모이는 경우는 더욱 희박하다.[32] 그리고 블로그 이용자들은 다른 블로그들을 방문하면서 자기처럼 생각하는 사람들을 더 찾아낸다. 거의 90%의 링크는 동일한 이데올로기를 고취하는 사이트들로 연결된다.[33]

미국인들 대부분이 공통된 미디어 현실을 공유하던 방송 시대와는 달리, 인터넷 시대는 갈수록 더 분리된 현실의 시대이며, 영국인 학자 피터 달그렌Peter Dahlgren 교수의 표현대로 '사이버 게토cyber-ghettos'*의 시대다.[34] ≪워싱턴 포스트Washington Post≫의 칼럼니스트인 에즈라 클라인Ezra Klein은 다음과 같이 말했다. "이미 믿고 있는 것이 무엇이든 간에 우리는 갈수록 그것을 뒷받침하려는 경향에 따라 정보원을 선택할 수 있게 된다. 우리는 반대편의 주장을 들을 필요조차 없으며, 그것들을 진지하게 숙고할 필요는 더더욱 없다."[35]

강력하지만 잘못된 신념을 가진 사람들이 이를 바로잡는 사실을 접하게 되면, 그 사실을 거부할 갖가지 이유들을 찾아낸다.[36] 인지적 부조화 이론의 창시자인 레온 페스팅거Leon Festinger는 이러한 경향을

---

* [옮긴이] 게토(ghetto)란 본래 중세 유럽에서 강제로 격리당한 유대인들이 모여 사는 구역을 의미하며, 일반적으로 특정 사회집단의 거주지나 빈민가를 지칭한다. 게토의 어원은 히브리어로 '분리' 혹은 '이혼'을 뜻하는 'get', 이탈리아어로는 '격리하다'는 뜻의 'gettare'이다. 피터 달그렌은 '사이버 게토'라는 표현을 통해 다양한 온라인 커뮤니티나 블로그들이 서로 유기적으로 존재하기보다 자신과 성향 및 견해가 다른 외부 집단들과 철저히 단절되고 분리되어 존재한다는 점을 지적한다.

묘사한 최초의 인물 중 하나다. 페스팅거는 다음과 같이 기록했다. "확신을 가진 사람은 변하기 어렵다. 당신이 동의하지 않는다고 말하면 그는 돌아서서 가버릴 것이다. 당신이 사실과 공식적인 수치들을 보여주면 그는 당신의 정보원에 대해 문제를 제기할 것이다. 당신이 논리에 호소하면 그는 당신의 요점을 보지 못할 것이다. …… 그의 신념이 틀렸다는 것을 증거, 즉 명백하고도 반박할 수 없는 증거와 함께 보여주면 그는 흔들리지 않을 뿐 아니라 이전보다 훨씬 더 자기 신념의 진실성을 확신하게 될 것이다."[37]

많은 연구가 페스팅거의 주장을 뒷받침한다. 가령, 2005년의 실험에서는 피험자들이 미국이 이라크를 침공한 2003년에 이라크가 유효한 무기 프로그램을 보유하고 있었는지에 대해 '매우 동의한다'부터 '매우 동의하지 않는다'까지 5점 척도로 대답하도록 질문했다.[38] 그리고 실험에서 피험자들에게 이라크 정책에 관한 조지 W. 부시 대통령의 최근 성명서가 포함된 가짜 AP Associated Press 뉴스 기사를 다음과 같이 제공했다. "사담 후세인이 테러리스트 네트워크에 무기나 재료, 혹은 정보를 넘길 위험, 실제 위험이 있었고, 그것은 9·11 이후의 세상에서 우리가 감당할 수 없는 위험이었다." 이어서 가짜 기사는 침공 이후에 관한 미국 정보기관의 조사에서 이라크가 미국의 침공에 앞서 모든 대량살상무기WMD를 확실하게 제거했다고 언급했다. 이후의 실험에서는 피험자들에게 이라크가 미국의 침공 당시 유효한 무기 프로그램을 보유하고 있었느냐는 질문에 다시 한번 대답하도록 했다. 재조사에서 이들의 견해는 단 한 집단을 제외한 나머지 모든 집단에서 정보기관의 수사 결과와 일치하는 방향으로 바뀌었다. 보수주의자들이 그 예외였다. 그들은 심지어 미국이 침공할 당시 이라크가 유효한 무기 프로그램을 보유하고 있었다고 이전보다 더욱더 확

신하게 되었다. 연구자들의 표현에 따르면, 보수주의자들은 "'잘못된' 방향으로 움직였다".[39]

3.

전 ≪로스앤젤레스 타임스≫ 편집장 존 캐럴John Carroll은 토크쇼 형식을 묘사하면서 '마루 위의 피Blood on the floor'라는 표현을 썼다.[40] 그가 뉴스 보도에 관해서도 같은 말을 했을 수도 있다. 이에 대해 보수주의자들이 하는 말은 [마루 위에] 쏟아진 피가 모두 자기네 것이라는 식이다. 에디스 에프런Edith Efron이 『뉴스 트위스터스The News Twisters』에서 방송국이 "닉슨을 미 대통령 선거운동에서 패배시키려 했다"고 주장한 1968년 이래,[41] 언론이 진보적 편향을 가지고 있다는 것은 보수주의자들에게 신념이 되었다.[42]

하지만 수십 년간의 학문적 연구들은 보수주의자들이 복음으로 여긴 것을 발견하는 데 실패했다. 편향의 사례들이 문서화되었지만,*

---

* 당파적 편향의 사례는 2008년 대통령 선거운동에 관한 뉴스 보도에서 발견되었다. 예를 들면, 미디어와 사회문제 연구소(Center for Media and Public Affairs) 및 언론발전연구소(Project for Excellence in Journalism)의 연구에 따르면, 2008년 대통령 선거 보도는 민주당 경선에서 힐러리 클린턴과 맞선 버락 오바마, 그 후에는 총선에서 존 매케인과 맞선 오바마에게 매우 호의적인 경향을 보였다. 매케인이 선거운동 기간에 이라크를 방문했을 때 기자들은 거의 따라가지 않았다. 오바마가 유럽을 방문했을 때는 다수의 기자와 방송사 앵커까지 따라갔다. 현직 대통령이 1년에 두세 차례 이상 ≪타임≫ 표지에 특집 기사화되는 것은 드문 일이다. 오바마는 선거운동 기간 동안 ≪타임≫ 표지에 여섯 차례 등장했다. 오바마와 클린턴의 경선 초기에는 오바마의 기사가 3 대 1의 비율로 긍정적이었지만, 클린턴의 기사는 3 대 2의 비율로 부정적이었다. 한편, 2012년 대통령 선거에서는 언론이 오바마

이들은 체계적인 양식의 일부라기보다는 고립된 사례들이다. 코네티컷 대학의 연구자들은 주요 학술지에 실린 59편의 개별적인 편향 연구를 조사한 결과, 신문 기사에서는 당파적 편향에 일관된 양상이 발견되지 않았지만, 텔레비전 기사에서는 유의미하지 않은 수준의 미약한slight but insignificant* 민주당 편향이, 잡지 기사에서는 유의미하지 않은 수준의 미약한 공화당 편향이 발견되었다.[43] 사실, 최악의 신문 보도를 수반한 텔레비전 시대의 대통령은 공화당보다는 민주당이다. 미디어와 사회문제 연구소Center for Media and Public Affairs는 빌 클린턴의 8년 재임 기간 동안 매해 분기마다 그에 대한 부정적 보도가 긍정적 보도보다 많았다는 것을 발견했는데, 이는 같은 결과를 보인 대통령이 전무후무한, 그렇다고 좋아할 수는 없는 기록이다.[44]

클린턴의 기사는 부정적인 것을 선호하는 뉴스 매체의 진정한 편향에 관한 극단적인 사례다. 비록 미국 저널리즘의 기준에 따라 기자들이 당파적 논쟁에서 어느 한쪽을 편들지는 못하지만, 양쪽을 모두 맹공격할 수 없다는 규칙은 없다.[45] 뉴스 보도는 베트남 전쟁 및 워터게이트 사건 때 틀어졌고 지금까지 그 상태로 머물러 있다. 2010년 NPRNational Public Radio의 〈온 포인트On Point〉 인터뷰에서 당시 ≪뉴욕타임스New York Times≫ 편집장이던 빌 켈러Bill Keller는 폭스 뉴스의 부정적 성향이 증가하는 것을 비난했다.[46] 이것은 사실 훨씬 오래전에 시작된 것으로, ≪타임≫이 이에 관여했다. 1996년에 폭스 뉴스가 설

와 미트 롬니 모두에게 매우 비판적이었다.

* [옮긴이] 사회과학 분야의 양적 연구에서는 통계 분석 결과의 해석이 유의미한지 여부를 유의수준(significance level)으로 판정한다. 일반적으로 유의수준이 낮은 결과, 즉 유의미하지 않은 결과는 별도로 해석하지 않으므로 확대해석에 주의해야 하며, 더 확실한 결과를 얻기 위해서는 추가 연구를 진행해야 한다.

립되고 20년간 ≪타임≫의 부정적인 기사들은 3배나 증가했다.[47]

닉슨 이래로 모든 대통령은 신문의 혹평을 받아왔다.[48] 의회라고 더 나을 것은 없었다. 1970년대 중반 이래로 어느 정당이 의회를 통제하든, 아니면 얼마나 많이 혹은 적게 성취했든지 간에 의회에 대한 언론 보도는 꾸준히 부정적이었다.[49] 해마다 국방부를 제외한 거의 모든 고위급 정부기관은 긍정적이기보다는 부정적으로 보도된다.[50] ≪타임≫의 조 클라인Joe Klein은 다음과 같이 말한다. "저널리즘은 회의주의에서 냉소주의로 미끄러져 왔다. 정치인에 관해 쓰기 가장 어려운 기사가 …… 긍정적인 기사인 지경에 이르렀다."[51]

비판적 저널리즘은 오랫동안 존재해왔다. "신문 기자가 정치인을 바라보는 방법은 단 한 가지뿐인데, 그것은 내려다보는look down 것"이라고 1917년 퓰리처상 수상 기자인 프랭크 시몬즈Frank Simonds는 말했다.[52] 그러나 20세기 초반에 추문을 폭로하던 사람들은 비판할 가치가 있는 활동들, 즉 뇌물 수수, 사업 신탁의 착취적 관행, 정당 지배세력의 부정투표 따위에 중점을 두었다.[53] 현대의 기자들은 가장 작은 일로도 정치와 정치인들을 비방한다.[54] 외교적 결례는 2012년 대통령 선거운동 기간에 거의 매일 오늘의 헤드라인이었고, 마치 미트 롬니가 "나는 극빈층에 대해 걱정하지 않는다"라고 말했을 때나 버락 오바마가 "국가 경제의 민간 부문은 잘하고 있다"라고 말했을 때처럼 전체 맥락을 무시한 채 인용되는 경우가 많았다.[55] 정치학자 마이클 로빈슨Michael Robinson 박사가 다음과 같이 지적했듯이 언론인들은 자애로운 조언을 하다가 이를 뒤집는 것 같다. "누군가에 대해 부정적으로 이야기할 거리가 없다면 아무 말도 하지 마라."[56]

기자들은 뉴스가 지나치게 부정적이라는 생각을 일축한다. 어느 노련한 기자는 "안 좋은 뉴스를 나르는 것은 대부분 우리의 몫"이라고 말했다.[57] 이들은 제퍼슨, 잭슨, 링컨 대통령이 그들을 기죽이는 공격들을 견디고 효과적으로 통치했다는 점도 지적한다.[58] 이 주장은 주요한 차이점을 간과하고 있다. 19세기의 신문들은 한쪽을 호되게 비난하면서 다른 쪽을 칭송하는 당파적 매체였다. 1896년에 ≪샌프란시스코 콜San Francisco Call≫은 공화당 공천 후보인 윌리엄 매킨리와 개릿 호바트의 빛나는 사진에 1075칼럼인치*를 할애했는데, 민주당 공천 후보인 윌리엄 브라이언과 아서 수얼에게는 고작 11인치를 할애했다.[59] 샌프란시스코 민주당 지지자들에게는 그들만의 신탁을 전하는 사제가 있었는데, 허스트 소유의 잡지인 ≪샌프란시스코 이그재미너San Francisco Examiner≫라는 그 사제는 브라이언을 노동계층의 구원자로 칭송하고 매킨리를 금융계의 목적을 이루기 위한 수단이라며 비난했다. 왕년의 당파적 언론은 정치 전체를 허물어뜨리는 일에는 관여하지 않았다. 퍼트리샤 모이Patricia Moy 박사와 마이클 포Michael Pfau 박사는 기자들이 오늘날 '모두에게 악의적'이라고 묘사한다.[60]

물론 건전한 부정否定은 이로운 것이다.[61] 폭로해야 할 정치적 과대선전과 조작이 즐비한데도 언론은 이를 폭로하지 않아서 공적 책임을 수행하는 데 실패하곤 했다. 그러나 로버트 블렌던Robert Blendon 하버드 대학 교수가 1995년에 수행한 설문조사가 보여주듯이, 지속적인 비판 세례는 사람들의 생각을 흐리게 한다. 응답자들에게 인플레이션, 실업, 범죄, 연방정부의 재정 적자에서 나타나는 추세가 지난 5년간 증가했는지 감소했는지 물었다. 5년이라는 기간에 이 각각의 문

---

* [옮긴이] 칼럼인치(column inch)란 지면이 여러 개의 단(칼럼)으로 이루어진 인쇄물에서 어떤 콘텐츠(예컨대 광고나 사진)가 지면에서 차지하는 면적이 얼마인지를 나타내는 단위로, 예를 들어 어떤 사진이 10인치 높이로 6개 단을 차지한다면, 그 크기는 60칼럼인치(10인치×6단)가 된다.

제적 영역에서 상당한 개선이 이루어졌는데도, 응답자 3분의 2는 각각에 대해 상황이 악화되었다고 응답했다. 언론인들이 정부의 실패를 반복적으로 보도하는 것을 듣게 된 미국인들은 정부 수행 능력이 최악이라고 가정한 것이다.[62]

이것은 언론인이 대중을 속이려 한 사례는 아니었다. 그들은 정책의 추세에 대해 언급할 때 대체로 정확하게 인용했다.[63] 하지만 정치적 실패와 사소한 실수를 강조한 뉴스들은 긍정적인 추세가 묻히게 만들었다. 입법 과정을 추적하는 ≪미의회보Congressional Quarterly≫에 따르면, 1993년 빌 클린턴 대통령은 1965년 린든 존슨 대통령 이래로 입법 계획에 대한 의회 지지 점수에서 최고점(88%)을 받았다.[64] 그러나 미디어와 사회문제 연구소Center for Media and Public Affairs의 조사[65]에 따르면, 클린턴의 정책 수행에 관한 뉴스 기사의 60% 이상이 부정적이었다.*

학술 연구들이 보여주듯이 경제 정책에 관해서는 '부정적인 뉴스'가 '긍정적인 뉴스'를 이기는 경우가 일상적이다.[66] 예를 들면, 한 연

---

* 이 기간에 의회는 훨씬 더 잘못했다. 민주당이 다수당이었던 103번째 의회(1993~1994년)는 12개의 새로운 프로그램을 제정했지만 의료보험개혁에 실패했고, 이를 두고 ≪뉴욕 타임스≫는 1994년 10월 8일 사설에서 "눈물겨울 정도로 비생산적"이었다고 묘사했다. 미디어와 사회문제 연구소의 자료에 따르면, 103번째 의회의 텔레비전 보도는 거의 70%가 부정적이었다. 공화당이 다수당이던 104번째 의회(1995~1996)의 경우에도, 공화당의 미국과의 계약(Contract with America)에서 거의 모든 강령이 법률로 제정된 역사적인 첫 100일이었는데도, 텔레비전 보도는 거의 70%가 부정적이었다. 이 경우에 언론은 의회가 너무 많은 일을 한다고 비판했다. (1990년대 상반기에는 뉴스 보도가 전형적이지 않았다. 가령 2012년 대선에 관한 퓨리서치의 조사는 신문과 텔레비전 매체에서 오바마와 롬니에 대한 부정적 진술이 긍정적 진술보다 2배 이상 많다는 것을 밝혀냈다. 긍정적 진술에 대한 부정적 진술의 비율이 기자들의 트위터나 블로그 게시물에서는 훨씬 더 높았다.)

구는 경제가 형편없을 때는 신문 1면에 실리고 건강할 때는 뒷면으로 밀려난다고 밝혔다.[67] 사람들은 대중이 경제 정책의 효과를 대개 평가절하한다는 것을 별로 이상해하지 않는다.[68] 가령, 퓨리서치는 응답자들에게 2008년 자산구제 프로그램Troubled Asset Relief Program: TARP이 "더 심각한 (경제) 위기를 예방하도록 도왔는지", 아니면 "도움이 되지 못했는지" 물었다. TARP가 2008년 후반과 2009년에 재정 부문의 내부적 파열을 막는 데 일조한 것으로 널리 알려져 있는데도 "도움이 되지 못했다"는 응답이 가장 많았다.[69]

미국인들은 오바마 행정부가 집권 초기 몇 달 동안 7870억 달러의 비용을 들여 제정한 경기부양 법안의 효과를 오판하기도 했는데, 초당파적인 의회예산국Congressional Budget Office: CBO에 의하면 이 법안은 200만에서 500만 사이에 이르는 일자리를 창출하고 지켜냈다.[70] 그럼에도 불구하고 이 법안의 통과 1년 후에 수행된 CNN 여론조사에서 대부분의 미국인은 정부가 이 프로그램에 수천억 달러를 고의로 낭비했다고 생각하는 것으로 나타났다. 응답자 중 절반 가까이가 정부가 그 돈을 거의 전부 혹은 대부분 낭비했다고 주장한 반면, 응답자 중 4분의 1이 최소한 그 돈의 절반을 낭비했다고 답했다.[71]

정부 수행에 관한 대중의 회의론은 거의 12가지 공공정책의 효과에 관해 조사한 메릴랜드 대학의 2010년 조사에서도 명백하게 나타난다. 응답자들은 **모든** 정책의 효과를 크게 평가절하했는데, 이를 토대로 연구자들은 "거짓된 정보나 오도하는 정보가 일반 정보 환경에 널리 퍼져 있다"라고 결론 내렸다.[72]

언론의 비판적 경향이 지닌 아이러니는 우파를 사주한다는 점이다. 보수파는 언론이 진보적 편향을 가지고 있다고 주장하지만, 부정적인 뉴스를 강조하는 언론의 특성은 반정부적인 메시지를 강화한다. 기자들은 수년 동안 계속해서 정치 지도자들은 믿을 수 없으며 정부는 형편없이 운영되고 있다고 뉴스 수용자들에게 이야기해왔다. 그 메시지는 정말 오랫동안 너무 비관적이어서 미국인 다수의 머릿속에 깊이 박혔다.*

4.

케이블이 1980년대와 1990년대에 미국 가정에 보급되면서 방송 뉴스와 신문의 수용자는 감소했다.[73] 손해가 늘어나면서 케이블 오락물과 경쟁하기 위해 제작된 연극적 양식의 뉴스가 등장했다. 비평가들은 이를 '인포테인먼트infotainment'나 '저칼로리 뉴스news lite'로 불렀다. 뉴스 산업 내에서는 이를 전통적인 경성 뉴스hard news(공인이나 주요 쟁점, 혹은 평범한 일상의 심각한 중단과 같은 뉴스 특보 사건)와 구분해 흔히 '연성 뉴스soft news'로 부른다.[74] 전직 CBS 앵커 월터 크롱카이트Walter Cronkite는 연성 뉴스를 "텔레비전 뉴스의 최근 기록에서 가장 큰 약점"이라고 했다.[75] NBC의 톰 브로코Tom Brokaw는 수용자들이 사라지는 동안 텔레비전 네트워크들이 수수방관한다면 '자살'하고 있는 것이나 다름없다고 말하며 이를 옹호했다.[76]

---

* 부정적 뉴스와 미디어 편향에 대한 인식은 연관된다. 연구 결과, 부정적 뉴스는 공격받는 정치인에 대해 반대하는 사람과 지지하는 사람에게 각각 다르게 인식된다는 것이 밝혀졌다. 반대자는 비판을 타당한 것으로 여기는 경향이 있는 반면에, 지지자는 그 비판이 정당하지 않고 편향되었다고 보는 경향이 있다. 그리고 타당한 비판에 대한 인식과는 달리, 편향된 비판에 대한 인식은 사람들로 하여금 기자들에게 '반박하게' 하며, 궁극적으로 그중 일부, 즉 일반적으로 당파성이 강한 사람들로 하여금 언론이 철저히 그들 반대편에 편향되어 있다고 확신하게 만든다.

어떻게 정당화하든지 오늘날의 뉴스는 방송 시대의 뉴스보다 덜 건강하다. 하버드 대학의 쇼렌스타인 언론·정치·공공정책 센터 Shorenstein Center on the Press, Politics, and Public Policy는 20년간 다양한 매체에서 보도한 뉴스에 대해 상세한 연구를 수행했다. 이 연구에는 전국적으로 방송되는 2개의 텔레비전 네트워크(ABC, NBC), 판매 부수가 많은 두 개의 뉴스 주간지(≪타임≫, ≪뉴스위크≫), 3개의 주요 신문사(≪뉴욕 타임스≫, ≪워싱턴 포스트≫, ≪USA 투데이≫), 그리고 26개의 지역 신문사(예컨대, ≪댈러스 모닝 뉴스Dallas Morning News≫, ≪미니애폴리스 스타 트리뷴Minneapolis Star Tribune≫)가 포함되었다. 모든 뉴스 매체에서 연성 뉴스 기사는 20년간 수적으로 증가했다. 20년간 유명 인사의 약력, 불행한 이야기, 행운의 이야기, 그 밖에 인간적 관심을 끄는 이야기가 평균 2배로 늘었다.[77] 범죄나 재난 같은 극적인 사건에 관한 기사도 2배로 늘었다. 퓰리처상 수상자인 알렉스 존스Alex Jones가 뉴스의 '철심鐵芯'이라고 말한 것 — "정부와 책임이 있는 권력자들을 구속하려는" 뉴스들 — 은 이와 비례해 줄어들었다.[78]

또한 50여 년간, 미디어 시장 50군데에 흩어져 있는 154개의 지역 TV 방송국에 관해 연구한 결과, 범죄와 사건은 공공 문제보다 2배 많이 뉴스에 보도된 것으로 나타났다. '낚아서 붙잡기hook and hold'가 그 운영 전략이다. 지역 뉴스 프로그램은 보통 선정적인 범죄나 사건 기사로 뉴스를 시작하며, 때로는 시청자를 '낚기hook' 위해 광고의 방해 없이 이런 뉴스를 여러 편 연달아 보도한다. 뉴스 프로그램에서 추후 방송할 연성 뉴스의 예고 광고는 시청자를 '붙잡기hold' 위해 이용되었다. 시민의 문제에 관한 기사들은 텔레비전 방송 중간에 함께 쑤셔 넣고 후다닥short shrift* 보도되었다. 이런 뉴스 다섯 꼭지 중에서 두 꼭지가 30초 이하의 길이였다.[79]

지역 뉴스 매체에서는 시청city hall이 하루에 한 번씩 등장했지만, 이제 시청에 기자를 배치하는 지역 방송국은 거의 없다. 주도state capital에 기자를 상주시키는 방송국은 더더욱 없다.[80] 의회 선거에 관해서는 이런 일들이 캐나다에서도 일어나고 있을지도 모른다. 중서부의 TV 방송국에 관한 어느 연구는 뉴스 프로그램에서 의원 후보자들에 대한 광고를 수십 편 방송하지만 지역 의회 선거운동에 관해서는 거의 방송하지 않는다고 밝혔다.[81] 캘리포니아 TV 방송국에 관한 어느 연구에서는 이 방송국들이 지역 선거에 대해 평균적으로 선거마다 하나의 뉴스만 보도한 것으로 나타났다.[82]

분명 연성 뉴스는 뿌리가 깊다. 1830년대에 미국에서 보수를 가장 많이 받은 언론인 중 한 명은 뉴욕시 범죄 현장에 대한 선정적인 기사를 쓰기 위해 런던에서 데려온 중견 기자였다. 그는 1년이 채 안 되어 신문사의 공동소유주가 되었다.[83]

그럼에도 불구하고 현대판 연성 뉴스는 이전의 그 무엇과도 다르다. 그 양과 논조는 충격적이다. CNN은 2007년 신인 여배우 안나 니콜 스미스의 죽음에 대해서 왕족들에게 쏟을 만큼의 높은 관심을 쏟아부었다. CNN은 3주 동안 그녀의 죽음부터 바하마 장례식에 이르기까지 뉴스 시간의 3분의 1을 스미스 기사에 할애했다.[84] 2010년에는 (어느 기준으로 보든 B급 여배우인) 린제이 로한의 별난 행동들이 장관의 시샘을 살 만큼 많이 보도되었다. 그녀는 이로써 인지도를 얻었다. 한 여론조사는 로한이 당시 힐러리 클린턴을 제외한 모든 장관보다 더 유명했다고 밝혔다.[85]

---

* [옮긴이] 선정적인 뉴스에 비해 시민적 사안에 관한 뉴스에 할애된 시간이 짧다는 점을 부각하기 위해 지은이는 'short shrift'라는 표현을 사용했다. 이는 본래 '사형집행 직전 사형수에게 참회와 사죄를 위해 주어지는 짧은 시간'을 의미한다.

다루기 힘든 유명 인사나 유명 인사의 죽음이 연성 뉴스의 샐러드라면, 범죄는 주요리 격이다. 선정적인 범죄가 발생했을 때 이어지는 언론의 광적 관심에 견줄 만한 것은 거의 없다. 2011년에 CNN에서는 케이시 앤서니의 플로리다 살인 재판에 관한 보도가 스미스에 관한 보도를 넘어섰다. CNN과 그 자매 방송국인 HLN은 법정 생중계 이외에도 앤서니 관련 뉴스를 500꼭지 이상 보도했다.[86] CNN은 심지어 법원 청사 건너편에 에어컨이 설치된 2층짜리 임시 건물을 지어서 직원들이 편히 일할 수 있게 했다.[87]

하지만 미디어의 가장 길고 중대한 한바탕sprees* 범죄 보도는 1990년대 초반에 발생했다. 뉴욕의 연쇄살인범인 조엘 리프킨 체포, 부모를 살해한 메넨데스 형제 재판, 캘리포니아에서 벌어진 12살짜리 폴리 클라스의 납치와 살해, 그리고 롱아일랜드의 통근 열차에서 6명이 죽고 19명이 다치게 한 어느 미치광이의 총기 난사 사건 등 세간의 이목을 끄는 몇몇 사건들이 이를 촉발했다. 이러한 연재 기사들은 더 큰 연재 기사를 가져왔다. 바로 법질서의 와해다. 패싸움, 마약 단속, 기타 무질서하고 위험한 사회의 징후들이 주요 뉴스를 가득 채웠다. 범죄 뉴스들은 1992~1994년의 기간에 경제, 보스니아의 위기, 의료보험개혁 논쟁 등 그 밖의 쟁점들을 모두 뒤덮으며 3배로 증가했다.[88] ≪타임≫의 1994년 2월 7일 자 표지 기사는 광란을 다음과 같이 담아냈다. "그들을 철창 속에 가두고 오래 옥살이시켜라: 범죄에 대한 분노가 미국으로 하여금 강력하게 말하게 하다Lock'Em Up and Throw Away the Key: Outrage over Crime Has America Talking Tough."

---

* [옮긴이] 지은이가 여기서 사용한 'spree'라는 표현은 본래 신문 기사에서 '(범행을) 한바탕 저지르기'라는 뜻으로 사용하지만, 여기서는 범죄 사건에 대한 뉴스의 집중적인 포화를 강조하기 위해 사용함으로써 미묘한 어감을 살린 것으로 보인다.

살인과 아수라장으로 뒤덮인 미국의 이미지는 여론에 극적인 영향을 미쳤다.[89] 10명 중 1명꼴로 많은 미국인이 범죄가 국가적으로 가장 중요한 문제라고 주장했던 적은 이전의 어느 시대에도 없었다. 그러나 갤럽의 1994년 8월 여론조사에서는 놀랍게도 미국인 10명 중 4명이 범죄가 나라의 주요 쟁점이라고 했다. 정치인 역시 이러한 광란에 휘말렸다. 입법자들은 새로운 가혹한 처벌 방침을 제정하고 교도소 건설에 미국 역사상 그 어느 때보다 많은 자금을 할당하기를 서둘렀다. 10년 만에 미국은 교도소에 수감된 사람의 비율이 세계 어느 나라보다도 높은 나라가 되었으며, 러시아와 쿠바보다도 높고, 심지어 1인당 수감자 비율은 중국보다 3배 이상 높았다.[90]

하지만 범죄에 대한 광분은 미디어 논리라는 관점에서만 이해가 가능했다. 뉴스 매체가 전달해준 인상과는 반대로, 법무부의 통계는 폭력범죄율을 포함한 범죄율이 1992~1994년에 (증가한 것이 아니라) 감소하고 있었다는 것을 보여준다.[91] 1994년에는 폭력범죄율이 전년보다 4% 떨어졌다.[92]

1990년대 초반, 범죄에 대한 미국인들의 공포가 어느 정도였는지를 기준으로 보면, 미국인들은 범죄에 대해 정말 놀라울 만큼 많이 알고 있다.[93] 하지만 범죄에 대해서 미국인들이 제멋대로 자신의 견해를 갖게 된 것은 지극히 일반적인 일이다. 세상은 지나치게 복잡해서, 언어학자 조지 지프George Zipf가 '최소 노력의 원칙principle of least effort'이라고 표현한 것처럼, 정신적 지름길 없이 세상을 가로지르는 것은 불가능하다.[94] 지름길은 대부분 우리의 필요에 도움이 된다.[95] 와인병을 선택할 때 우리는 ≪와인 스펙테이터Wine Spectator≫ 과월호를 뒤적거리기보다 가게 점원의 말에 귀 기울인다. 하지만 사람들이 잘못 알고 있다면 정신적 지름길은 그들을 잘못된 곳으로 보낸다.[96] 미국인들이 더 많은 교도소와 더 긴 형량을 원한 것은 범죄가 급격히 증가하고 있다고 믿은 까닭이다. 문제는 그들의 귀납적 논리가 아니었다. 그들의 전제가 틀린 것이었다. 그들은 미국에서 일어나고 있는 범죄가 실제보다 훨씬 심각하다고 믿었다. 사회학자 토드 기틀린Todd Gitlin은 이러한 시민들이 '스스로를 속이는 데 전문가'라고 기술했다.[97]

5.

선정주의sensationalism가 연성 뉴스의 전형적인 특징이라면, 논쟁거리는 갈수록 경성 뉴스를 규정했다.[98] 어느 중견 방송인은 "대부분의 언론인은 위기로 느껴지지 않는 것에 대해서는 신경 쓰지 않는다"라고 말했다.[99] 언론인들은 갈수록 ≪워싱턴 포스트≫의 월터 핀커스Walter Pincus가 말한 '명성과 행운이라는 거짓 신the false gods of fame and fortune'에 매료된다.[100] 워터게이트 사건이 밥 우드워드Bob Woodward 기자와 칼 번스타인Carl Bernstein 기자를 전국적으로 유명하게 만든 이래, 언론인들은 컬럼비아 대학의 마이클 서드슨Michael Schudson 교수가 말한 '기사 뒤의 기사the story behind the story'를 찾으려고 세심하게 살펴왔다.[101]

때때로 기사 뒤의 기사는 너무 조잡하기 때문에 금방 시들해진다. 제임스 홈스James Holmes가 2012년 7월 20일 자정에 콜로라도 극장에서 수십 명을 살해한 후, ABC 뉴스 탐사 보도 기자인 브라이언 로스Brian Ross는 방송에서 다음과 같이 말했다. "콜로라도 티파티 장소에 관한 신문 지면에는 콜로라도주 오로라의 짐 홈스Jim Holmes*가 작년

---

* [옮긴이] 짐(Jim)은 제임스(James)의 애칭이기도 하기 때문에 브라이언 로스는 제임스 홈스와 짐 홈스가 동일인일 가능성이 있다고 판단한 것이다.

에 티파티에 가입했다는 기사가 실려 있습니다. 자, 우리는 이 사람이 짐 홈스와 동일인인지 동명이인인지 모릅니다. 하지만 그[총기 난사범]는 콜로라도주 오로라의 짐 홈스입니다."[102] 로스의 자칭 특종은 그가 말한 '짐 홈스'가 총기 난사범보다 나이가 최소 2배 많다는 점이 밝혀져 실패로 돌아갔다.

억측이 항상 그렇게 쉽게 드러나는 것은 아니다. 2004년의 광우병 파동이 그 예다.[103] 워싱턴주의 한 소에게서 광우병이 발견되었다는 기사가 터지자, 기자들은 음식 공급부터 혈액 공급에 이르기까지, 위험해질 수 있는 것은 무엇이든 찾아내려 했다. 농무부 관료들이 이러한 억측을 꺾으려 하자, 기자들은 관료들이 이 문제를 무시하기 위해 목장 주인들과 공모하고 있다는 점을 시사했다. 신문 표제들의 일부 예가 이를 말해준다. "워싱턴주에서 광우병과 유사한 기이한 질병이 나타나다", "광우병이 햄버거에 대해 의문을 제기하다", "광우병이 수혈에 대한 공포를 일으키다", "식량 공급에 대한 위협 증가", "사슴 광우병*: 미국의 1200만 사슴 사냥꾼에게 걱정스러운 위험", "USDA(미국 농무부)의 망설임이 광우병 은폐 공포 촉발."[104]

광우병은 끔찍한 질병이다. 언론인들이 그 수용자들에게 자주 상기시켜주듯이 광우병은 인간의 뇌를 조금씩 갉아먹는다. 하지만 이것은 어떤 종류의 위험을 제기하는가? 질병관리예방센터Centers for Disease Control and Prevention: CDC에 따르면, 지난 10년간 총 3명 — 2003년과 2004년, 2006년에 각각 1명씩 — 의 미국인이 이 병으로 사망했다.[105]

---

* [옮긴이] 광우병과 같은 질병이 사슴에게서도 발견되자 일반적으로 'Mad Cow Disease' 대신 'Mad Deer Disease'라는 표현을 사용했으며, 전문용어로는 사슴의 전파성 해면양뇌증(Transmissible Spongiform Encephalopathy: TSE), 혹은 사슴 만성소모성질병(Chronic Wasting Disease: CWD)라고 불린다.

매주 15배 많은 수의 미국인이 목에 음식물이 걸려 질식사한다. 오래 된 음식으로 인한 흔한 식중독으로 사망할 위험이 광우병으로 사망할 확률보다 대략 만 배 이상 높다. 2004년에 불필요한 우려를 자아낸 뉴스 보도가 한두 명의 생명을 구했을지는 모르지만, 그 명백한 결과는 미국인 소비자들을 두려움에 떨게 했다는 것이다. 그러한 공포로 소고기와 농작물 생산자들은 32억~47억 달러의 손해를 본 것으로 추정되었다.[106]

2001년에는 기자들이 미국인들을 또 다른 종류의 사냥으로 이끌었는데, 그들은 하원의원 개리 콘딧과 그와 혼외정사 관계에 있던 인턴 챈드라 레비의 실종을 연관 지을 수 있는 것은 무엇이든 찾아내려고 했다. 워싱턴 D.C.의 경찰들은 공식적·비공식적으로 계속해서 기자들에게 콘딧이 용의자가 아니라고 밝혔으나, 기사의 구성 요소인 권력, 성性, 불가사의가 이 사냥을 거부할 수 없게 만들었다.[107] 콘딧은 그가 이야기하지 않은 것이 무엇인지 알고 있었을까? 콘딧은 그녀의 실종에 관여했을까? 기자들이 갑작스럽게 이 사냥을 멈추기 전까지 4개월 동안 콘딧은 수백 개 뉴스 기사의 표적이 되었다. 기자들이 이 사냥을 멈춘 것은 콘딧에 대한 고소가 취하되었기 때문이 아니었다. 고소는 한 번도 정식으로 제기된 적이 없었다. 기자들이 사냥을 멈춘 것은 레비가 발견되었기 때문도 아니었다. 그녀는 여전히 실종 상태였다.* 현실이 끼어들었던 것이다. 콘딧 파동은 정확히 2001년 9월 11일 오전 8시 47분, 피랍된 첫 비행기가 세계무역센터의 북쪽 타워

---

* 챈드라 레비의 시신은 실종 1년 후에 워싱턴 D.C.의 록크리크 공원(Rock Creek Park)에서 발견되었다. 7년 후에 어느 엘살바도르 불법 이민자가 그녀를 살해한 죄로 유죄 판결을 받았다. 경찰은 수사 초기에 그가 주요 용의자라고 밝혔지만, 당시에는 그를 체포할 증거가 불충분했다.

에 충돌한 순간에 끝났다.

만일 기자들이 어느 평의원석 하원의원의 삶에 집착하지 않았더라면 테러리스트의 공격 배후가 누구인지 더 잘 알게 되었을지도 모른다. 그해 초, 워런 러드먼Warren Rudman과 개리 하트Gary Hart 두 전직 상원의원이 위원장으로 있던 국가안전위원회U.S. Commission on National Security가 미국 본토에 대한 국제 테러리스트들의 '치명적인 공격catastrophic attack'을 예측한 보고서를 발표했다. 대체로, 심지어 최고 언론사들도 위원회의 평가를 무시했다.[108] CIA 국장 조지 테넷George Tenet 역시 2001년 2월 상원 청문회에서 오사마 빈 라덴의 '국제적 네트워크global network'가 미국이 직면한 '가장 즉각적이고도 심각한most immediate and serious' 위협이라는 경고를 발표했다.[109] 이 경고 역시 널리 보도되지 않았다. 예컨대, 《뉴욕 타임스》는 열강의 지위를 되찾기 위한 러시아의 노력을 표제로 한 11면 기사의 중간에 단 몇 문단만을 할애했을 뿐이다.[110] 세계무역센터와 펜타곤에 대한 공격이 일어나기 직전 해에 알카에다 테러리스트 네트워크는 ABC와 NBC 및 CBS의 저녁 뉴스 프로그램에서 단 한 번 언급되었을 뿐이다.[111]

9·11 테러 사건 이후 초반에 언론은 미국인들이 마주하게 된 위협을 이해하도록 도울 준비가 되어 있지 않았다. 어떤 기자들은 자신의 분석에 있는 빈틈을 인정할 정도로 정직했다. 《뉴욕 타임스》의 프랭크 리치Frank Rich의 말에 오류가 있었는데도 어떤 기자들은 그런 오류를 그대로 안은 채 분석이 틀리든 말든 무신경하거나 의심 없이 나아갔다. 이 사건이 발생한 지 3주 후에 프랭크 리치는 다음과 같이 말했다. "당신은 우리의 노쇠한 새 동맹국 파키스탄이 탈레반의 내부 반대 세력이면서 자유의 전사 지망생freedom fighter*들인 오합지졸 북부동맹Northern Alliance에 절대 반대한다는 것이나 파키스탄 및 다량의

핵무기를 보유한 그 군대가 빈 라덴의 동조자들로 가득하다는 것을, 국기로 장식된 텔레비전 화면들로는 거의 알 수가 없다."[112]

6.

전설적인 출판인 윌리엄 랜돌프 허스트William Randolph Hearst는 한때 "편집자는 사실에 대해서는, 더욱이 그것이 진기한 사실이라면 이의를 제기하지 않는다. 하지만 그(녀)는 진기하지 않은 사실보다는 사실이 아니더라도 진기한 것을 더 선호할 것"이라고 주장했다.[113] 오늘날 어떤 편집자도 감히 그렇게 말하지는 못하겠지만, 그 뒤에 숨은 뜻, 즉 독자를 붙잡으려는 욕구는 뉴스 사업에서 끊임없는 관심사다.[114] 언론인의 과제는 중요한 사안을 가져다가 흥미롭게 만드는 것인데, 이것은 중요한 사안을 출발점으로 하여 생각해내는 것을 뜻하는 것처럼 보일 것이다. 하지만 반드시 그런 방식으로 작동하는 것은 아니다. 어느 연구 조사에서 편집인들에게 가짜 기사들의 등급을 매긴 후 왜 그렇게 선택했는지 물어보자 갈등과 근접성 및 시의성을 주요 요인으로 파악했다. 커뮤니케이션 분야의 중진 학자인 도리스 그레이버Doris Graber 교수는 "이들의 선택에서 두드러지게 빠져 있는 기준은 기사의 전반적인 중요성이었다"라고 언급했다.[115]

언론인들이 뉴스 기사에서 진기함novelty보다 더 소중하게 여기는 속성은 거의 없다.[116] 예를 들면, 2000년 대통령 선거운동 기간에 조지 부시가 [무려] 사반세기 전 음주 운전으로 체포된 적이 있다는 사실

---

* [옮긴이] 'freedom fighters'란 반정부 무장 투쟁을 하는 사람에 대해 그 지지자들이 칭하는 이름이다.

이 폭로되자, 불과 3일 동안 이 뉴스는 전체 총선거운동 기간 동안 부시와 앨 고어의 외교 정책 성명에 관해 보도된 것보다 더 많이 보도되었다.[117] 이는 선거가 접전을 벌이던 마지막 주간까지 매력적인 기사였다. 하지만 기자들은 보도 과정의 어느 지점에선가 차기 대통령의 외교 정책 수행 능력에 대한 문제에 앞서 수십 년 묵은 음주 사건을 보도한 것이다. 커뮤니케이션 학자 머레이 에덜먼Murray Edelman 교수는 이렇게 썼다. "뉴스 현저성에 관한 일종의 그레셤 법칙Gresham's law of news prominence 같은 것이 있는데, 이는 눈에 띄는 개인을 비롯해 극적인 사건이 더 큰 문제에 대한 관심을 가로챈다는 것이다."[118]

진기함에 대한 수요는 ≪뉴스위크≫의 멕 그린필드Meg Greenfield가 한때 언론인들의 '만성적 집단 기억상실'이라고 부른 것, 즉 새로운 기사를 위해 지난 기사들을 폐기하려는 언론인들의 열망에 힘을 보탠다.[119] 가령, 2006년 초의 1면 기사들은 남부 교외 지역 교회에서 일어난 폭발, 그리고 덴마크 신문이 예언자 마호메트를 테러리스트 복장으로 묘사한 만화를 실은 것에 대한 아랍의 불만에 대해 보도했다. 갑자기 이러한 사안들이 1면에서 사라졌는데, 이는 그 문제들이 해결되었기 때문이 아니었다. 텍사스에서 온 뉴스가 이들을 대체했다. 부통령 딕 체니Dick Cheney가 사냥 동료의 얼굴을 쏜 것이다.

효과적인 인간 커뮤니케이션이 빠른 속도로 이루어지는 일은 거의 없다.[120] ≪보스턴 글로브Boston Globe≫ 칼럼니스트인 엘런 굿맨Ellen Goodman은 "정말로 무언가를 충분히 생각할 수 있는 능력은 빨라지지 않았다"라고 설명했다.[121] 거의 20년 전, ≪애틀랜틱Atlantic≫의 제임스 팰로스James Fallows 기자는 뉴스가 "인위적인 강도로 …… 끝없이 이어지는 긴급 상황의 물결"로 전개되었는데, 이는 "그 주week를 기본적인 정치 측정 단위로 만드는" 결과를 낳았다고 말했다.[122] 그 속도는 이후 가속화되었다. ≪뉴욕 타임스≫의 피터 베이커Peter Baker 기자 [백악관 담당]는 다음과 같이 말한다. "우리는 '지금 당장 고소하기,' '인터넷에 올라타기,' '라디오에 올라타기,' TV에 올라타기'가 쉬지 않고 끝없이 일어나고 있는 미디어 환경에 붙잡힌 인질이다."[123]

전직 기자 빌 코바치Bill Kovach와 톰 로젠스틸Tom Rosenstiel*은 『워프 스피드Warp Speed』에서, 가속화된 뉴스 주기가 보도의 정확성을 위협한다고 주장한다. 그들에 따르면, "계속되는 뉴스 주기에서 언론은 갈수록 먼저 진실을 캐내기보다 혐의를 전달하는 것을 지향한다".[124] 예를 들면, CNN과 폭스는 경쟁자들을 따라잡기에 급급한 나머지 2년 전에 제정된 의료개혁 법안을 유지한다는 2012년 대법원의 판결을 잘못 보도하기도 했다. CNN은 그 기사에 "의무적 폐지: 고등법원이 조치가 헌법에 위배된다고 보다"라는 표제를 달았다. 폭스 뉴스 표제는 "대법원이 개인 의료보험 의무화가 헌법에 위배된다고 보다"였다. CNN과 폭스는 대법원이 해당 법률 제정을 뒤집을 것이라는 추정이 널리 퍼지자, 법원이 길고 복잡한 견해를 언론에 보낸 지 단 몇 분 만에 서둘러 그 기사를 방송에 내보냈던 것이다.

비록 다른 언론사들은 CNN과 폭스가 법원의 판결을 잘못 다룬 것을 크게 비판했지만, 일부 언론인들은 시의적절한 정보를 얻으려는 대중의 관심이 가끔 발생하는 오류보다 중요하다고 믿는다. 그들의 주장에 따르면, 뉴스가 오류들로 얼룩지더라도 후속 기사에서 바로잡

---

* [옮긴이] 빌 코바치는 ≪뉴욕 타임스≫ 워싱턴 지국장을 지냈으며, 퓨리서치의 언론발전연구소(Project for Excellence in Journalism)의 선임 자문위원이자, 저널리즘을 염려하는 언론인 위원회(Committee of Concerned Journalists) 창립 회장을 지냈다. 톰 로젠스틸은 퓨리서치의 언론발전연구소를 설립했고, 저널리즘을 염려하는 언론인 위원회의 공동 설립자이자 부의장을 지냈으며, 현재는 미국언론연구소(American Press Institute) 소장으로 재직 중이다.

을 수 있다는 안전장치가 있다. 한 고위 편집인은 "실제로 사실 확인은 독자에 의해 이루어진다"라고 말한다.[125] 그러나 연구들은 심지어 오류들이 편집인의 눈에 띈 경우에도 교정하지 않은 채 보도하는 경우가 종종 발생한다고 밝힌다.[126]

보도 실수가 사람들의 머릿속에 일단 입력되면, 나중에 실수를 바로잡는다 하더라도 기존의 잘못된 정보가 종종 사람들 머릿속에 그대로 남아 있게 된다.[127] 일단 사람이 무언가를 사실로 받아들이고 나면, 다른 관점에서 생각할 수 있게 해주는 정보를 피하는 경향이 있다.[128] 하원의원 게이브리얼 기퍼즈Gabrielle Giffords가 2011년 투손Tucson에서 열린 정치 모임 중에 총격을 받았을 때, 성급한 초기 뉴스들은 범인이 우파의 논리에 선동된 광적인 보수주의자임을 넌지시 알렸다. 기자들이 세라 페일린Sarah Palin의 웹사이트에서 기퍼즈의 선거구 등 일부 민주당 선거구를 겨냥한 망원조준기의 십자선을 보여주는 중간선거 지도를 발견하면서 그녀의 이름은 기사들에 둘러싸였다.[129] 총기 사건이 발생한 지 며칠 내에 이루어진 CNN 여론조사에서는 미국인 35%가 그 총기 사건에 페일린이 일부 혹은 전적으로 책임이 있다고 믿는 것으로 나타났다.[130] 상승세이던 그녀의 지지도는 2년 만에 최저로 떨어졌으며, 이는 암살자가 기퍼즈에게 원한이 있었고 정신 병력이 있지만 우파에 관련된 어떤 행동에도 연루된 적은 없다는 기사가 보도된 후에도 반등하지 않았다.[131]

7.

시민들에 대해서는 그들의 주의력 부족을 탓할 수도 있고, 얄팍한 묘사를 선뜻 받아들인다고 탓할 수도 있으며, 자신이 생각하는 것과 듣게 되는 것 사이의 모순을 해결하는 데 게으르다고 탓할 수도 있다. 하지만 그들을 결국 걷잡을 수 없이 엉망이 된 미디어 체계 탓에 고통을 겪는다. 그들은 미디어로부터 자신들이 캔자스에 있다고 듣지만 실은 오즈Oz로 끌려가고 있다. *

존 F. 케네디 대통령의 언론 담당 비서였던 피어 샐린저Pierre Salinger 는 1960년대에 쓴 글에서 현대 커뮤니케이션에 내재된 파괴적인 가능성을 예견했다. 샐린저는 "아마도 장기적으로 우리는 커뮤니케이션 혁명이 우리로부터 도망쳐왔다는 것을 깨닫게 될 것이며, 그 혁명이 보여준 난국에 잘 대처할 수 있도록 우리의 삶과 관행을 조정하려는 의욕도 능력도 우리에게 없음을 깨닫게 될 것"이라고 예측했다. 샐린저는 만약 그렇게 된다면 대중은 "많은 부분이 완전히 조작된 '사건happenings'의 고비와 정점을 넘나들게 될 것"이라고 말했다. 132

알베르 카뮈Albert Camus는 "피할 수 없는 상황에 대해 쓸모없는 비탄에 빠져서는 안 된다"라고 말했다. 133 아마도 오늘날 전달자에 의해 정보가 오염되는 것은 정확히 이런 종류의 상황일 것이다. 상업주의와 개인적 야망, 사실 왜곡을 초래하는 당파성은 아마도 너무나 강력해서 약화되지 않을 수도 있다. 당파성이 강한 토크쇼 사회자와 블로거는 분명 구제 불능이다. 영국 총리 스탠리 볼드윈Stanley Baldwin이 당대 유력 신문 사주들의 부도덕함에 관해 이야기했듯이, 이들은 "대대

* [옮긴이] 소설 『오즈의 마법사』는 '캔자스'의 시골 마을에 살고 있던 소녀 도로시가 회오리바람에 휩쓸려 '오즈' 대륙에 떨어지면서 겪는 모험을 담고 있다.

로 매춘부의 특권이었던 책임감 없는 권력"을 추구한다.[134] 그들의
운영 방식에는 사실에 대한 충실함을 강제하는 것이 전혀 없다.

사실을 지켜주리라 믿을 수 없기는 정치인들도 마찬가지다. 토크
쇼 사회자나 블로거들과는 달리 정치인들은 그들이 행사하는 권력에
대한 책임이 있기는 하지만, 사실에 대한 책임감은 유권자들에 대한
책임감보다 덜하다. 이는 유권자 중 일부가 현실보다는 조작된 판의
현실을 선호하기 때문이다.

치료법이 있다면 그것은 논리적으로 언론인들이어야 마땅하다. 그
들은 '사실의 관리인'이라 주장하고[135] '정확성'이 저널리즘의 제1원칙
이라고 말한다.[136] 하지만 그들이 주장하는 바와 실제 행동은 너무 자
주 동떨어진다. 10년 전에 심리학자 하워드 가드너Howard Gardner 교수
와 그의 하버드 대학 동료 2명이 직업적 규율과 관행의 관계에 대해
포괄적인 연구를 수행했다. 언론인은 수행 면에서 공언된 가치와 절
대적으로도 일치하지 않고 다른 직업과 비교했을 때 상대적으로도
일치하지 않았다는 점에서 '심각하게 어긋난' 직업인 것으로 나타났
다.[137] 가드너 교수와 그 동료들이 인터뷰한 다수의 언론인은 자신의
직종이 공익을 위한 임무로부터 점점 멀어졌다고 말했다. 그들 중 한
명은 다음과 같이 말했다. "뉴스가 즐거움을 줄 수는 있지만, 연예인
entertainers이 되는 것은 우리의 일이 아니다. 우리의 일은 정보 제공자
informers가 되는 것이다."[138] 뉴스 경영진에 대한 2010년 퓨리서치 조
사에서도 비슷한 결과가 나왔다. 그들은 뉴스가 질적인 면에서 하락
하고 있으며 사실적으로 정확하지 않은 보도가 늘고 있다고 느꼈
다.[139] 그들의 시각은 1990년대 후반에 설립된 수백 명의 미국 언론
인 집단인 '저널리즘을 염려하는 언론인 위원회Committee of Concerned
Journalists'에서 앞서 발표한 성명서를 상기시켰다. 위원회는 다음과 같

이 기록했다. "많은 언론인이 목적의 상실감을 느끼고 있다. 심지어 뉴스의 의미에 대한 회의가 있는데, 진지한 언론 조직들이 여론과 인포테인먼트, 선정주의에 휩쓸릴 때 그러한 회의는 분명해진다."140

오늘날 저널리즘의 결함에는 즉효약도 없으며, 언론인들은 자기 분야에서 무너져가고 있는 사업 모형을 강화할 방안을 생각해내느라 어쩔 수 없이 해결책을 생각할 여력이 없다. 하지만 만일 언론인들이 보도를 강화할 방법도 알아내지 못한 채 사업적 해결책에 이른다면, 저널리즘은 언론인이나 민주주의에 기여하지 못할 것이다.

2장

정보원의 문제

거짓을 감지할 정보가 부족한 공동체에는 자유가 없을지도 모른다.[1]

월터 리프먼

1.

언론인들이 만일 그 추종자들이 주장하는 것처럼 고결하지 않고 비평가들이 주장하는 것처럼 교활하지도 않다면, 수정헌법 제1조* 보호 조항이 말하는 것만큼 안전을 보장받지 못할 것이다.[2] 언론인들이 고급 정보원에 의존할수록 정확성accuracy이라는 그들 직업의 기둥은 위태로워진다.

공무원은 언론인의 주된 뉴스 정보원이다. 리언 시걸Leon Sigal이 그의 저서 『기자와 공무원Reporters and Officials』에 기록한 것처럼, "대부분의 뉴스는 발생한 일이 아니라, 발생한 일에 대해 누군가가 이야기한 것이다".[3] 마이클 셔드슨 교수가 설명하길, 뉴스는 "하위 공무원보다는 고위 공무원을, 비공식적인 집단보다는 공무원을 …… 그리고 조직화되지 않은 시민보다는 어떤 종류든 집단을 편애하면서"[4] 위에서 아래로 흐른다. 이러한 순서는 오랫동안 언론인들에게 유리하게 작용했다.[5] 언론인들은 1950년대 초반에는 상원의원 조지프 매카시Joseph McCarthy에게 괴롭힘을 당하기는 했지만,[6] 보통은 공무원들과의 친밀한 관계에서 이익을 얻었다. 그러한 관계는 언론인들에게 수용자의 신뢰와 예측 가능한 뉴스 정보원을 주었다.

그럼에도 불구하고 기자와 공무원 간의 관계가 건강하던 시절은 오래전에 지났다. 저널리즘과 정치 내부에서의 변화는 이 두 집단 모두 최악의 모습이 드러나는 충돌 과정에 놓아두었다. 국내 정치 보도는 시민들이 자기도 모르게 관객이라는 배역을 맡게 된 혼란스러운

---

* [옮긴이] 미국 수정헌법 제1조 내용은 다음과 같다. "의회는 종교를 만들거나, 자유로운 종교 활동을 금지하거나, 발언의 자유를 저해하거나, 출판의 자유와 평화로운 집회의 권리, 정부에 탄원할 권리를 제한하는 어떤 법률도 제정할 수 없다."

당파적 곡예*가 되어버렸고, 기만적인 만큼 불미스럽기도 한 뉴스로 대접받게 되었다.

2.

"거짓말이 난무했고, 이를 주도한 이는 대통령이었다." ≪워싱턴 포스트≫ 편집장인 벤 브래들리Ben Bradlee가 말했다.[7] 당시는 베트남 전쟁과 워터게이트 사건의 시대였고, 존슨과 닉슨 행정부의 기만은 언론인들에게 정치인들은 믿을 수 없다는 확신을 품게 했다. 정치인들이 거짓말하려고 하면 기자들은 그 모든 말과 행동에 이의를 제기하곤 했다.[8]

≪뉴스위크≫의 멕 그린필드는 기자들이 "우리가 할 수 있는 최악은 …… 누군가의 범법 행위를 거짓으로 고소하는 것이었다"고 생각했다고 말했다. 이제는 "최악, 즉 가장 당혹스럽고 굴욕적인 것은 누군가를 거짓 고소하는 것이 아니라 당신이 …… 고소당해야 마땅한 누군가의 어떤 행위를 고소하는 데 실패하는 것이다".[9] 일부 언론인은 정치인에 대해 항상 이의를 제기하는 것을 불편해했지만,[10] 대부분은 그렇게 하는 것을 당연하게 여겼다.[11] 저널리즘 규범에서 기자들이 공무원에게 대놓고 이의를 제기하는 것을 금기시한다는 점을 고려하면, 문제는 어떻게 실행에 옮기느냐였다.[12] 티머시 크라우스 Timothy Crouse 기자는 "(뉴스메이커들이) 온종일 도가 지나친 헛소리를

---

* [옮긴이] 원문에 사용된 표현은 'a two-ring circus'로, 이는 두 장면을 동시에 진행하는 복잡한 형식의 서커스 또는 곡예를 의미한다. 지은이가 정치 뉴스들이 혼란스럽고 복잡한 곡예를 부리듯이 보도된다는 점을 강조하기 위해 사용한 표현이다.

지껄이면, 그 방식은 (우리가) 그렇게 말하기 어렵게 (만든다)"[13]고 언급했다.*

탐사 보도는 현실적인 대안이 아니었다. 그것은 시간이 오래 걸리고 비용이 많이 들어서 뉴스 기관이 매일 할 수 있는 유형의 보도가 아니었다. 기자들은 편리한 대안이 필요했고 1970년대 후반까지 그것을 창안해냈다. 정치인이 뉴스거리가 되는 말이나 행동을 하면 기자들은 이를 공격할 반대자에게 접근했다. 결정적인 진실은 그 주장이 논리적으로 옳거나 진실인지에 대한 신중한 조사를 통해서가 아니라, 이를 마구 헐뜯을 반대자를 찾아냄으로써 제공되었다. 이러한 관행을 두고 ≪로스앤젤레스 타임스≫ 기자인 잭 넬슨Jack Nelson은 "쇼핑하러 간다You go shopping"라고 묘사했다.[14] 그 관행은 단순함이라는 측면에서 기발한 만큼 안전성 측면에서도 기발했다. 기자가 사선에 들어가지 않은 채 은밀히 공격을 조정하게 했다. 즉, 정치인들은 서로를 비방하는 더러운 일을 하게 되었다.

저널리즘 방식의 변화는 맹목적 인용 보도He said, she said reporting**를 사주했다.[15] 1963년에 방송사가 30분짜리 그림 위주의 뉴스 보도를 도입했을 때, 신문의 보도 방식이 텔레비전에는 맞지 않는다는 것을 깨달았다. 인쇄 매체의 방식은 기술記述적이다. 즉, 기자의 일은 수용자에게 사건 현장을 전달하고 어떤 일이 일어났는지 이야기해주는

---

* [옮긴이] 인용문에서 괄호 안 표현은 지은이가 덧붙인 것이다.
**[옮긴이] 원문에 쓰인 "He said, she said reporting"이라는 표현은 기자들이 해당 사안이 찬반으로 깔끔하게 나눠떨어지지 않더라도, 혹은 둘 중 한 견해가 가치 없는 경우일 때도, 상반되는 견해들을 나란히 배치하는 저급한 방식의 저널리즘을 의미한다. 사안의 핵심 혹은 사안의 중심에 놓인 진실을 전달하기보다 직접인용을 통해 의견이 분분한 상황만을 전달함으로써 기자의 역할을 단순히 인용문을 나르는 수준으로 격하시킨다는 비판적인 의미에서 '맹목적 인용 보도'라고 옮겼다.

것이었다. 하지만 텔레비전 시청자들에게는 눈으로 직접 볼 수 있는 것을 설명해줄 필요가 없었다. 무언가 다른 것이 필요했고, 방송국들은 줄거리 위주로 해석을 제공하는 방식을 찾아냈다.[16] NBC의 루벤 프랭크Reuven Frank는 특파원들에게 다음과 같이 지시했다. "모든 뉴스 기사는 정직성이나 책임감을 희생시키지 않으면서 허구 및 드라마의 속성을 보여주어야 한다. 그것은 구조와 갈등, 문제와 대단원, 전개와 하강, 시작과 중간과 끝을 갖추어야 한다."[17] 신문 매체는 곧 독자들이 전날 밤 텔레비전에서 본 사건에 대한 기술적 설명에 별로 관심이 없다는 점을 깨닫고 부화뇌동했다.[18]

이 새로운 방식은 기자에게 해설자 역할을 맡겼는데, 기사의 지배권이 뉴스메이커에서 기자로 옮겨간 셈이었다. 낡고 기술적인 방식에서는 뉴스메이커들이 우위를 점했었다. 그들의 말은 기사의 중심을 차지했고, 따라서 자신들에 관한 보도를 상당 부분 통제할 수 있었다. 중견 기자인 칼 럽스도프Carl Leubsdorf는 "내가 동의하건 하지 않건 간에 (뉴스메이커들의) 말을 보도하는 것이 나의 일이다"라고 전통적인 방식으로 말했다.[19] 새로운 방식에서는 기자들이 서사의 주제를 선정하고 자신의 말을 기사 중심에 배치하면서 이야기 조각들을 엮었다.[20] 1960년대 초반 저녁 뉴스 방송에서 기자와 뉴스메이커의 발언 시간은 거의 대등하게 배분되었다. 1990년대에 이르자 뉴스메이커들이 저녁 뉴스에서 발언하는 1분당 그들에 대해 보도하는 기자들이 발언하는 시간은 5분이 되었다.[21] 뉴스메이커들은 신문에서도 덜 빈번하고 덜 완전하게 인용되었는데, 평균 신문 인용 길이는 이전의 3분의 1에 불과했다.[22]

정치적 적수들을 같은 기사에 나란히 배치하고 '포문을 열다', '포화를 받다', '응사應射하다'와 같은 전쟁터의 비유를 사용함으로써, 마치

연출한 것이 아니라 실제로 적대자들이 논쟁하는 것처럼 보이게 하는 것은 기자들에게 단순한 일이었다.[23] 버지니아 대학의 래리 사바토Larry Sabato 교수의 표현을 빌리자면, 기자들은 "뉴스를 보도하는 과정에서만큼 뉴스를 창조하는 과정에서도 무대의 중앙을" 차지했다.[24] 고소와 맞고소가 공중파를 채우는 데는 오랜 시간이 걸리지 않았다. 저녁 뉴스에서는 적대적인 표현들이 회유적인 표현보다 6배 많아지기에 이르렀다.[25]

1990년대 초에 이르자 기자들은 공격해줄 사람을 찾기 위해 더는 '쇼핑하러 갈' 필요가 없어졌다. 전후 시대의 초당파주의가 시들해졌으며, 이전보다 타협하는 버릇이 덜한, 새로운 유형의 정치인이 등장하고 있었다. 그 유형은 한때 별나고 성질 급한 사람으로 치부되었지만, 그들의 맹렬한 공격은 그들을 좋은 기삿거리로 만들었다.[26] 펜실베이니아 주립대학의 한 연구는 극단적인 당파성을 가진 국회의원들이 뉴스에서 더 자주 인용되는 반면에 온건파 정치인들은 덜 자주 인용되고 있다고 밝혔다.[27] 타임스 미러Times Mirror 조사에서는 1992년 대통령 예비선거를 보도한 기자들의 85%가 팻 뷰캐넌Pat Buchanan*의 출마를 좋아했다는 것을 발견했다. 어느 기자는 다음과 같이 말했다. "그는 좋은 기삿거리를 제공해준다. 그는 매우 인용할 만하다. 당신이 신문 기자이건 방송 기자이건, 그는 보도의 기쁨이다."[28]

비판적 저널리즘은 단지 정치인의 콧대를 꺾기 위한 수단만은 아니었다. 그것은 기자들이 출세할 수 있는 방법이었다.[29] 토크쇼나 인터뷰에서는 여전히 워싱턴 기자단의 합리적인 목소리를 들을 수 있기는 했지만, 케이블 TV는 테이블에 더 많은 좌석을 만들어 기자들이

---

* [옮긴이] 팻 뷰캐넌은 미국의 우파 논객이나 정치인으로, 히틀러나 인종 등과 관련한 거침없는 발언으로 논쟁을 일으킨 바 있다.

나 싸움을 감상하는 학자들을 위해 그 자리들을 예약해두었다. ≪워싱턴 포스트≫의 데이비드 브로더David Broder가 보기에 언론은 통제할 수 없을 정도로 질주했다. 그는 이렇게 썼다. "냉소주의는 이제 유행이다. 그것은 정치 및 공무원에 대한 신뢰를 무너뜨리고, 저널리즘의 지위와 기준을 모두 약화시켰다."[30] ≪뉴욕 타임스≫의 모린 다우드Maureen Dowd는 다르게 보았다. 그녀는 '흥미롭고 소란스러운' 언론이 마침내 정치인들을 24시간 감시대에 올려놓는 용기를 찾았다고 기록했다.[31] 이후 그녀는 다음과 같이 썼다. "언론에 구애하는 것은 호랑이와 함께 야유회 가는 것과 거의 비슷한 일이다. 당신이 식사를 즐길 수 있을지는 몰라도, 항상 그 호랑이가 마지막*을 먹게 된다."[32]

3.

기자들은 마치 뉴스 수용자에게 이끌리듯 갈등에 이끌린다. 어느 학자는 이를 두고 "모든 이는 싸움을 사랑한다"라고 표현한다.[33] 맹목적 인용 보도 덕에 기자들은 갈등이 터지기를 기다릴 필요가 없다. 상반되는 양쪽의 견해를 요청하고 서로 맞붙게 함으로써 싸움을 주선할 수 있다.[34] 정치학자 팀 그롤링Tim Groeling 교수와 매슈 바움Matthew Baum 교수는 〈미트 더 프레스Meet the Press〉, 〈페이스 더 네이션Face the Nation〉**을 비롯한 일요일 아침 인터뷰 프로그램에 출연한 뉴스메이

---

* [옮긴이] 여기서 '마지막'이란 '호랑이와 함께 야유회에 간 사람'을 비유적으로 말하며, 궁극적으로 언론에 구애하려다가 자기 꾀에 자기가 넘어간다는 의미다.
** [옮긴이] NBC의 〈미트 더 프레스〉는 1947년, CBS의 〈페이스 더 네이션〉은 1954년부터 시작해 현재까지 방송되는 미국의 대표적인 일요 시사 대담 프로그램이다.

커에 관한 연구에서, 선택이라는 구태의연한 과정을 통해서도 싸움을 조정할 수 있다는 것을 밝혔다. 그 뉴스메이커들은 대체로 자신의 정책 목표에 관해 이야기하며 가끔씩만 그 적을 공격할 뿐이었지만, 일요일 저녁 뉴스와 월요일 아침 신문에 보도된 것은 그 공격이었다.[35]

분명 뉴스메이커는 공격 행위를 하는 당사자다. 하지만 기자는 어떤 발언을 뉴스로 만들지 결정하는 사람이다. 선거 유세 연설에 관한 어느 연구는, 후보들이 공격을 시작하는 순간을 기자들이 보도하기로 선택하며, 후보들의 발언 대부분을 차지하는 정책 발언들을 대개 무시한다는 것을 밝혀냈다.[36] 또 다른 연구는 외교 정책 분야에서 국회의원들의 표현 중 80% 이상이 대통령의 계획들에 대한 공격임을 발견했다.[37] 세 번째 연구에서는 의회의 소수당은 상대 정당이 여당이 되는 경우를 제외하고 대개 언론에 의해 무시당한다는 것을 발견했다. 대통령에 대한 공격의 1차 자료로서 소수당은 다수당만큼이나 많이 보도된다.[38]

때때로 갈등은 보도에서 거의 가장 중요한 부분인 것처럼 보인다. 2009~2010년 의료보험개혁 논쟁이 벌어진 기간에 '국가생명윤리위원회death panels' 논쟁과 같은 발화점들이 보도 내용을 완전히 도배하면서 비용 절감 같은 법안의 주요 조항들은 대중의 관심에서 벗어나 버렸다.[39] 세간의 이목을 끄는 쟁점들만 그런 대우를 받는 것은 아니다. 예컨대 크리스 무니Chris Mooney 기자와 매슈 니스벳Matthew Nisbet 교수는 공립학교들의 진화론 수업에 관한 뉴스 보도 연구에서 기자들이 "진화론에 호의적인 강력한 과학적 사례를 경시하고, 그 대신에 진화론적 과학(의 타당성)에 대한 '논란'이 늘어나는 점에 신빙성을 부여한다는 것"을 발견했다.[40]

갈등의 정도가 커질수록 기사도 많아진다. 그러한 경향은 절대적이지는 않다. 즉, 협력이 뉴스가 될 때도 많다. 하지만 그러한 전개는 갈등의 뒷좌석을 차지한다. 가령, 유전자 및 골수 치료법의 혁신이 수천 명의 생명을 구했고 수백만 명을 더 구할 것으로 전망되었는데도, 2001년 이전까지 줄기세포 연구가 머리기사가 된 경우는 거의 없었다. 그런데 2001년이 되자 정치인들은 인간의 배아에서 줄기세포를 추출하는 문제를 놓고 대결할 준비를 했다. 그 한 해에만 ≪뉴욕 타임스≫와 ≪워싱턴 포스트≫는 줄기세포 연구에 관해 앞선 25년간 해당 주제에 관해 실었던 것보다 많은 486개의 기사를 내보냈다.[41]

케이블 TV의 입장에서는 논란을 마음껏 즐긴다. 어떤 사안에 갈등 요소가 부족하면, 케이블 오락 프로그램들은 어떻게든 이를 놓고 싸울 초대 손님을 모신다.[42] 때로는 진행자가 싸움을 시작하기도 한다. 2006년 후반에 〈폭스 뉴스 선데이Fox News Sunday〉 진행자인 크리스 월리스Chris Wallace는 빌 클린턴 전 대통령의 국제적인 자선 활동이 인터뷰 특집이 될 것으로 확신하고 그를 초대 손님으로 초청했다. 네 번째 질문에서 월리스는 마음속에 품고 있던 더 도발적인 생각을 드러냈다. "당신은 왜 대통령이었을 때 빈 라덴과 알카에다가 망하도록 더 많은 일을 하지 않았습니까?" 클린턴은 월리스에게 그의 인터뷰가 '보수 시청층을 겨냥한 계획적 살인hit job'이었다고 말하면서 날카롭게 답했다. "나는 당신이 얼마나 많은 부시 대통령 행정부 사람들에게 '왜 당신은 콜Cole*에 관해 아무 일도 하지 않았나요, 왜 딕 클라크Dick Clarke**를 해고했나요'라고 물었는지 알고 싶군요."[43] 폭스에서 한 달간 이런 식의 인터뷰를 진행하는 동안 CNN의 울프 블리처Wolf Blitzer는 전 부통령 딕 체니의 부인인 린 체니Lynne Cheney에게 거의 같은 대

* 2000년 알카에다의 자살 폭탄 테러 공격을 받은 미국의 해군 전함.
** 부시에게 9·11 규모의 테러 공격이 임박했음을 경고한 테러방지대책 자문위원.

우를 했다. 인터뷰는 표면상 그녀가 집필한 어린이 책에 관한 것이었지만, 블리처는 그녀에게 테러 용의자들의 물고문을 허가하는 데 남편이 어떤 역할을 했는지 캐물었다.[44]

갈등을 좇는 언론의 열성을 2004년 대통령 선거운동보다 더 명확하게 보여주는 사건은 거의 없다. 당시에 기자들은 몇 주에 걸쳐 존 케리의 30년 전 전쟁 기록에 관한 왜곡들을 다뤘다. 진실을 위한 쾌속정 참전용사들Swiftboat Veterans for Truth(이하 쾌속정참전용사연합)의 주장*은 지역 방송 광고로 나왔는데, 기자들이 그들의 주장을 신문 1면 기사로 만들지 않았다면 거기서 사라졌을 것이다. 논란이 가열될수록, 지난 선거에서 아주 많이 보도되었던 부시 대통령의 주 방위군National Guard 활용에 대한 혐의는 이러한 논란에 묻혀버렸다. 그 논란은 CBS 뉴스가 자기도 모르게 위조문서에 근거한 공소사실을 보도해, 소위 우쭐대다 큰코다쳤을 때에야 흐지부지되었다. 그때까지 그 논란은 2004년 선거운동과 관련해 가장 많이 보도된 사안 중 하나로 평가될 만큼 뉴스에 충분히 보도되었는데, 당시는 미국인들이 내수 경제 약화와 이라크 전쟁의 악화를 우려하던 때다.[45]

---

* [옮긴이] '진실을 위한 쾌속정 참전용사들'은 2004년 상원의원으로 대선에 출마한 존 케리가 베트남 전쟁 참전 경험에 대해 과장해서 미 해군으로부터 은성무공훈장을 받았다고 주장하면서 존 케리에게 수여된 무공훈장들의 정당성에 의문을 제기했다. 또한 그들은 존 케리가 다른 한편으로 미국의 베트남 참전을 비하하고 반전운동을 벌임으로써 이를 정치적 기반으로 삼아 출세한 기회주의자라고 주장했다. 하지만 존 케리의 베트남 전쟁 참전 동료이자 《시카고 트리뷴》의 편집인인 윌리엄 루드가 나서서 존 케리의 베트남 전쟁 공훈 조작이 사실이 아니라고 증언했고, 미군 군사 기록을 통해서도 '진실을 위한 쾌속정 참전용사들'의 주장이 사실이 아님이 입증되었다. 즉, 대통령 선거운동에 활용되었던 '진실을 위한 쾌속정 참전용사들'의 주장은 네거티브 캠페인이었으며, 역사적으로 볼 때 가짜뉴스가 대통령 선거를 뒤흔든 첫 번째 사례로 꼽히기도 한다.

4.

정치학자 랜스 베넷Lance Bennett 교수가 기록했듯이, '맹목적 인용 보도 he said, she said reporting'의 작동 기준은 정직함보다는 '권력'이다.[46] 국회 의원이 뻔뻔스러운 거짓을 이야기하고 기자가 이를 '맹목적 인용'을 통한 논쟁거리로서 수용자에게 전달한다면, 그러한 기자의 결정을 '권력'에 대한 경의 외에 달리 무엇이라 설명할 수 있겠는가?[47] 그것 을 전달함으로써 기자는 사기에 연루된다. 그 주장은 공론화되고 뉴 스에 나옴으로써 신뢰를 얻게 되기 때문이다.[48]

≪뉴욕 타임스≫의 질 에이브럼슨Jill Abramson은 "정보원의 이름을 밝힐 수 있다면, 당신은 익명의 여러 정보원을 여럿 쓸 때보다 역사에 대해 훨씬 더 '권위 있는 초고를 갖게 될 것"이라고 말한다.[49] 만일 이 름이 언급된 정보원이 정직하게 말한 것이라면, 이는 충분히 사실이 다. 부시 대통령은 2006년 8월 6일 주간 라디오 연설에서 감세가 "경 제의 활력과 성장을 장려했으며 재무부의 수익 증가를 도왔다. 그러 한 수익 증가와 우리의 지출 제한이 연방 재정 적자를 감소시키는 데 상당한 진전을 가져왔다"라고 말했다. 경험 많은 기자들은 부시의 주 장이 틀렸다는 것을 알았겠지만, 이는 예상대로 보도되었다.* 앞서 부시의 경제자문위원회는 감세로 얻는 이익이 없다고 발표했었다.[50]

---

* 만일 1980년대 초기였고 레이건의 감세가 쟁점이었다면, 기자들의 실수가 용서받 았을 수도 있다. 당시 공급 측 경제(supply-side economics)는 상대적으로 새로운 것이어서 제대로 이해되지 못했다. 하지만 부시가 집권하기 훨씬 전에 과도한 감 세가 가져오는 부정적 세입 효과, 즉 레이건 정부 시절 한때 행정 관리 예산국 국장 이었던 데이비드 스토크먼(David Stockman)의 표현에 따르면, '괴짜 이론'은 널리 알려져 있었다. 부시가 시행한 감세 수준은 레이건 때보다도 높았고, 미약한 경제 성장과 재정 적자의 증가가 뒤따랐다.

빌 코바치와 톰 로젠스틸은 기자들이 거짓 주장을 확인해보지도 않고 방송한 것에는 변명의 여지가 없다고 말한다.[51] 그러나 때로는 기자가 진실을 정리할 시간이나 지식이 없어서, 또 때로는 기자가 편드는 것처럼 보이는 것을 피하고 싶어 하기 때문에 이런 일이 자주 발생한다.[52] 어느 쪽이든 간에 객관적 보도 모델은 속임수에 관여한 기자에게 면죄부를 준다.[53] 스탠퍼드 대학의 테드 글래서Ted Glasser 교수가 말했듯이, 객관적 보도는 "바로 그 (저널리즘적) 책임성이라는 개념에 편견을 가지고 있다. …… 객관성은 기자들이 보도하는 대상이 아닌, 그들이 보도하는 방식에 대한 책임만을 요구할 뿐이다."[54]

작가인 게이 터크먼Gaye Tuchman이 말하길, 객관적 보도 모델이란 언론인을 '거래의 위험으로부터' 보호하는 '전략적 의식ritual'이다.[55] 기자로서는 상원의원 스미스의 발언을 가지고 그를 물고 늘어지는 것보다 "상원의원 스미스는 …… 라고 말했다"는 식으로 보도하는 것이 훨씬 덜 위험하다.[56] 《워싱턴 포스트》의 데이너 밀뱅크Dana Milbank는 "부시 대통령께, 사실이란 잘 변한답니다For Bush, Facts Are Malleable"라는 표제를 단 1면 기사를 쓴 후 백악관 기자단에서 배척당했다.[57] 비록 몇몇 기자들은 고위급 정보원들에게 공개적으로 도전장을 던짐으로써 그들에 대한 접근이 어려워지는 것을 기꺼이 감수하지만, 이는 예외적인 경우에 속한다. UCLA의 존 잴러John Zaller 교수는 다음과 같이 말한다. "기자들은 다른 사람들이 진실이라는(진실이라고 말하는) 것에 대해서 말하기를 절대 두려워하지 않는다고 하는 편이 더 정확할 것이다."[58]

이 점을 가장 명확하게 보여주는 최근의 사례는 이라크 전쟁을 앞둔 뉴스 보도다. 이 주제에 관해서는 너무 많이 썼기 때문에 여기서는 부시 행정부가 얼마나 교묘하게 메시지를 조종했는지 언급하는 것

외에는 말할 것이 거의 없다. 행정부 공무원들은 저녁 뉴스 방송에서 가장 비중 있게 인용되는 정보원이었다. 대통령 한 사람만 따져도 대략 여섯 번에 한 번꼴로 인용되었다. 민주당 공직자들은 전체 정보원 수의 4%만을 차지했는데, 이는 대통령의 입장을 지지한 사람들을 포함한다. 반전 시위자들은 인용문의 1%만을 차지했을 뿐인데, 이는 퇴역 장교들보다도 적은 비중이었다. 미국의 침공을 반대하는 사람 중 가장 많이 인용된 정보원은 이라크 공무원들로, 이들은 미국 수용자들이 가장 덜 동요할 것 같은 정보원이었다.[59] 신문 보도도 마찬가지로 편파적이었다. 침공한 지 14개월이 지나면서 이라크 전쟁이 틀어지던 시점에 ≪뉴욕 타임스≫는 전쟁 전 보도의 상당 부분을 주도했던 근거 없는 주장에 대해 공개적으로 사과했다.[60] ≪워싱턴 포스트≫의 주필 렌 다우니Len Downie 역시 그것은 "나의 실수였다"라고 말하면서 편파적인 보도에 대해 사과했다.[61]

5.

공격 저널리즘attack journalism이 1970년대 후반에 수면으로 올라오자, 정치인들은 허를 찔렸다. 존슨과 닉슨 행정부의 위법행위가 왜 그들 **모두**를 표적으로 만들었을까? "나는 의회의 원로라기보다 미끼처럼 느껴졌다"라고 민주당 의원 잭 브룩스Jack Brooks는 말했다.[62] 공화당 상원의원 앨런 심슨Alan Simpson의 반응도 마찬가지로 방어적이었다. "당신이 입법 회의에 나서면 10명의 기자들이 귀를 쫑긋거리며 주위에 서 있을 것이다. 그들은 모든 일이 미국의 발전을 위해 해결되었는지 여부를 알고 싶어 하는 것이 아니다. 그들은 누가 참패했는지, 누가 누구를 속였는지 따위를 알고 싶어 한다. 그들은 명료한 것에 관심이 없다. 그들은 혼란과 논란에 관심이 있다."[63]

정치인들은 갈수록 적대적인 언론을 마주하게 되면서 그들이 항상 해오던 것을 했다. 적응한 것이다. 기자들이 규칙을 바꾸면 그들은 새로운 규칙에 따라 경기하는 것을 배웠다. 사진이 텔레비전 저널리즘을 만들어가던 1960년대에도 그렇게 했다. 방송국이 원하던 것이 사진이면 방송국이 얻게 되는 것도 사진이었다. 이미지 메이킹은 "당신이 이야기하는 대상이 아니라, 당신이 그것에 관해 이야기하는 방법", 즉 운영 규칙이 되었다.[64] 그러나 '맹목적 인용'이라는 새로운 시합은 이미지에 관한 것이 아니었다. 그것은 말에 관한 것이었다. 그리고 정당 분극화가 나타나면서 그것은 재담보다는 말싸움에 더 가까워졌다. 하버드 대학의 리처드 뉴스타트Richard Neustadt 교수는 "엘리트들 간의 전쟁은 …… 타협이 아니라 소송사건이라는 이름으로 계속되었다"며 새로운 유형의 정치학에서 나타나는 특성에 관해 기술했다.[65]

대부분의 정치인은 소통 전략 전문가가 아니며, 전문가는 다름 아닌 그들의 미디어 자문들이다.* 그들은 정치인들에게 메시지가 얼마나 단순해 보이건 얼마나 오인될 수 있건 간에 일단 메시지를 남기는 것이 중요하다고 가르쳐왔다.[66] 이러한 전술과 관련해 현대 PR의 아

---

* 정치인의 소통 전략에 정말 새로운 것은 하나도 없지만, 오늘날 그 전략은 심지어 몇십 년 전에 진실이었던 것을 뒤엎을 정도로 정교하다. 커뮤니케이션 전문가들이 수적으로 증가하면서 응용심리학과 사회과학은 유례없는 전략적 커뮤니케이션을 방법론으로 택했다. 로버트 맥체스니와 존 니컬스의 『미국 저널리즘의 죽음과 삶 (The Death and Life of American Journalism)』에 따르면, 1980년에는 PR 전문가가 언론인만큼 많았다. 그때부터 언론인 수는 감소한 반면에 PR 전문가 수는 증가해왔다. 2000년에는 PR 전문가가 언론인보다 2배나 많아졌고, 이제는 3배나 많다.

버지인 에드워드 버네이스Edward Bernays는 "선전의 치유법은 더 많은 선전"이라고 설명했다.[67] 정치인들은 언어 선택에 대해서도 배웠다.[68] 가령, 정치인들이 전통적인 명칭인 '부동산세estate tax'보다 '사망세death tax'라는 경멸적인 표현을 사용하면, 유산에 대한 막대한 증여세에 반대하는 사람이 급격히 늘어난다.[69] 정치인은 자신에게 반대하는 이들의 약점을 찾아내고 이용하도록 훈련받기도 했다. 어느 분석가는 "무사마귀를 찾아라. 그리고 그 무사마귀가 그 전부를 나타내도록 만들어라"라는 말로 이를 표현했다.[70] 또한 정치인들은 모든 쟁점이 권력을 위한 더 큰 경쟁의 일부라고 배웠다. 토마스 만Thomas Mann과 노먼 온스타인Norman Ornstein은 "선거운동campaigning과 통치governing 간의 경계는 거의 사라졌다"라고 썼다.[71] 정치인들은 또한 그들의 메시지를 증폭시키기 위해 토크쇼와 케이블 방송 및 인터넷을 이용하는 방법에 대해 배웠다.[72] 가령, 공화당 입법자들은 2010년 의료보험 개혁안을 공격하기 위한 추가 연료를 얻으러 멀리까지 갈 필요가 없었다. 폭스 뉴스는 이 법안을 언급하면서 '사회주의'와 '오바마케어'라는 용어를 다른 방송사보다 20배 이상 더 많이 사용했다.[73]

정치인들이 이러한 교훈을 소통 전략에 접목하게 되자, 마지막 질문이 남았다. 기자들은 [이처럼 정치인들이 하는] 영악한 이름붙이기와 지루한 반복을 따라 할 것인가? 아니면 이것들을 술책으로 이용해서 정치인들의 전략을 폭로할 것인가? 나중에 알고 보니, 이 두 가지 모두 해당되는 경향이 있었는데 정치인들에게는 충분히 잘된 일이었다. 이는 정치인들이 그들의 메시지를 뉴스거리로 만들려는 주된 목표를 이룰 수 있다는 것을 의미했다.

이러한 노력의 성공을 보여주는 가장 뚜렷한 사례 중 하나는 부시 행정부가 물고문waterboarding 이용에 대한 언론의 묘사 방법을 관리하는 데 사용한 기술이다. 한 연구에서는 ≪뉴욕 타임스≫, ≪로스앤젤레스 타임스≫, ≪월스트리트 저널≫ 등 세 신문이 각각 물고문을 미국의 아프가니스탄 및 이라크 전쟁 전 시기의 고문torture으로 묘사했음을 발견했다.* 그들은 제2차 세계대전 동안 일본군이, 한국전쟁 동안 중국 공산주의자들이, 베트남 전쟁에서 북베트남인들이 행한 것을 고문이라고 불렀다. 2001년 9월 11일 이전에는 80% 이상의 신문 기사들이 물고문을 그런 식으로 묘사했다. 하지만 2005년 미국 정부가 이슬람 과격분자들을 심문하는 데 물고문을 사용했다는 것이 밝혀지자, 같은 신문들은 부시 행정부가 고안한 '향상된 심문 기술'이라는 명칭을 적용했다. 이 신문들이 물고문을 언급할 때 고문의 한 형태로 행해졌다고 묘사한 경우는 5%도 되지 않았다.74

소통 과정의 조종법을 알아낸 것이 비단 정치 지도자들만은 아니다. 2008년 민주당 대통령 후보자 경선 초기에 어느 블로거는 "버락 오바마가 소년 시절 인도네시아의 무슬림 학교에 다녔음을 발견한 이들이 (힐러리) 클린턴 의원과 연계된 연구자들"이라고 주장했다. 이 주장은 순식간에 토크쇼로 퍼졌고, 그다음 뉴스 매체로 퍼져갔다. 오바마에 대한 공격은 며칠 만에 허위라는 것이 밝혀졌지만, 클린턴이 이 더러운 술수를 썼다는 루머는 계속 돌았다. 이 기사가 터지고 일주일 이상 지난 뒤, ABC 뉴스는 웹사이트 1면에 "무슬림 학교 광란 Madrassa Madness**: 힐러리가 오바마 뒤에서 중상모략했나"라는 표제의 기사를 실었다. 공교롭게도 그 혐의는 이를 처음에 게재한 보수주의

---

* [옮긴이] 우리말과 달리 '물고문'과 '고문'이 영어로 각각 'waterboarding'과 'torture'로 완전히 다르다는 점도 이 문맥에서 염두에 둘 필요가 있다.
** [옮긴이] 매년 3월 열리는 미국대학체육협회(NCAA) 대학 농구 상위 토너먼트를 두고 '3월의 광란(March Madness)'이라고 일컫는 데 착안한 풍자적 표현이다.

자 블로거가 지어낸 것이었다.[75] ≪컬럼비아 저널리즘 리뷰Columbia Journalism Review≫에서 이 사건에 관해 논평한 폴 매클레리Paul McLeary 기자는 이렇게 말했다. "명망 있는 뉴스 기관이 대규모 중상모략을 펼 필요는 없다. 나머지 매체들이 자체 보도로 후속 조치하지 않은 채 그 이야기를 반복하게 하면 된다."[76]

6.

정치인 중 성인聖人과 죄인의 비율은 아마도 일반인이나 언론인 중 성인과 죄인의 비율과 별반 다르지 않을 것이다. 정치인이 다른 것은 역할이다. 그들은 자기 아이디어를 판매하는 것을 목적으로 하는데, 이는 그들이 목표에 맞춰 사실을 주조할 것임을 의미한다. 다른 이들이 해당 사안에서 무엇이 중요한지 파악하는 동안에 수수방관하는 지도자는 패배를 초래한다. 초반에 사안을 규정하는 힘으로 반은 이기고 들어간다.[77] 리프먼이 말했듯이 모든 지도자는 '어느 정도는 검열관'이자 '어느 정도는 선동가'다.[78]

일부 정치인은 설득력 있는 주장을 만들어내는 데 다른 정치인보다 탁월하지만, 그럴듯한 의견 제시라는 것은 그리스 시대 이래로 정치적 술수였다. 아리스토텔레스는 다음과 같이 기록했다. "정치연설가는 제안된 행동 방침의 편의나 해로움을 규명하는 것을 목표로 한다. 만일 연설가가 그 수락을 촉구한다면 그것이 이로울 것이기 때문이며, 부결을 촉구한다면 그것이 해로울 것이기 때문이다."[79] 심리학자 조너선 하이트Jonathan Haidt 교수는 2012년에 출간한 『바른 마음The Righteous Mind』에서 가상 백악관 공보 비서의 역할을 묘사함으로써 이러한 점을 분명하게 보여준다. "정책이 아무리 안 좋아도 비서는 그 것을 칭송하거나 옹호할 방법을 찾아낼 것이다. 때로 비서가 적절한 말을 떠올리는 동안 어색한 침묵이 흐르기도 하겠지만, 비서에게서 다음과 같은 말은 결코 들을 수 없을 것이다. '이런, 그것 참 훌륭한 지적이네요! 아마도 우리는 이 정책을 재고해야 할 것 같네요.'"[80]

기자들은 정치인들이 사실이 아닌 이야기를 장황하게 늘어놓고 어려운 문제는 회피한다고 비판한다. 시민들도 그러한 술수를 비난한다. 그러나 기자들과 시민들은 모두 정직하게 말하는 정치인이나 시합에 서툰 정치인을 벌한다.* 1984년 대선에서 민주당 후보 월터 먼데일Walter Mondale은 급상승하는 연방 재정 적자를 제어하기 위한 노력으로 세금을 인상하겠다고 말해 위험을 자초했다. 민주당 전당대회에서 행한 수락 연설에서 먼데일은 다음과 같이 말했다. "사실대로 말합시다. 레이건 씨는 세금을 인상할 것이며, 저도 그럴 것입니다. 그는 이것을 여러분에게 이야기하지 않겠지만, 저는 이야기했습니다." 먼데일의 태도는 박수갈채 대신에 많은 비판적 표제를 얻었다.[81] 이에 관한 ≪뉴욕 타임스≫의 '맹목적 인용' 기사들로는 "레이건이 먼데일의 '현실주의'를 비웃다", "대통령 보좌관이 먼데일의 세금 공약

---

* 기자들은 정치인들이 전략적으로 행동한다고 비난하지만, 그 시합에서 잘하지 못하는 정치인에게 가장 날카로운 비판을 가한다. 대통령 선거에서 사례를 찾는다면, 월터 먼데일, 마이클 듀카키스, 밥 돌, 앨 고어, 하워드 딘, 존 매케인, 미트 롬니의 선거운동이 포함된다. 1988년에 듀카키스가 자신을 범죄에 관대하다고 묘사한 허위 광고에 시달렸을 때 같은 방식으로 대응하기를 거부한 것은 나약하다는 표시로 간주되었다. 선거운동이 끝나갈 무렵 인터뷰에서 NBC의 톰 브로코는 듀카키스에게 다음과 같이 질문했다. "당신은 이것이 선거운동이지 이념에 관한 것이 아니라고 말했습니다. 이것은 능력에 관한 것입니다. 당신의 선거운동 능력은 어떻습니까?"

을 비웃다"[82] 등이 있었다.[83]

  정치인이 말조심할 수밖에 없다면, 노골적인 속임수를 벌일 것으로
생각되지는 않는다.[84] 하지만 최근 몇 년간 정치인 다수는 자신의 의
도를 감추기 위해 허위 메시지를 전달하며 바로 그런 일들을 벌여왔
다.[85] 사안을 만들어내는 일에서까지 속임수를 쓴 것이다. 정치학자
프랜시스 리Frances Lee 교수는 『이데올로기를 넘어Beyond Ideology』라는
책에서 의회 지도자들이 종종 기자들의 이목을 끌고 핵심 유권자들
을 동원할 만한 일종의 갈등을 만들어내기 위해 가짜 법안을 고안해
내 소개해왔다는 것을 보여준다.[86] 의회 전문 기자 줄리엣 에일퍼린
Juliet Eilperin은 그러한 작전에 대해 '파이트 클럽Fight Club 정치'라고 묘사
했다.[87]

  미국 정치에 엄습한 전운에는 사실이 틀렸음을 입증하려는 노력도
포함되는데, 이는 제이 로젠Jay Rosen이 '역검증verification in reverse'이라고
부른 발명품으로, 혼란과 불확실성을 만들어내기 위해 이미 알려진
사실을 가지고 이의를 제기하는 방식이다.[88] 실제 백악관 공보 비서
인 스콧 매클렐런Scott McClellan은 2008년에 발간한 그의 책『무슨 일이
있었나What Happened』에서 그가 이라크 침공에 대한 대중의 지지를 얻
기 위한 노력으로 어떻게 언론을 호도하도록 지시받았는지 이야기한
다. 매클렐런은 다음과 같이 기록했다. "그(부시)와 그의 고문들은 선
전 운동을 전쟁 기간에 대중의 지지를 구축하고 유지하는 데 근본적
으로 필요한 고도의 솔직함과 정직함으로 혼동했다. 이런 점에서 그
의 최고 고문들, 특히 국가 안보에 직접적으로 관여했던 사람들은 (부
시를) 매우 푸대접한 것이다."[89]

7.

언론인들은 기만적인 주장을 방송하고 그 반대편 주장과 짝을 이루게 함으로써 진실은 어디에 있는가라는 질문을 미해결 상태로 남겨둔다.[90] 2000년 대선 기간에 ≪뉴스위크≫의 한 기자는 다음과 같은 질문을 정확히 독자의 무릎에 버려두었다. "(부시의 세금 감면 제안으로) 누가 이득을 보는가? 고어는 수익의 4.2%가 가장 부유한 1%에게 간다고 말한다. 진실은 그 사이에 있다. 단, 어디에 있는지는 아무도 모른다."[91]

만일 그 ≪뉴스위크≫ 기자가 대중이 숫자들을 가려낼 것으로 기대했다면 그것은 이루어지지 않았을 것이다.[92] 사람들은 상충하는 주장을 접하면 사실 면에서 덜 타당하더라도 좀 더 기분을 좋게 해주는 주장을 택하려는 경향이 있다.[93] 랜스 베넷 박사는 이러한 상태를 '진실의 민주화the democratization of truth'라고 부른다.[94] 사람들은 심리학자들이 '동기화 추론motivated reasoning'이라고 부르는 과정을 통해, 특정 상황에서 믿고 싶어 하는 것을 믿게 하는 방식으로 정보를 처리할 수 있다.[95] 예를 들면, 사회보장연금의 장기상환능력에 관한 어느 뉴스 보도 연구에서는 공화당 지도자들의 과장된 주장들 때문에 사회보장연금이 곧 '예산을 전부 날리게 될 것'으로 오해하고 있는 공화당원 수가 늘어났다고 밝혔다.[96] 마찬가지로 2010년에 실시한 어느 전국 조사는 민주당원 상당수가 오바마 대통령이 아프가니스탄 주둔 미군의 수를 줄였다고 생각하는 것을 발견했는데, 이는 그들의 개인적인 바람일 뿐 사실이 아니었다.[97]

동기화 추론의 힘을 입증하기 위해 수행된 어느 실험에서 스탠퍼드 대학의 심리학자 제프리 코언Geoffrey Cohen 교수는 스스로 진보적이라고 여기는 피험자들에게 두 가지 가상 뉴스 기사를 보여주었는데, 각각 관대한 새 복지 프로그램 제안서와 덜 견고한 새 복지 프로그램 제안서에 관한 기사였다. 피험자 절반은 제안자가 언급되지 않은 제안서에 관한 기사를 읽었다. 이 진보주의자 집단은 더 진보적인 대안인, 관대한 복지 프로그램을 뚜렷하게 선호했다. 나머지 절반은 빈약한 복지 프로그램에 대한 민주당 지도자들의 홍보가 포함된 기사를 읽었다. 이 진보주의자 집단은 홍보에 대한 반응으로 두 선택지 중에서 더 보수적인 대안인, 덜 견고한 복지 프로그램을 선호했다.[98]

미국인들의 당파적 충성심이 그들의 사고에 항상 그렇게 결정적으로 작용하는 것은 아니다. 사실이 너무 명백해서 간과할 수 없는 때도 있다. 예컨대, 인명의 희생과 재정적 비용의 급등에 따라 이라크 전쟁에 반대하는 견해는 공화당과 민주당 두 정당 지지층에서 모두 늘었다.[99] 하지만 사실이 덜 명확한 사안이 '맹목적 인용'을 통해 당파적 논쟁 주제가 되면, 사람들은 종종 정당에 대한 충성심을 지침으로 활용한다.[100]

지구온난화가 그 적절한 예다. 대체로 1990년대에는 상당히 많은 공화당 및 민주당 지지자들이 지구온난화를 사실로 받아들였고, 인간의 활동이 이 현상을 초래하고 있다고 믿었다.[101] 하지만 1997년 후반에 교토의정서가 체결된 뒤로 지구온난화는 우파의 공격을 받았고, 기후변화에 대한 공화당의 신념은 약해지기 시작했다. 그들은 과학적 증거에 대한 새로운 도전을 찾기 위해 멀리 볼 필요도 없었다. 한 연구에서는 1998년부터 2002년까지 보수적 정치인들과 산업기금을 받는 싱크탱크, 그 밖에 기후변화가 하찮거나 과학적으로 입증되지 않았다고 주장하는 정보원들이 접한 주류 언론의 뉴스 보도가, 과학단체 소속 구성원들의 견해에 더 가까운 입장에 있는 정보원들이 접

한 뉴스 보도와 같은 수준이었다고 밝혔다.[102]

듀크 대학의 프레더릭 메이어Frederick Mayer 교수가 그의 연구에서 밝혔듯이, 2002년 이후로 기후변화에 관한 과학적 근거가 계속 축적되었지만 그것에 대한 공격 또한 꾸준히 쌓였다.[103] 2007년에 기후변화에 관한 영화 〈불편한 진실An Inconvenient Truth〉이 불쑥 등장해 오스카상을 받고 전 부통령 앨 고어에게 노벨평화상을 안겨주었을 때, 보수주의자들은 지구온난화가 환경주의자들과 정부 지원 과학자들이 날조한 속임수라고 주장하며 반격했다. 그러한 주장은 이스트 앵글리아 대학University of East Anglia 기후학자 4명의 해킹당한 이메일이 기후변화 사례를 공고히 하려고 자료를 조작했다는 암시를 주면서 (틀린 것으로 드러났지만) 탄력이 붙었다. 2009년에 폭스 뉴스에서 '속임수 내러티브hoax narrative'는 지구온난화 내러티브를 거의 2 대 1로 앞질렀다.[104] 그것은 전반적으로 지구온난화 명제를 반박하는 메시지를 담고 있었다.[105]

폭스 뉴스의 경우처럼, 진보적 매체 진영에서 MSNBC는 메이어가 말한 '진실을 부정하는 음모 내러티브denialist-conspiracy narrative', 즉, 우파 매체가 기업 이익을 촉진하기 위해 고의적으로 증거를 왜곡하고 있다는 주장으로 속임수 내러티브에 맞섰다. 이러한 유형의 보도는 절정에 이르러 MSNBC의 지구온난화 보도 가운데 절반을 차지하기도 했다.[106] CNN은 폭스나 MSNBC보다 논쟁의 '맹목적 인용'에 더 많은 방송 시간을 할애하면서 이 두 가지 내러티브를 거의 동등하게 보도했다. CNN 앵커 울프 블리처는 "그래서 지구온난화가 사실인가요, 아니면 허구인가요? 토론에 들어가 봅시다. 앨라배마 헌츠빌 대학University of Alabama-Huntsville의 대기과학 교수 존 크리스티John Christy와 NASA 고다르 우주 연구소Goddard Institute for Space Studies의 기후학자 개

빈 슈밋Gavin Schmitt입니다"라고 이야기하면서 〈더 시추에이션 룸The Situation Room〉 코너를 시작했다.[107]

다른 뉴스 매체들도 이러한 논쟁을 간과하지는 않았지만, 이들보다 훨씬 더 적은 시간과 지면을 할애했다. 사실 그들의 보도는 과학적 합의의 방향으로 균형이 기울어져 왔다.[108] 하지만 다른 측면에서 그들은 여전히 '맹목적 인용'이라는 카드놀이를 하고 있었다. 에릭 풀리Eric Pooley 기자는, 기후변화 경제학 연구를 기반으로 뉴스 매체들이 "탄소 배출권 거래제cap-and-trade가 경제 성장에 미미한 효과를 미쳤다는 합의consensus가 최근 경제학자들 사이에서 이루어지고 있음을 인식하는 데 실패했고, 최후의 심판일 예측을 객관적인 보도와 동급으로 보았다"라고 결론 내렸다. "다시 말해서 …… 언론은 기후변화를 막으려는 움직임에 반대하는 사람들이 기후경제학 영역에서 허위 논쟁을 되풀이하도록 내버려두었다"라는 것이다.[109]

다양한 시나리오가 제공되면서, 공화당 및 민주당 지지자들은 서로 다른 형태의 현실을 받아들였다. 2007년에는 민주당 지지자 86%가 기후변화에 '명백한 증거'가 있다고 믿었지만, 공화당 지지자는 62% 만이 그렇게 생각했다. 2008년에 그러한 견해를 가진 공화당 지지자의 수는 49%로 떨어졌다. 2009년에는 공화당 지지자 중 단 35%만이 지구가 온난화되고 있다는 데 동의했고, 온난화의 '주된 원인이 인간의 활동'이라고 생각하는 이들은 18%에 그쳤다.[110]

한때 언론 보도는 잘못된 믿음으로부터 보호해주는 기능을 했다. 정기적으로 뉴스를 살펴보는 시민은 그렇지 않은 시민보다 현실적인 시각을 갖는 경향이 있었다.[111] 그것은 여전히 사실이기는 하지만, 이전보다는 덜하다. 의료보험제도 개혁에서부터 기후변화에 이르기까지 11가지 쟁점에 대한 미국인의 의견을 검토한 2010년 메릴랜드 대학의 조사는 "일부 쟁점에 관한 어떤 뉴스 출처들은 더 많이 보도될수록 오보가 증가했다"는 점을 밝혔다. 신문 구독자들은 텔레비전 시청자들보다 더 사정에 밝았지만, 특별할 것은 없었다. 11가지 쟁점 중 8가지에서 40% 이상의 정기 구독자들이 사실을 잘못 판단했다. 11가지 중 6가지 쟁점은, 정기 구독자들이 거의 다른 시민들만큼이나 잘못 알고 있으며, 한 가지 쟁점, 즉 2010년 의료보험제도 개혁 법안의 예산 영향에 대해서는 이들이 다른 집단보다 더 많이 잘못 알고 있는 것으로 나타났다.[112] 메릴랜드 대학의 연구팀은 이러한 결과들이 나타난 이유로 현재 미디어 체계를 통해 자유롭게 유통되는 부정확한 메시지를 지적했다.[113]

8.

미국의 객관적 저널리즘 모델은 사실의 왜곡을 방어하는 데 취약하다. 균형에 대한 책무가 그러한 왜곡을 일으킬 뿐 아니라, 그러한 왜곡이 점검받지 않은 채 통과되는 것을 용인한다. 이 모델에서 의미하는 정확성이란, 말한 것의 진실성에 관한 문제라기보다는 누군가가 실제로 그것을 말했는지 여부[114]에 관한 문제라고 할 수 있는데, 에릭 풀리는 이러한 관행을 '속기술stenography'이라고 불렀다.[115]

늘 이런 식이었던 것은 아니다. 코바치와 로젠스틸은 객관적 저널리즘이 원래 취조inquiry의 수단으로 인식되었다고 썼다. 사람들은 기자들이 세상에 대해 주관적 견해를 가진 것으로 추정했고, 따라서 사실과 의견을 구분하기 위해 온갖 노력을 기울여야 했다는 것이다.[116] 시간이 지나면서 객관성은 이와는 거의 정반대의 의미를 지니게 되었다. 기자들은 사실을 확인하는 데 책임을 지기보다 '균형', 즉 양 측 모두에 각자가 사실이라고 하는 것들을 제시할 기회를 부여하는 것을 목표했다.[117] 작가 조앤 디디언Joan Didion의 표현대로, 언론의 균형이란 "사건이 발생하는 대로가 아니라 사건이 제공되는 대로 보도하기로 동의하는 세심한 수동성"이다.[118]

랜스 베넷에 따르면, 균형 모델은 뉴스메이커들이 "사실을 아무렇게나 다루기 시작"할 때 무너졌다.[119] 그리고 나서 '균형 잡힌' 보도는 제임스 팰로스가 '양비론false equivalencies'이라 부른 형태, 다시 말해서 상이한 사실의 진실성에 대한 진술들을 나란히 배열하는 형태로 전개되었다.[120] 존 매퀘이드John McQuaid는 "대중적 '논의'가 지나치게 분열되어 있고, 현역들은 조종하는 데 너무 노련해서, '맹목적 인용' 보도는 실행 불가능하다"라고 주장한다.[121]

매퀘이드는 정치인들의 거짓말을 공개하는 데 이 문제에 대한 답이 있다고 본다. 그는 "기자들이 거짓말을 보면 헛소리라고 말할 준비가 되어 있어야 한다"라고 말한다.[122] 좋다. 거짓 주장 혹은 오도하는 주장이 충분히 노골적일 경우에 그 반대는 그것을 있는 그대로 말하는 것이다. 사실 일부 관찰자들은 '맹목적 인용' 저널리즘이 여전히 널리 퍼져 있는데도 사라져가고 있다고, 즉 기자들이 갈수록 공무원들의 주장에 이의를 제기하는 경향을 보이고 있다고 주장한다.[123]

하지만 기자들이 정치인들의 일거수일투족에 현미경을 들이대려 한다면, 대중은 결국 무엇을 믿어야 할지, 그리고 누구를 믿어야 할지 혼란스러워질 뿐이다. 어떤 쟁점은 너무 유동적이거나 부정확해서 정치인들이 그것을 두고 싸울 수밖에 없다.[124] 싸우는 데 실패하면, 그들은 반대파의 홈그라운드에서 논쟁하도록 궁지에 몰리게 된다. 게다가 일부 논쟁은 그 특성상 규범적이다. 민주당 지지자들이 줄기세포 연구의 영역 확장을 제안하고 그 필요성을 뒷받침하는 일련의 사실들을 제공하는 한편, 공화당 지지자들이 이에 반대해 그 해악을 뒷받침하는 사실들을 제공할 때, 양 측은 가치를 두고 충돌하게 된다. 만일 사실에 입각한 그들의 해석이 정직하지 않다면 기자들은 그들을 불러 모아야겠지만, 철학자들이 우리에게 이야기하듯 근본적인 규범적 차이에 대해서는 사실 의심할 여지가 없다.

정치적 수사가 자연스레 과장된다는 것도 마찬가지다.[125] 구소련의 지도자 니키타 흐루쇼프는 반세기 전 다음과 같이 말했다. "정치인들은 온통 똑같다. 그들은 강이 없는 곳에 다리를 놓아주겠다고 약속한다."[126] 도리스 그레이버 교수가 연구에서 발견한 것처럼 시민들은 그러한 주장을 '가감해서' 받아들이면서 일상적으로 무시한다.[127] 만일 기자들이 그러한 모든 과장에 뛰어들려 한다면, 시민들이 정치적 갈등에서 무엇이 중요한지 이해하는 것을 더 쉽게 만드는 것이 아니라 더 어렵게 만들면서 물을 흐리기만 할 뿐이다.

2012년 대통령 선거운동은 기자들이 사실의 부정확성을 크거나 작게 확대할 때 발생하는 혼란을 언뜻 보여주었다. 이 선거운동 기간에는 기자가 팩트체크FactCheck.org나 폴리티팩트PolitiFact.com,* 그 밖에 어딘가에서 정치적 사실에 대한 팩트체킹으로 적발된 부정확성을 보도하지 않고 넘어가는 날이 거의 없었다.[128] 유권자들이 귀를 막는다면 용서할 수 있었을 많은 주제에 관해 기자와 후보자 사이를 오가는 비난이 허공을 채웠다.** 2012년 대선에 관한 어느 조사는 응답자의

---

* [옮긴이] 팩트체크와 폴리티팩트에 관한 설명은 이 책의 부록을 참조할 것.
** 팩트체크(FactCheck.org)와 폴리티팩트(PolitiFact.com)와 같이 당파성이 없는 팩트체킹 기관들은 귀중한 서비스를 제공한다. 하지만 이러한 서비스들은 사실에서 조금 혹은 사소하게 벗어났음을 자랑스레 알리면 평가절하될 수 있다. 그들의 작

10%만이 뉴스 매체의 실적을 인정하는 것을 발견했으며,[129] 이에 대해 어느 비평가는 선거 보도 기자들을 일컬어 "알다시피, 우리에게, 매일, 심지어 매시간, 위선과 타락, 질투, 불충, 결례, 야심, 거짓말, 배신, 왜곡, 근거 없는 소문, 출처 없는 악의적 인용, 분석으로 가장한 자기 위주 의견들, 그리고 순전히 어리석은 짓들에 관한 이야기들을 가져다주는 이들"이라고 말하기에 이르렀다.[130] 《워싱턴 포스트》의 데이비드 브로더는 "만일 합법적인 것이 아무것도 없고, 보이는 그대로인 것이 아무것도 없다면, 시민권은 바보들을 위한 경기가 되어버리고 알고자 애쓰는 것이 아무런 의미가 없어진다"라고 말함으로써 거리낌 없는 비판의 효과를 정확히 지적했다.[131]

기자에 대한 신용은 소심함에 의해서도 쉽게 부서지지만 지나친 열정에 의해서도 그만큼 쉽게 파쇄될 수 있다.[132] 언론이 크고 작은 모든 주장에서 문제점을 찾아내려고 하는 것만큼 감시견의 짖는 소리를 잠식하는 데 확실한 방법은 없다. 한 연구에 따르면, 정치인이 말하는 거의 모든 것을 공격하는 보도의 유일하게 확실한 효과는 기자와 정치인 모두에 대한 대중의 불신이 고조되었다는 것이다.[133]

지도자들에게 책임을 묻는 것은 단순히 그들의 잘못된 주장을 바로잡는 문제가 아니다. 그러한 보도의 목적은 대중의 선택을 명확하게 해주는 것이어야 한다.[134] 이것은 기자들이 기만적 작전 때문에 시민들이 주된 관심사와 가치에 배치되는 방향으로 행동하게 될 위험이 있는 중대한 사안에 초점을 맞추어 공략 대상을 선별할 때만 가능

업도 이념적으로 '팩트체킹'을 지향하는 기관들이 등장해서 평가절하되었는데, 부분적으로는 그들의 객관적인 상대가 이야기하고 있는 것에 대해 이의를 제기함으로써 객관적인 팩트체킹 기관들이 중대한 왜곡에 초점을 맞추는 것을 갑절로 중요하게 만들었다.

하다.[135] 리프먼은 기자들이 심각한 거짓말을 마주했을 때 "과감히 진실을 이야기하는 것만큼 고귀한 의무는 없다"라고 썼다.[136] 그렇게 하지 않으면 이라크 분쟁 전 보도에서처럼 상당한 결과를 초래한다. 기자들은 어떤 전투에 임할지 선택함으로써 중요한 시기에 대중의 관심과 신뢰를 얻게 될 것이다. 알렉산더 해밀턴Alexander Hamilton이 판사들에 관해 이야기한 것, 즉 판사들의 권위가 결정할 권한에 있는 것이 아니라 결정을 내리는 '재판'을 행할 능력에 있다는 것은 기자들에게도 마찬가지로 적용된다.[137]

9.

기자들의 더 면밀한 검증이 정치인들의 기만적인 주장을 멈추게 할지는 불확실하다.[138] 2012년 공화당 전당대회에서 롬니의 선거 여론조사 요원인 닐 뉴하우스Neil Newhouse는 "우리의 선거운동에 팩트체커들이 이래라저래라 하도록 내버려두지 않을 것이다"라고 말했다. 다른 유명 인사들은 더 철저한 검증이 공평하게 적용되기만 한다면 환영하겠다는 입장이다. 백악관 공보담당 수석 비서는 "주요 정치 인사가 전혀 사실이 아닌 터무니없는 이야기를 하면, 언론은 사실이 아닌 터무니없는 주장으로 다루어야 한다"라고 말했다.[139]

그러나 정치인들은 유력 단체의 강한 압력, 유권자의 끊임없는 요구, 선거 자금 모금에 대한 극심한 압박에 직면한다. 그들이 언론의 검증에 대해 가지고 있을지 모를 걱정은 진실을 왜곡함으로써 얻을 수 있는 전략적 이점에 밀려버릴 수 있다. 분명 정치인들은 언론의 비판을 자신의 이점으로 돌리려고 애쓸 것이다.[140] 미국 당파 정치의 초기부터 정치인들은 전략을 세울 때 언론의 관행을 고려해왔다.* 오늘날 언론에 대한 공격은 언론이 전달하는 메시지의 영향을 약화시키는 것을 겨냥한 전략적 술책이다.[141] 2012년 사우스캐롤라이나주에서 열린 공화당 대통령 예비선거 토론에서 CNN의 존 킹John King은 뉴트 깅리치Newt Gingrich에게 배우자의 부정不貞에 대한 전처의 고소에 관해 질문을 시작했다. 뉴트 깅리치는 다음과 같이 되받아쳤다. "나는 다수의 뉴스 매체가 가진 파괴적이고 악의적이며 부정적인 속성이 이 나라를 다스리기 더 어렵게 만들고, 제대로 된 사람이 공직에 입후보하도록 끌어들이는 것을 더 어렵게 만든다고 생각한다. 나는 당신이 그런 주제에 관해 대통령 후보 토론회를 시작하려는 것에 경악을 금치 못한다."[142] 토론회 참석자들에게서 킹이 아닌, 깅리치를 향한 우레와 같은 박수가 터져 나왔다.

대중은 기자와 정치인 간 말의 전쟁에서 보통 누구 편에 설까? 워터게이트 시절에는 대중이 기자의 편을 들었을 것이다. 오늘날 대중(혹은 사우스캐롤라이나 토론의 참석자들처럼 최소한 동기 부여된 열성 당원)은 정치인 편을 들 것이다. 미디어가 수정하는 메시지 및 당파성에 기반해 동기 부여된 추론의 상대적인 힘을 시험하고자 고안된 실험에서, 정치학자 브렌던 나이헌Brendan Nyhan 교수와 제이슨 라이플러Jason Reifler 교수는 감세가 정부의 세입을 증가시켰다고 주장하는 조지 부시 대통령 연설의 일부를 포함한 가짜 ≪뉴욕 타임스≫ 기사를 보

---

* 조지 워싱턴 행정부 안팎에서 토머스 제퍼슨과 알렉산더 해밀턴 간의 경쟁이 뜨거워지면서, 그들은 각자 재정적 후원자에게 그들의 정치적 철학을 위해 주요 매체로 기능할 신문 사업을 시작하도록 설득했다. 지원은 정부가 후원하는 형태로 제공되었다. 각각 재무부와 국무부의 장관으로서 해밀턴과 제퍼슨은 정부의 수익성 있는 인쇄물 계약 대부분을 관리했다.

수적인 공화당 지지자들에게 보여주었다. 다음 문단에서 그 기사는 "GDP의 비율로서 명목상의 세입과 수익이 모두 2001년에 부시의 첫 감세가 시행된 이후로 급격하게 감소했으며 …… 아직 2004년의 어떤 측정치에서도 2000년 수준으로 반등하지 않았다"라는 증거를 인용했다. 공화당 피험자들은 바로잡는 정보를 받아들이기보다 부시의 감세가 수익을 증가시켰다는 것을 이전보다 더욱 확신하게 되었다. 나이헌과 라이플러 교수는 다음과 같이 결론을 내렸다. "다수의 시민들은 정정된 정보를 보고도 그들의 신념을 수정하지 못하거나 수정할 의사가 없는 것처럼 보이며, 그처럼 잘못된 신념을 바로잡기 위한 시도는 상황을 더욱 악화시키기만 할 것이다."[143]

노스웨스턴 대학의 데니스 총Dennis Chong 교수와 제임스 드러크먼James Druckman 교수는 이러한 경향을 발견하면서, 정정된 정보는 '역효과backfire effect'를 가져올 수 있다고 결론지었다. 그들은 동기 부여된 열성 당원들이 논란이 많은 사안에 관해서 바로잡는 메시지에 노출되면 '항변'하며 그렇게 함으로써 스스로 그들이 처음에 옳았다고 확신하게 된다는 것을 발견했다.[144] 이러한 추세는 언론을 불신하는 이들에게서 가장 강하게 나타난다.[145]

10.

전 ≪보스턴 글로브≫ 편집장인 마이클 제인웨이Michael Janeway가 언론인과 정치인 간의 관계를 '기생하는', 그러나 '적대적인' 관계라고 부른 것보다 언론인과 정치인 둘 다의 명성을 더럽힌 말은 최근 수십 년간 거의 없었다.[146] 각자 서로를 비방하는 데 최선을 다했고, 각자 해로울 정도로 성공을 거두었다.[147] 예컨대, 최근의 한 연구는 미디어의 당파적 비판이 언론에 대한 대중의 불신을 가중시키는 주된 요인(반대 정파 언론의 타블로이드화)임을 발견했다.[148] 기자와 정치인은 이제 법정 변호사나 중고차 판매원과 같은 평판을 가지고 있다.[149] 데이비드 브로더는 2011년에 사망하기 몇 년 전, 다음과 같은 관찰 기록을 남겼다. "오늘날 워싱턴의 그 어떤 기자라도 수도를 벗어나 유권자들과 이야기할 때마다 직면하게 되는 가장 어려운 질문은 단순히 다음과 같은 것이다. '워싱턴에서 정치인, 또는 언론이 말하는 것을 전부 믿어도 되나요?'[150]

어떤 기자들은 자신의 기사에 대한 대중의 의심에 당황하지 않는다. "우리는 사랑받으려고 여기에 있는 것이 아니다"라고 어느 중견 방송 기자가 말했다.[151] 그럴지도 모르지만, 기자에 대한 신용은 그들이 대중의 신뢰를 얻지 못할 때 악화된다.[152] 가령, 이라크 전쟁 기간에 퓨리서치의 여론조사는 미국인들이 그 전쟁에 관해 기자들이 이야기하는 것보다 군에서 이야기하는 것을 더 신뢰한다는 사실을 발견했다.[153] 정치학자 브라이언 포가티Brian Fogarty 박사와 제니퍼 월락 Jennifer Wolak 박사의 최근 연구에서는 사람들이 "정치인이 직접 전달하는 메시지보다 언론의 설명이 덜 설득적이라고 간주한다"는 것을 보여주었다.[154] 조지타운 대학의 조너선 래드Jonathan Ladd 교수는 2012년에 출간한 책 『왜 미국인들은 미디어를 싫어하고 그것은 어떻게 문제가 되는가Why Americans Hate the Media and How it Matters』에서 언론을 신뢰하는 사람은 언론의 메시지에 휘둘리는 반면에 언론을 신뢰하지 않는 사람은 그렇지 않다는 것을 보여주는 증거를 제시했다.[155]

기자와 정치인 간의 진화하는 관계 어딘가에서 진실에 대한 충실은 사라져갔다. 매카시 시대가 밝혔듯 이들에 대한 파괴적 행동의 잠재력은 항상 있었지만,[156] 대개 비공식적 이해로 억제되었다. 기자는 정치인이 합리적으로 정직하고 고결하기를 기대했고, 정치인은 기자가 합리적 수준의 신뢰와 자제를 가지고 행동하기를 기대했다.[157] 많은 정치인과 기자는 여전히 불문율에 따라 움직인다. 하지만 오랜 규범들은 정치계의 전략적 의견 제시와 언론계의 논란 일으키기로 말미암아 갈수록 무너졌다.

이것들은 강력한 붕괴다. 그것들은 신뢰할 만한 정보의 공급 부족을 불러오고 대중의 오해와 혼란을 가져온다. 그것들은 깡패와 사기꾼에게 권한을 주고, 기만적인 생각이 수면 위로 올라와 번성하게 한다. 시민들이 지구의 온도가 변하지 않았다고 믿고 싶어 하거나 방위산업이 미국의 전쟁을 시작하게 한다고 믿고 싶어 한다면, 현재의 부패한 정보 환경에서 그 증거를 찾기란 어렵지 않다.

상황을 역전시키기는 어려울 것이다. 정치인이 그들 정당에서 사안을 왜곡하는 이들에게 반대하는 일에는 큰 대가가 따른다. 만일 그리한다면 그들은 그 결과에 이해관계가 있는 특수이익단체의 공격을 받게 되며, 당내 보수적 활동가들의 도전을 마주할 위험에 놓인다. 그리고 뉴스 기관이 한 뉴스 매체에서 다음 매체로 삽시간에 퍼져가는 검증되지 않은 기사를 무시하기에는 비용이 많이 든다. 만일 이에 반대하면 그들은 편향되었다고 비난받고, 필수적인 정보를 숨겼다고 비난받으며, 그 기사를 방송하는 다른 매체들에 시청자(혹은 구독자)를 빼앗길 위험에 처하게 된다.

성공으로 가는 길은 과거의 관행에서 찾을 수 없다. 저널리즘은 그 모순으로 규정되는 지점에까지 진화해왔다. ≪워싱턴 포스트≫의 칼럼니스트 E. J. 디온E. J. Dionne이 썼듯이 언론은 "중립적이지만 탐색적이고, 공정하나 '날' 서 있으며, 정치로부터 자유롭지만 '영향'을 줄 수 있도록, 즉 모든 모순되는 규칙과 의무 아래에서" 작동한다.[158] 이러한 모든 모순은 각각 기자와 공직자의 관계를 특징짓는, 경멸과 종속성이 위태롭게 섞인 혼합에서 비롯된 것일 수 있다. 기자에게는 신뢰할 만한 출처로 여겨지는 것에 대한 사고방식을 달리하는 새로운 패러다임이 필요하다.

뉴스와 진실은 같은 것이 아니며, 분명히 구별해야 한다. [1]

월터 리프먼

1.

퓰리처상 수상 기자인 린다 그린하우스Linda Greenhouse는 2012년 기사에서, 국가 안보에 관한 데이비드 리브킨David Rivkin의 견해를 보도한 기자들에게 이의를 제기했다. 레이건 행정부 및 첫 부시 행정부에서 일했던 리브킨은 두 번째 부시 행정부가 테러와의 전쟁을 치르는 것을 비판한 기사에 대해 어김없이 '반대편'에 섰다. 그린하우스는 이렇게 말했다. "'조언을 구하는 대리인'(리브킨)은, 모든 기사가 또 다른 측면을 가지고 있으며 그것을 밝혀내는 것이 저널리즘의 의무라는 생각을 의심 없이 받아들이는 기자들과 (추정컨대) 편집인들이 맡긴 역할을 단순히 대리인으로서 수행하고 있다. 하지만 바로 그 이야기에도 또 다른 측면이 있는데, 기자들이 사실뿐 아니라 진실을 제공하는 데도 항상 최선을 다해주기를 사람들은 기대한다는 것이다."[2]

'진실'이란 저널리즘의 성배다. 1990년대 후반 스스로 '저널리즘을 염려하는 언론인 위원회Committee of Concerned Journalists'라고 부르는 전국 최고의 기자들 수십 명은 뉴스 기준이 쇠퇴한다고 여긴 것에 관해 설명하고자 일련의 공개토론회를 열었다. 2년 동안 위원회는 저널리즘의 목적에 관해 의견을 나누고자 3000명의 기자들과 시민들을 만났다.[3] 그에 따라 도출된 '공유 원칙 성명서Statement of Shared Principles'는 저널리즘의 기준에서 '진실'이란 무엇인지를 규명했다.

'저널리즘적 진실'이란 사실을 조합하고 검증하는 전문적 훈련에서 시작되는 과정이다. 그리고 기자들은 그 의미에 대해 추가 조사를 하는 조건으로, 현재로서는 타당하고 공평하며 신뢰할 만한 설명을 전달하고자 노력한다. 기자들은 뉴스 수용자들이 정보를 독자적으로 평가할 수 있도록 출처와 방법을 가능한 한 투명하게 해야 한다. 정확성은 심지어 의견을 확장하는 세상에서도 맥락과 해석, 논평, 비판, 분석, 토론 등 다른 모든 것을 정립하는 근간이다. 진실은 시간이 지남에 따라 이 토론회 밖으로 나오게 된다.[4]

위원들은 '저널리즘적 진실'이 언어의 일상적 의미에서의 진실이 아니며, 하물며 철학자들이 이해하는 방식에서는 더더욱 아니라고 말하기를 조심스러워했다. 저널리즘적 진실이란 '대중, 뉴스메이커, 기자들 간' 교류를 통해 시간이 지나면서 일어나는 '선별' 과정이다.[5] 빌 코바치 위원과 톰 로젠스틸 위원은 기자들이 "모든 잘못된 정보나 허위 정보, 혹은 자기고양적 편향으로부터 정보를 해체한 후에 공동체가 반응하게 함으로써 복잡한 세상에서 진실에 도달한다. …… 진실에 대한 탐색이 대화가 된다"라고 설명했다.[6]

칼 번스타인Carl Bernstein이 말한 것, 즉 '얻을 수 있는 최선의 진실the best obtainable version of truth'을 전하겠다는 기자들의 결정에 대해서는 의문의 여지가 없다.[7] 그리고 좋은 보도 사례를 찾기는 쉽다. 하지만 기자들은 '진실'을 전하는 데 한참 못 미친다. 가령, 경제 뉴스는 일반적으로 거시경제 주기상의 주요 변화에 뒤쳐진다는 것이 연구로 드러난다. 기존 기사 줄거리는 그것을 뉴스거리로 만든 경제 상황이 바뀐 후에도 한동안 뉴스로 남아 있을 수 있다.[8] 경제 보도도 예외가 아니다. 연구들은 사회적 상황이 종종 잘못 보도된다는 점을 밝혔다.[9] 어느 연구에서 결론 내린 것처럼, 사건이 어떻게 펼쳐질지 예측하는 예보에 관해 기자들의 판단은 "반복적으로 몹시 잘못되어 있다".[10]

만일 뉴스가 진실이라면, 최소한 하나는 신문 기자를, 또 하나는 방송 기자들을 위한 두 가지 버전이 있는 것처럼 보인다.[11] 워싱턴 주립대학의 한 연구에 따르면, 지역의 방송 기자들과 신문 기자들은 미국 상원의원 선거운동을 서로 다르게 설명하는데, 사실상 유권자들이 각자 다른 경쟁을 목격하고 있다고 해도 무리가 아닐 정도였다. 연구팀은 "신문과 지역 텔레비전 뉴스의 우선순위는 거의 중복되지 않는다"라고 결론 내렸다.[12]

기자들은 뉴스에서 진실을 이야기할 때 종종 편협한 관점을 갖는데, 진실을 특정 사실에 대한 정확성이라는 축소된 개념으로 이해한다.[13] 상원의원 스미스가 정말 그녀를 비난하는 말을 했는가? 작년 무역 수지 적자가 정말 4000억 달러를 넘었는가? 몇몇 뉴스 기관은 이러한 주장을 검증하기 위해 팩트체커를 두고 있다. 하지만 팩트체커는 다음과 같은 근본적인 질문에 대해서는 거론하지 않는다. "이 기사 자체는 '진실'인가?" 어떤 말이 있었는지, 언제 어디서 그 사건이 발생했는지, 누가 그것을 목격했는지 등의 특정 사실들에 관해서는 기사가 정확할지 모르지만 전체적으로는 불안정하다. 심지어 사실임이 검증되더라도 그것만으로 기사가 진실이라고 할 수는 없다.[14] 가령, 아프가니스탄 전쟁에 관한 초기 보도는 특정 사항들에 관해서는 종종 정확했지만, 아프가니스탄 사회에 대한 판단과 전쟁의 예상되는 전개 방향에 관해서는 정확하지 않았다.[15]

심지어 '사실'조차 규정하기 어려울 수 있다. 14개 지역 신문들에 대해 2005년 나이트 재단의 지원으로 수행된 연구는 기사의 5분의 3이 실수를 포함하고 있다고 밝혔다. 일부는 이름 철자를 틀리는 것과 같이 사소한 실수였다. 또 다른 일부는 오해의 소지가 있는 표제나 불완전한 주장과 같이 더 중대한 실수였다. 실수의 비율이 낮은 신문은 없었다. 이 연구는 "신문의 위상도, 시장의 크기도 정확성과는 밀접

한 관계가 없었다"라고 결론 내렸다.[16]

기자들은 진실 사업을 한다고 주장해서 얻는 것이 거의 없고, 보도가 잘못되면 결과적으로 더 시달린다. 다음과 같은 데이비드 브로더의 말은 뉴스의 속성을 묘사한 것이나 거의 마찬가지였다. "내 경험상 어떤 기사에서든 우리는 종종 (눈에 보이거나 숨겨져 있는) 사실이라는 미로에서 길을 찾느라 쩔쩔맨다. 우리는 종종 사람을 잘못 판단하고 줄거리를 오해한다. 그리고 우리의 상식에 따라 가장 분명해 보이는 사실조차 그 사실이 속한 맥락을 오해하고 잘못 판단해서 빗나가게 된다."[17]

2.

뉴스를 주제로 글을 써온 많은 사람 중에서 20세기 언론계의 중진으로 널리 알려진 월터 리프먼만큼 뉴스의 속성을 잘 이해한 사람은 드물다. 그는 보도의 약점을 직접 체험으로 알고 있었고 술수의 신화를 용납하지 않았다. 뉴스가 현실의 거울이라는 주장을 종종 듣게 되는데, 리프먼에게 이는 이기적인 헛소리일 뿐이었다.[18]

뉴스가 진실이라는 주장도 리프먼에게는 골칫거리였다. 그는 사실인 것처럼 제시된 뉴스도 의견으로 가득 차 있다고 보았다.[19] 리프먼은 저널리즘이 "때로 경기의 점수나 …… 선거 결과를 보도하는 경우에는 신속성 면에서 놀랍도록 탁월하다. 하지만 정책의 성공이나 외국인을 둘러싼 사회적 상황에 관한 문제처럼 사안이 복잡해서 진짜답이 '네'도 '아니오'도 아니고 미묘한 경우에, 균형 잡힌 증거에 관한 문제에서는 …… 보도가 한없는 혼란과 오해, 심지어 허위 진술까지 불러일으킨다"라고 썼다.[20] 리프먼이 이해한 것처럼, 개인적 동기에 관한 주장이 그렇듯이 권력 정치에 관한 거의 모든 주장은 추측성이다. 사회운동, 복잡한 사건 및 정책 문제 같은 사안에 관한 주장 역시 그렇다. 일어날 것처럼 보이는 일에 관한 뉴스는 대개 그런 식이다.

복잡한 주제에 관한 뉴스 보도에서 통찰력이 번득일 수도 있지만, 보통은 미심쩍은 주장들을 담고 있다. 대통령이 되고자 하는 열망에 힐러리 클린턴이 추진한, 이라크 침공에 관한 2002년 상원의원 투표가 편법이었다는 기자들의 주장은 아마도 정확했을지 모른다.[21] 하지만 정치인의 정직에 대한 기준은 무엇인가? 그리고 대통령에 출마하려는 이들이 모두 그런 편법을 드러낸다는 것을 고려하면, 어느 수준의 편법이 자격 박탈감인가? 아마도 클린턴은 사람들이 대통령에게 기대하는 야망의 수준을 넘어섰을 것이다. 하지만 그 기준은 무엇이며, 누가 그것을 정의해야 하는가?

클린턴 이야기는 특정 개인에게 초점을 맞춘 것이다. 기관 전체 혹은 수천 명을 아우르는 사건에 관해서는 어떤가? 아니면 국경을 가로지르는 사건은? 솔직히 말해서 2001년 9월 11일 이후로 수년간 기자들이 미국에 대한 무슬림의 시각에 관해 미국인에게 '진실'을 제공했다고 말할 수 있을까? 예컨대, 오사마 빈 라덴 사살 관련 보도에서는 그의 죽음으로 무슬림 세계에서 반미 감정이 심화되었다는 점에 관해 거의 언급하지 않았다.[22]

진실이 시험이었다면 뉴스 조직은 서서히 작동을 멈췄을 것이다. 공적인 삶의 모든 영역은 추측에 근거해서 판단되기 때문에 기자들에게 벽으로 막혀버릴 것이다. 우드로 윌슨이 성인 시절 상당 부분을 정부에서 보냈지만 '정부'를 본 적이 없었다고 말한 것은 정부가 대상이 아니라 개념이라는 뜻에서였다.[23] 어떻게 정부만큼 복잡하며 뭐라고 꼬집어 말할 수 없는 것에 대해 기자들은 '진실'을 안다고 주장할 수 있을까? 정치학자들은 전력을 다해 정부를 연구하지만 이 주제를 완전히 정복하지는 못한다. 시간도 이보다 훨씬 더 적고 전문 교육도 이보다 훨씬 덜 받은 기자들이 어떻게 그것을 성취할 수 있겠는가?

기자들은 너무 적은 시간과 너무 많은 불확실성이라는 조건하에서 뉴스가 최종 발언이 될 수 있도록 너무나 많은 판단을 내려야만 한다. 리프먼은 다음과 같이 기록했다. "(언론이) 일련의 진실을 공급할 것으로 기대될 때 우리는 오도될 소지가 있는 판단 기준을 이용한다. 우리는 뉴스의 제한적 속성과 사회의 끝없는 복잡성에 관해 잘못 이해하고 있다."[24]

3.

언론계는 직종 중에서 거의 유일하게 실질적인 지식의 영역에 기반을 두지 않는다.[25] 이 주장은 언론계가 진실과 거리가 멀다는 점에서 기자들이 지식이나 기술이 부족하다는 것이 아니다. 저널리즘은 직업이기보다 기교인가라는, 계속 반복되지만 궁극적으로는 무익한 논쟁에 들어가자는 것도 아니다.[26] 그 대신에 다음과 같은 주장은 정확하다: 저널리즘은 언론계 종사자들의 자주성을 보호하고 그들의 판단에 영향을 미치게 될 실질적 지식의 체계적인 구조에 근거하고 있지 않다.*

---

* 이 책에서 사용하는 '지식'이라는 용어는 확립된 양상 및 개념적 틀이나 이론으로 구성된 규칙성을 의미한다. 지식은 단순한 정보나 관습적인 이해, 그 이상이다. 지식은 체계적인 정보다. 이어지는 논의에서 지적하겠지만, 저널리즘에는 그러한 지

의학이나 법, 과학, 심지어 경제학과 심리학에는 해당 분야 전문가의 결정을 안내하는 학문적 지식disciplinary knowledge이 있어서 선택의 폭을 좁히고 실수할 확률을 줄여준다. 언론인에게는 그러한 이점이 없다. 저널리즘에 관한 이론적 지식이 있기는 하지만, 그것은 최종적인 것도 아니고 그것을 통달하는 것이 언론 활동을 수행하기 위한 선결 조건도 아니다.[27] 다수의 언론인이 저널리즘 학사학위를 가지고 있지만, 또 다수는 다른 분야의 학위를 가지고 있으며, 일부는 아예 학위가 없다.[28]

언론인은 종종 당면한 주제에 대해 그들이 취재하는 대상인 뉴스메이커보다 더 잘 몰라서 생색내지 못하는 처지에 있는데, 이는 전문 직업인이 더 많이 안다는 일반적인 상황이 역전된 것이다. 법에 관해 의뢰인이 자신의 변호사보다 더 잘 아는 경우가 드물게 있기는 하지만, 뉴스메이커는 대체로 당면한 사안에 관해 자신을 취재하는 기자보다 더 잘 알고 있다. 페르시아만 전쟁Persian Gulf War 동안 백악관 언론 담당 부서를 방문했던 기자들을 맞이한 것은 다음과 같이 읽을 수 있는 표지판이었다. "임시 전쟁 전문가 여러분을 환영합니다."[29]

언론인들에 비해 뉴스메이커들이 가진 지식의 이점은 단순히 비공개 회의에서 오간 이야기나 브리핑 서류에 포함된 내용을 그들이 알고 있다는 것이 아니다.[30] 전문가들이 그들을 돕는다는 점이다. 대통령은 다수의 사안 전체에 걸쳐 정책 전문가의 자문 없이 자신의 직감에만 의존하지 않을 것이고, 모든 의회 위원회의 의장이나 고위 관료,

---

식의 기반이 부족한데, 절대적인 의미에서뿐 아니라 다른 분야와 비교했을 때의 상대적 의미에서도 그러하다. 지식이 관찰한 것이나 사실적으로 기록한 것에 대해 정확한 해석을 도출해내는 열쇠라는 주장은 저널리즘의 결함을 이해하는 데 핵심적이다.

또는 로비스트도 그러지 않을 것이다. 틀림없이 언론인들은 오랜 기간 같은 출입처에 있으면서 전문성을 얻지만, 이러한 유형의 전문성은 전문직 대부분의 경우와 비교가 안 된다. 의사와 변호사, 기술자는 그 분야에 정통한 사람이지만, 언론인은 이러한 방식에 해당하지 않는다.

언론인들의 지식 부족은 그들 직종 내에서는 주요 관심사가 아닌 것 같다. 나이트 재단은 2008년에 저널리즘 강화를 목표로 블루리본 위원회Blue Ribbon Commission를 출범시켜 공동체의 '정보 요구'에 더 많이 기여하고자 했다. 패널 추천인 14명 중에서 저널리즘의 지식 부족에 관해 이야기한 사람은 아무도 없었다.[31] 하지만 대중은 그것을 느낀다. 자유포럼Freedom Forum* 연구에서 로버트 헤이먼Robert Haiman 기자는 대중이 "언론인의 전문적인 기술을 존중"하지만 그들이 "대중에게 설명해야 할 복잡한 세상에 대해 권위 있는 수준으로 이해하고 있지 못하다"고 느끼는 것을 발견했다. 공개토론회를 개최한 도시 다섯 곳(내슈빌, 코네티컷주 뉴런던, 피닉스, 샌프란시스코, 오리건주 포틀랜드)에서 헤이먼은 기자들의 대비책에 의문을 품고 있는 지역 시민 지도자들과 사업가들로부터 반복되는 불평을 들었다. 그는 다음과 같이 기록했다. "우리는 부채debt와 자기자본equity의 차이를 모르는 기자들, 재판에서 쓰이는 기본적인 법률 용어도 모르는 기자들, 제조업·도매업·유통업·소매업이 어떻게 기능하고 상호 관련되는지 거의 모르는 기자들에 관한 이야기를 들었다."[32]

만일 언론인이 주장해온 대로 그들이 '사실의 관리인'이라면,[33] 그들의 무기는 때로 근위병의 것과 유사할 것이다. 다른 누군가가 그들

* [옮긴이] 자유포럼은 워싱턴 D.C.에 있는 초당파적 비영리단체로, 언론의 자유센터(First Amendment Center)와 뉴지엄(Newseum) 등을 운영하고 있다.

에게 명령하는 경우에 그들은 사실을 보호하기 어렵다.

<h1 style="text-align:center">4.</h1>

평균 이상으로 복잡한 주제에 관해서는 뉴스에서의 진실이 저널리즘 외부에서부터 온다. 뉴스 매체는 "뉴스 매체를 위해서 제도가 작동하는 방식에 의해 기록된 것만을 기록할 수 있다. 그 밖의 나머지는 모두 주장이고 의견이다"라고 리프먼은 주장했다.[34]

　리프먼의 요점은 기자들이 정확한 정보에 접근하기 이전의 뉴스 정확성을, 그 정보를 얻고 난 뒤의 정확성과 비교하면서 돌아볼 때 가장 잘 이해할 수 있다. 선거 예측의 역사를 생각해보라. 20세기 전반기 동안 기자들은 정당 지도자들과 이야기하고, 선거 집회에 모인 군중의 규모를 추정하며, 동료들과 정보를 공유함으로써 선거를 예측했다. 연륜이 있는 기자들은 관찰한 것에만 의존할 수 없다는 것을 알았다. 디트로이트에서 열린 거대한 집회가 중요하기는 했지만, 그것이 꼭 미국의 소도시 사람들이 어떤 생각을 하고 있는지 보여주는 것은 아니었다. 하지만 다른 기자들도 같은 문제를 안고 있었기에 언론인들은 투표가 있을 때까지 책임을 추궁당하지 않을 것을 알고 그들의 예측을 가지고 덤벼들었다. ≪리터러리 다이제스트The Literary Digest≫는 네 차례의 대선을 연달아 정확하게 예측함으로써 명성을 얻었지만, 1936년 대선에서 앨프 랜던Alf Landon의 당선을 예측해 다섯 번째 대선에서 예측을 크게 빗나가면서 오명을 얻었다.* 랜던은 일반 투

---

* [옮긴이] 주지하듯 당시 대선에서 승리한 인물은 민주당 후보 프랭클린 루스벨트였다. ≪리터러리 다이제스트≫의 당시 여론조사는 무려 1000만 명에 가까운 시민을

표에서는 단 37%, 선거인단 투표에서는 변변찮은 2%만을 득표함으로써 대선 역사상 유례없는 완패를 기록했다.[35]

심지어 여론조사도 초창기에는 잘못된 예측으로부터 언론인을 보호해주지 못했다. 1948년 대선 전날 ≪뉴욕 타임스≫는 1면에서 "트루먼 후보의 승리에 대한 장밋빛 전망은 트루먼의 사설 고문단kitchen cabinet 밖에서는 신빙성을 얻지 못한다"라고 공표했다.[36] ≪타임≫은 공화당 후보 토머스 듀이Thomas Dewey와 함께 순회 중인 언론인 47명을 대상으로 여론조사를 했는데, 이들은 모두 그가 당선될 것으로 예측했다.[37] ≪뉴스위크≫는 선거 직전 '국내 최고의 정치 기자' 50명을 대상으로 여론조사를 했는데, 그들은 모두 듀이의 승리를 예측했다. ≪뉴스위크≫ 패널은 듀이가 양당 일반 투표에서 54%를 득표할 것으로 예측했다.[38] 심지어 일부 언론인은 출구조사 결과에서 트루먼에 대한 지지도가 예상보다 강력한 것으로 나타난 후에도 자신의 예측을 고수했다. ≪시카고 트리뷴Chicago Tribune≫ 구판의 표제는 "듀이가 트루먼을 이기다Dewey Defeats Truman"였다.

당선자를 잘못 예측한 책임에 직면한 언론인들은 새로운 버전의 진실을 고안해냈다. 선거 기간에 언론인들은 트루먼을 패배자의 이미지로 만들었다. ≪뉴스위크≫는 대통령의 '지명도'가 부족하다면서 "서글플 정도로 약한 작은 남자, 충분히 멋지지만 완전히 서툰 사내"라고 표현했다.[39] 정신없이 진행된 그의 기차 순회는 "연쇄반응을 위한 기도Prayer for a Chain Reaction"라는 표제로 묵살되었다.[40] [선거운동을 위해] 여러 곳을 잠깐씩 들르기로 유명한 전설의 트루먼은 선거가 끝날 때까지 기자들의 기사 줄거리가 되지 않았다. 선거 기간 동안 "도

대상으로 실시한 것이었으나, 모집단 설정이 잘못된 탓에 틀린 예측을 낳았다. 잘못된 여론조사의 대표적인 사례로 소개되곤 한다.

를 넘는", "될 대로 되라는 기색"이라는 꼬리표가 붙은 그 거침없는 양식은, 오늘날 우리가 알고 있듯이 "지옥으로 보내버려, 해리!"*가 되었다.[41]

1948년 선거 보도는 기자들이 반복해서는 안 될 허구라는 어색한 형태였다. 여론조사의 과학은 그 관행만큼이나 급속히 진보해왔다. 조지 갤럽George Gallup은 마지막 여론조사를 선거가 아직 멀었던 2주 전에 수행하는 실수를 다시는 하지 않을 것이다. 그 후로 여론조사는 기자들이 선거 결과를 정확히 예측할 수 있게 해주었다. 여론조사는 결함이 없는 방법이 아니다. 그것은 접전 혹은 유동적인 대권 경쟁에서 잘못된 예측의 가능성을 만들어내는 신뢰구간과 오차범위의 제약을 받는다. 하지만 여론조사에 기반한 예측은 기자들이 선거를 예측하는 구식에 비해서 비약적인 발전이다.

따라서 여론조사는 대부분의 뉴스 영역에 존재한다. 기록 체계가 더 정확할수록 뉴스 보도 역시 더 정확하다. 가령, 언론인들은 1990년대까지 비만을 유전, 섭식 장애 등의 결과인 개인적인 문제로 묘사했다. 비만에 대해 1996년 국립보건통계센터National Center for Health Statistics: NCHS는 미국인 절반이 과체중이며 4분의 1이 비만이라는 놀라운 연구 결과를 비롯한 수많은 시스템적인 증거를 최초로 공표했다. 쇼렌스타인 센터에서 레지나 로런스Regina Lawrence가 진행한 연구에 따르면, 불과 몇 년 만에 비만 기사의 프레이밍은 극적으로 변화했다.

* [옮긴이] 당시 워싱턴주에서 열린 대통령 선거 유세 연설에서 트루먼이 공화당을 비판하는 이야기를 하자 한 지지자가 "지옥으로 보내버려, 해리(Give 'em Hell, Harry!)"라고 외쳤는데, 이에 대해 트루먼은 "나는 그들을 지옥으로 보내지 않습니다. 그저 그들에 관한 진실을 말할 뿐이고, 그들은 그것을 지옥이라고 생각합니다"라고 말했다. 이 말이 유명해지면서 "지옥에 보내버려, 해리"라는 말은 트루먼 지지자들의 슬로건이 되었다.

비록 일부 기사들은 여전히 '개인적인' 문제라는 프레임을 사용하지만, 대부분은 이제 '시스템적인' 개념들로 프레이밍했다. NCHS는 특히 어린이와 청소년은 비만 수준의 급격한 증가를 개인적 소인素因으로 설명할 수 없다고 결론지었다. NCHS는 설탕을 입힌 시리얼이나 콜레스테롤이 많은 패스트푸드의 공격적 마케팅과 같은 시스템적 요인을 지목했다. 하버드 대학의 월터 윌렛Walter Willett 박사는 ≪뉴욕 타임스≫에서, "우리는 아이들에게 총이나 술, 마약을 팔지 않지만, 그들이 식품 회사들에 착취당하도록 허용하고 있다"라고 말했다.[42]

리프먼은 "뉴스의 확실성과 기록 체계 간에는 매우 직접적인 관계"가 있다고 썼다.[43] 예컨대, 누구도 무역 균형에 관한 통계 수치를 이야기하는 기사들과 싸울 필요가 없다. 무역에 관한 보도가 나아진 것은 기자들의 학문이 그 계산 공식을 개발했기 때문이 아니다. 무역 관련 보도는 정부기관들이 그것을 측정할 체계적인 방법을 도입한 덕분에 나아졌다.

지식이 항상 정확한 답을 주는 것은 아니다. 지식은 알려진 것뿐 아니라 알려지지 않은 것에 대해서도 기자들에게 경각심을 불러일으켜 그들의 업무를 복잡하게 만들 수도 있다. 지식의 효과는 때로 새로운 의문점이나 불확실성을 밝혀내는 것이다. 심지어 '사실'은 찾기 힘들 수 있다. 일단 결정되면 사실은 타결점으로 기능하지만, 사실을 항상 명확히 정의하기란 쉽지 않다.[44] 과학진흥협회American Association for the Advancement of Science의 길버트 오멘Gilbert Omenn은 "사람들은 대부분 과학이 사실에 대한 것이라고 생각하며, 과학의 상당 부분이 불확실성에 대한 것임을 발견하면 매우 좌절한다"라고 말한다.[45] 그렇다 해도 뉴스의 정확성을 향상시키는 가장 확실한 방법은 기자들이 더 충분하게 지식을 활용하는 것이다. 지식은 부족하지 않으며 놀라운 속도로 팽창하고 있다. 어떤 예측치에 따르면, 인간 지식의 보고는 10년마다 2배로 증가하고 있다.[46] 이제 그 범주 밖으로 벗어난 정책 분야가 거의 없을 만큼 공공 문제는 충분히 다루어지고 있다.

5.

리프먼이 『자유와 뉴스Liberty and the News』(1920) 및 『여론Public Opinion』(1922)에서 저널리즘에 관한 그의 비전을 설명했을 때, 가장 큰 비난론자들은 그의 동료 언론인들이었다.[47] 그들이 이해했던 것처럼 보도는 지적인 추구가 아니라 냉철하고 상식 있는 사람들을 위한 일이었다.[48] 20세기 초반의 주요 인류학자인 폴 래딩Paul Radin은 언론인을 '사상가'가 아니라 '활동가'로 묘사했다.[49]

1947년에 언론 자유를 위한 허친스 위원회Hutchins Commission on Freedom of the Press가 저널리즘이 더욱 심층적인 지식 기반을 갖출 필요가 있다[50]는 리프먼의 주장을 반영하자, ≪편집인과 발행인Editor & Publisher≫*의 기자들은 위원회의 보고서가 "열한 명의 교수들 및 은행가이자 상인 한 명, 시인이자 사서 한 명"의 작업이라고 일축하며 반격했다.[51] ≪뉴욕 헤럴드 트리뷴≫의 어느 칼럼니스트는 그 보고서를 다음과 같이 과소평가했다. "주당 150달러를 받는 훌륭한 신문 기자는 3주짜리 과제와 같이 사소한 일을 하는 것을 부끄러워할 것이다."[52] ≪로스앤젤레스 타임스≫의 편집국장 L. D. 하치키스L. D. Hotchkiss는 "나는 (허친스 위원회) 구성원들과 함께 얼마 동안이든 감금

* [옮긴이] 미국 언론계 전문지.

되어도 견딜 수 있는 신문 기자로 월터 리프먼 이외에는 전혀 생각해낼 수가 없다"라고 말했다.[53]

현대 언론인들은 왕년의 신경질적인 기자들과는 거리가 먼 부류다.[54] 오늘날 언론인들은 대부분 대학 졸업자이며 전문가의 판단을 잘 받아들인다.[55] 대략적으로 그들이 기사에서 인용하는 정보원의 5분의 1은 학자, 전문가, 전직 공무원 같은 사람들이다.[56] 비록 이러한 '전문가' 중 일부는 정책을 분석하는 것보다 효과적인 문구sound bite를 전달하는 데 더 노련하지만,[57] 오늘날 학문의 세계와 뉴스룸의 관계는 이전의 그 어느 때보다 더 긴밀하다.[58]

저널리즘 내에서도 더 탁월한 전문성이 존재한다. 비록 여전히 이 직종에서 소수이지만, 과학과 보건학, 경제학, 법학 등의 분야에서 석사 이상의 학위를 가진 기자들의 수는 꾸준히 증가해왔다. 데이비드 생어David Sanger와 앤드루 레브킨Andrew Revkin 같은 몇몇 기자들은 깊이 있고 박식한 보도로 언론계 안팎에서 상당한 명성을 얻었다. 아메리칸 대학American University의 매슈 니스벳 교수는 이들이 정기적으로 '문제에 대한 연역적이고 전문화된 이해'를 도모한다는 점에 주목해 이들을 '지식 언론인knowledge journalists'이라고 부른다.[59]

그렇지만 기자들은 일상적 업무에 체계적 지식을 적용하는 데 더뎠다. 최근 월터 핀커스가 기록한 바와 같이 어떤 주요 정책 분야들에는 해당 주제에 대해 정말 잘 아는 기자들이 (그 어디에도) 거의 없다.[60] 미국 기자들은 정보를 수집하고 제시하는 훈련을 받는데,[61] 이것은 중요한 기술이지만 주제에 대한 능숙함을 요구하는 것은 아니다. 어느 독일 학자와 그의 미국인 동료들은 두 국가의 비교 연구에서

* [옮긴이] 'Sound bite'란 정치인의 연설에서 따온 효과적인 문구를 비롯한 인상적인 발언이나 구절을 방송, 특히 뉴스에서 인용하는 것을 의미한다.

기자들이 사용하는 뉴스 수집 방법에 대해 조사했다. 미국 기자들은 독일 기자들보다 연구나 공공 기록 등과 같이 체계적인 형태의 정보를 사용하는 경우가 훨씬 적었다.[62]

미국의 저널리즘 교육은 저널리즘 관행을 반영해왔다.[63] 대부분의 경우에 학생들은 제작 기술을 배우고 방송이나 신문, 또는 온라인 기사를 구성하는 방법을 배운다. 학생들에게 교과 지식에 접근하고, 이를 실행해 적용하는 방법을 체계적으로 가르치는 저널리즘 대학은 거의 없다. 30년 전, 일류 언론인 및 ...게 시...는, 무게지 워싱턴 저널리즘 대학이 "산업 지향적인 직업학교에 지나지 않는다"고 비판했다.[64] 그 후로 변화가 일어났지만, 저널리즘 대학들은 여전히 경영 대학이나 행정 대학보다 지식의 적용 측면에서 훨씬 뒤쳐져 있다. 경제학, 경영과학, 그리고 심지어 사회심리학조차 이제는 경영 대학이나 행정 대학에서 교육의 중요한 일부다. 비록 이러한 대학들이 실행과 학문을 조화시키는 최고의 방법을 놓고는 여전히 머리를 싸매고 있지만, 그들은 그 두 가지를 저널리즘 대학보다 더 완전하게 통합하는 성과를 냈다.[65]

6.

코바치와 로젠스틸은 영향력 있는 것으로 널리 알려진 저널리즘 교재 『저널리즘의 기본원칙The Elements of Journalism』에서, 언론인들의 '검증에 관한 교육discipline of verification'은 그들이 진실에 전념할 수 있게 해주는 것이라고 설명한다. 그들은 다음과 같이 썼다. "검증에 관한 교육은 저널리즘을 오락, 선전, 소설, 혹은 예술과 구별시킨다. 엔터

테인먼트, 그리고 그 사촌 격인 '인포테인먼트'는 무엇이 가장 즐겁게 해주는가에 초점을 둔다. 선전은 사실을 선별해서 그것의 진정한 목적인 설득과 조작을 위해 기능할 수 있도록 만든다. 소설은 진실이라고 부르는 것에 대해 좀 더 개인적인 인상을 주는 시나리오를 만들어낸다. 오직 저널리즘만이 무슨 일이 일어났는지 정확히 알아내는 데 집중한다."[66]

코바치와 로젠스틸은 검증에 관한 언론인 교육이 대개 "개인적이고 특이하다"는 점을 인정한다.[67] 그들은 "보도의 객관적인 방법이라는 개념"이 "기자에게서 기자에게 구전으로 전달되는 조각조각으로 존재한다"라고 말한다.[68] 그들은 "모든 기자는 어떤 표준화된 규칙도 따르지 않으면서 종종 정보를 시험하고 제공하는 매우 개인적인 방법, 즉 자기만의 고유한 개인적 검증 방법에 의존해 작업한다"라고 썼다.[69]

'개인적이고 특이'한 방법이 교육으로서 자격이 있는지에 대해서는 의심해볼 여지가 있다. 만일 '표준화된 규칙'이 없다면, 저널리즘을 관행이라 말하는 것이 더 낫지 않겠는가? 코바치와 로젠스틸은 이 문제를 인식하고 '보도과학'을 위한 기본적인 다섯 가지 '지적인 원칙'을 제안했다.

1. 거기 없었던 것은 아무것도 추가하지 마라.
2. 절대로 수용자를 기만하지 마라.
3. 당신의 방법과 동기를 가능한 한 투명하게 해라.
4. 당신의 보도 원본에 의지하라.
5. 겸손을 연습하라.[70]

이 원칙들은 하나하나 타당성이 있다. 하지만 지식은 명백히 이 목록에서 빠져 있다.

저널리즘이 지식을 핵심에 두지 않고 체계적인 분야가 될 수 있다고 상상하기란 어렵다. 지식이 지침서가 아니라면, 계산 착오의 확률은 높아진다. 2011년 초반에 기자들은 카이로의 타히르Tahrir 광장에서 열린 시위 집회를 '민주주의를 향한 운동'으로 묘사했다. AP는 2월 11일 호스니 무바라크Hosni Mubarak 대통령의 권력 이탈에 대해 "시위자들이 이집트 민주주의에서의 발언권을 요구하다"로 표제화했다.[71] 시위자 다수는 정말로 이집트에서 서구적인 민주주의 체제를 추구하고 있었다. 하지만 다른 시위자들은 다른 정치 체제, 즉 이집트의 통치 전통과 더 유사한 형태를 염두에 두었다. 나중에 밝혀졌듯이 이집트 혁명의 결과에서 승리한 것은 이들의 관점이었다.

설명을 꾸며내는 것은 기자 또는 관련된 어느 누구에게든 그렇게 어려운 일이 아니다. 더 어려운 것은 타당한 설명을 내놓는 것이다. 2010년에 어느 중견 언론인은 정치 지도자의 역기능적인 행동을 언급하며 다음과 같이 썼다. "2012년에는 민주당과 공화당의 변신을 방해하는 제3정당의 후보가 …… 선거 결과에 충분히 영향을 미칠 만큼 확실히 강력한 후보가 등장할 것이다."[72] 이러한 논평은 충분히 무해하며, 그 예측이 맞아떨어졌을 때 기자로 하여금 "내가 말했잖아"라고 말할 수 있게 한다. 하지만 미국 정당 정치의 역학에 대한 더욱 심층적인 이해는 이러한 주장을 누그러뜨려 왔다. 생존 가능한 제3정당 활동에 관한 2010년의 지표들은 그것이 무엇이든 간에 아마도 반대 지표보다 설득적일 수 없었을 것이다. 여러 가지 이유로 강력한 제3정당 후보자는 드물다. 정치학자인 브렌던 나이헌 교수와 존 사이즈 John Sides 교수는 그 이유 중 일부에 대해 "정당 충성도, 투표 접근성, 모금 문제, 조직적 기반 부족, 자신의 한 표를 '낭비'하지 않으려는 유권자의 의지"라고 규명했다.[73] 미국인의 선택Americans Elect[*]이 2012년에 발견했듯이 기관이라는 장애물을 극복할 수 있다 하더라도 더 눈길을 끄는 장애물이 존재한다. 정당 분극화가 심화되는 것을 우려한 유명한 민주당원과 공화당원으로 구성된 미국인의 선택은 제3정당 후보자를 위해 투표권을 확보하고 주요 기부자들로부터 자금 지원을 약속받았다. 그러나 선도적 정치인이 당선되게 하는 데 실패함으로써 어쩔 수 없이 제3정당 활동을 포기해야 했다. 정말 유명한 마지막 정치인인 시어도어 루스벨트가 도전자로 나서고자 한 이후로 한 세기가 지났다.[**]

지식은 언론인들에게 발견한 것을 가지고 무엇을 만들 것인지뿐만 아니라 무엇을 찾아내야 하는지에 관해서도 안내한다는 점에서 체계적인 조사의 최종 결과물이자 시작점이다. 코바치와 로젠스틸은 만일 그 상황에서 작동하는 더 큰 영향력을 가진 지식이 없다면 그럴듯한 대안 중에 선택하는 것의 상당 부분이 추측임을 기꺼이 인정했다. 그들은 "비록 저널리즘은 사실을 밝혀내기 위한 다양한 기술과 규약을 개발해왔지만, 저널리즘적 해석의 신뢰도를 시험할 수 있는 체계를 개발하는 일은 그보다 덜 해왔다"라고 기록했다.[74]

기자들의 지식 부족은 자신의 정보원들에게 더 쉽게 조정당하게

---

* [옮긴이] '미국인의 선택'은 미국에서 제3후보론을 주도하는 민간단체로, 대선 및 총선 후보를 결정하는 기존 정치의 폐쇄성을 깨는 공천 방식을 제안하는 초당파적 온라인 기반 정치단체다.
** 공화당 소속이자 전직 대통령인 시어도어 루스벨트는 자기 손으로 고른 후계자인 공화당 소속 현직 대통령 윌리엄 하워드 태프트의 정책 방향에 화가 난 나머지 1912년 선거에 나섰다. 루스벨트는 태프트를 가까스로 이겼지만, 그 둘이 공화당 표를 분산시키는 바람에 반대편인 민주당 후보 우드로 윌슨이 일반 투표 42%의 지지율로 당선되었다.

되는 원인이다. 때로는 정보원이 객관적일 수 있지만, 확실한 점은 뉴스메이커들이 자신의 주장을 편향되게 제시하고 있다는 것이다.[75] 훌륭한 기자라면 그런 점을 알고 조심하겠지만, 잭 풀러Jack Fuller 기자는 기자가 "이런 유를 감지하기"에 충분하지 않다고 말한다.[76] 회의론은 사실을 조작하거나 기자들에게 숨기는 정보원들에게 대응하는 약한 방어책이다. 진실이 어디에 있는지에 대한 감이 없다면, 기자들은 스스로 "중요성과 타당성, 그리고 때로는 심지어 정확성도 결여한 채 다른 사람의 이념과 생각을 전달하는 통신사업자"가 된다는 것을 알게 된다.[77]

당면한 주제에 관한 실용적인 지식이 없다면 기자들은 그들이 찾고자 하는 정보, 인용문, 머리기사의 정보원이 되는 전문가들로부터 피해를 당하기 쉽다. 많은 전문가들이 지식을 추구하는 데 감정에 좌우되지 않지만, 어떤 이들은 의제를 가지고 있다. 때로 그 의제는 개인적 또는 정치적 신념의 핵심으로부터 도출된다. 다른 경우는 제약회사로부터 자금 지원을 받는 몇몇 의학 연구자의 사례처럼 그들의 의제가 스폰서의 의제인 경우다. 풀러의 말에 따르면, 기자들은 "전문가들을 유리한 입장에서 다룰 능력이 있어야 한다".[78]

7.

필립 마이어Philip Meyer는 나이트리더Knight-Ridder의 국내 담당 기자였다가 노스캐롤라이나 대학의 언론학 교수가 되었는데, 그는 1970년대에 기자들에게 '새로운 도구'가 필요하다고 주장했다. 마이어 교수는 사회과학의 급격한 발전을 언급하면서 학자들이 "우리 기자들이 스스로 최고라고 생각하는 일, 즉 사실 발견하기, 원인 추론하기, 사회 문제 바로잡는 방법 지적하기, 그렇게 바로잡은 것에 대한 효과 평가하기를 하고 있다"라고 말했다.[79] 마이어 교수는 그의 저서 『정밀 저널리즘Precision Journalism』에서 기자들이 '우리만의 새로운 고성능 연구 기술'을 고안해내야 한다고 주장했으며,[80] 기자들에게 여론조사와 현장 실험field experiment 같은 사회과학 방법론을 적용하는 방법을 계속해서 보여주었다.

마이어 교수의 선구자적인 생각은 일부 저널리즘 대학에서 지지를 얻었고 몇몇 기자들의 작업, 특히 여론조사와 데이터 분석에 관여하는 이들의 작업에 영향을 미쳤다.[81] 하지만 기초 연구의 더딘 속도와 일간지 저널리즘의 빠른 속도가 충돌한다는 사실 때문에 그 영향력은 제한적이었다. 시간과 관찰의 한계는 기자들이 사회과학자의 데이터 수집 및 분석적 방법을 적용하는 일을 어렵게 만든다. 월터 리프먼은 그 대신에 실용적 접근을 제안했다. 기자들은 기본적인 연구를 수행하는 데 능숙해지기보다 기존의 지식을 보도 상황에 적용하는 데 능숙해지게 된 것이다.[82]

언론계에서 어떤 사람들은 그러한 접근 방식이 현실적인가에 대해서조차 의문을 제기하며, 저널리즘의 수수께끼와 일상이 과학과 공통점이 거의 없다고 주장한다. 자유포럼의 재정 지원을 받은 어느 조사는 1990년대 중반만큼 최근에도 대부분의 기자들과 저널리즘 교육자들이 저널리즘을 더욱 체계적인 학문으로 만드는 데 반대한다는 것을 발견했다.[83] 사실상 과학과 저널리즘 사이에는 주된 차이점이 있다. 기한, 시간과 공간의 제한, 수용자의 주의를 끌고 유지해야 할 필요성과 같은 요인은 본질적으로 명백히 저널리즘적이다.[84] 그뿐 아니라, 나이헌과·사이즈가 설명한 것처럼, 기자들은 '잘 이해하지 못한

사건'을 마음대로 무시할 수 없다.[85]

저널리즘의 '과학'이 있어야 한다면, 그것은 기자들이 하는 일의 유형을 반영하는 형태를 띠어야 할 것이다. 그들이 보도하는 주제의 범위나 그들 다수를 둘러싼 불확실성을 고려하면, 기자들이 그 주제에 관한 분야를 자신의 평생 과업으로 삼는 이들과 같은 급의 전문가가 될 것으로 기대할 수 없다. 게다가 기자의 '지식'은, 말하자면 경제학자의 특징인 '지식'의 유형을 흉내 내지 않을 것이다. 저널리즘은 깔끔한 학문도 아니고 정밀하게 정의된 주제도 아니다. 그것은 경제를 설명할 수 있을 만큼 충분히 어려운 것이기도 하며, 공적인 삶 거의 전체를 설명하는 것이기도 하다.

그럼에도 불구하고 과학적인 연구와 보도 간에는 유사성이 있다. 커뮤니케이션 학자인 케빈 반허스트Kevin Barnhurst 교수는 "어휘는 다르지만 (저널리즘과 과학적) 절차는 밀접한 유사성이 있다. 둘 다 저쪽에서 발생하는 일을 처리하고, (사건 혹은 가설이 되는) 추측에 공을 들이며, 사실(혹은 이론)에 이르도록 문제를 해결하고, 진실(혹은 패러다임)을 확립하고자 한다"라고 주장한다.[86] 그리고 좋은 과학 저술이 단순한 것과 복잡한 것의 교묘한 조합인 것처럼 좋은 기사 집필도 마찬가지다. 작가인 제프리 슈어Jeffrey Scheuer는 "훌륭한 저널리즘은 지나치게 왜곡하지 않고도 충분히 이해하기 쉽고 명료하게 만들기 위해 복잡한 이야기들을 단순화한다"라고 말한다.[87]

엄격하게 정의된 분야에서만 체계적 분석이 잘 작용할 것으로 가정하는 것은 실수다. 리프먼은 다음과 같이 기록했다. "뉴스가 수학적 진술을 허용할 수 없다는 것은 문제가 되지 않는다. 사실, 단지 뉴스가 복잡하고 다루기 힘들다는 점 때문에, 좋은 보도는 고도의 과학적 덕목의 실천을 필요로 한다."[88]

8.

한 직업이 그 과업을 수행하는 방식은 더 나은 방법이 있을 수도 있다는 이유만으로 변화하지는 않는다. 건설적인 변화를 위한 기제가 필요하듯이 직업에는 수용적인 태도가 필요하다. 가령, 미시경제학 및 조직이론에서의 진보로 새로운 접근 방식의 실행이 가능해질 때까지 경영 실습 및 경영 대학 교육에서 변화는 발생하지 않았다.[89]

저널리즘은 변화가 가능한 지점에 이르렀다. 오늘날 그 문화는 과거와 뚜렷한 차이가 있다. 부인할 수 없는 과학적 진보와 대학 교육을 받은 전문가들이 이 직종에 유입되면서 지식의 가치에 대한 회의는 사라져왔다. 분명히 긴장은 남아 있다. 예컨대, 여타 전문 대학들의 교수진과 비교하면 저널리즘 대학 교수진을 구성하는 학자와 현역은 어떻게 하면 학생을 가장 잘 훈련시킬 수 있을지를 놓고 더 깊이 분열되어 있다.[90] 그러나 저널리즘 실습과 교육은 갈수록 지식을 보도의 도구로 받아들여 왔다. ≪디모인 레지스터The Des Moines Register≫의 전 편집장이자 서던캘리포니아 대학 교수인 제니버 오버홀저Geneva Overholser는, "우리는 변화를 만들어가는 이들에게 힘을 북돋고 영향을 주는 연구를 지원할 수 있으며, 우리의 학문을 우리 스스로 실천하는 데 적용할 수 있다"라고 말한다.[91]

인터넷은 지식 기반 보도의 장애물을 줄여왔다. 예전에는 체계적인 연구나 공문서에 접근하기 어려웠던 탓에 기자들이 그러한 자료를 정기적으로 참고하는 것은 비현실적인 일이었다. 오늘날에는 광범위한 뉴스 주제에 대해 신뢰할 만한 정보를 웹에서 손쉽게 얻을 수 있다. 포인터 연구소Poynter Institute의 크레이그 실버먼Craig Silverman은 "오류를 노출시키고, 사실을 확인하며, 크라우드 소싱을 하고, 검증에 기술을 투입하는 것이 이렇게 쉬웠던 적은 없었다"라고 말한다.[92] 하지만 그 절차는 누구나 이용할 수 있는 것이 아니다. 인터넷은 내용이 풍부한 콘텐츠의 금광인 동시에 잘못된 정보의 지옥이기도 하다. 기자가 당면한 주제에 관해 무언가 알고 있지 않다면, 실수할 확률은 언짢게도 높다. 심지어 온라인에서 이용할 수 있는 상호 심사 학술지의 연구도 오도의 가능성이 있는데, 일부는 심각한 결함이 있고, 상당수는 보도 상황에 정확히 적용하려면 해석이 필요하기 때문이다.

만일 지식 기반 저널리즘이 의미하게 된 모든 것이 정보를 얻기 위해 인터넷에 접속하는 것이라면, 그것은 그 잠재력에 미치지 못할 것이다.[93] 그것은 보도에 지식을 적용하는 것보다 뉴스 기사에 지식을 주입하는 것을 의미할 것이다. 케임브리지 대학의 과학자 베버리지 W. I. B. Beveridge가 언급한 것처럼, 지식은 오해를 받거나 간과될 것을 연구원이 인식할 수 있게 해준다.[94] 지식은 기자가 자신의 설명이 올바른 방향으로 나아가고 있는지, 균형 감각을 지니고 대응하고 있는지, 그럴듯한 대안들을 놓고 저울질하고 있는지, 귀인 오류attribution error*를 피하고 있는지, 정보원의 조작을 막고 있는지, 자신의 추세 분석 및 비교가 올바른 목표를 향하고 있는지, 자신이 당연하게 여기는 가정에 이의를 제기하고 있는지 인식할 수 있게 한다.

지식은 또한 기자들이 쓸모없어지거나 허를 찔리는 것을 막아줄 수도 있다. 컬럼비아 대학 토 디지털 저널리즘 센터Tow Center for Digital Journalism의 2012년 보고서에서 C. W. 앤더슨C. W. Anderson, 에밀리 벨

---

* [옮긴이] '귀인 오류' 또는 '기본적 귀인 오류(fundamental attribution error)'란 관찰자가 다른 이의 행동에 대해 주변 환경 등 상황 요인의 영향을 과소평가하고 행위자의 내적·기질적 요인의 영향을 과대평가하는 경향을 가리킨다(한국심리학회 홈페이지, '심리학 용어사전' 참고).

Emily Bell, 클레이 서키Clay Shirky는 매체들이 전통적으로 행사해온 일, 즉 최근의 사건을 분석하는 것은 이제 전문 사이트나 학자들이 수행하는 한편, 기자들이 전통적으로 해온 일, 즉 뉴스 가치가 있는 사건들을 규명하는 것은 이제 시민들이 수행하고 있다고 언급한다. 가령, 2012년 대선 기간에 역사학자 잭 보러Jack Bohrer는 미트 롬니의 가족 배경에 관해 1만 단어로 이루어진 한 편의 글을 게시했는데, 이것은 12만 5000명 이상의 방문자를 끌어들였고, 소셜미디어를 통해 추가적으로 75만 명에게 전달되었다.[95] 앤더슨과 벨, 서키는 기자들이 경쟁에서 살아남으려면 '최초 관찰을 생산'하는 역할에서 '검증과 해석을 강조하는 역할'로 변화해야 한다고 주장한다.[96] 만일 이 주장이 어느 정도 옳다면, 기자나 뉴스 매체는 자신의 작업이 좀 더 지식에 근거하도록 하는 수밖에 없을 것이다.

순수성의 가치를 지적함으로써 뉴스의 흐름이 정화될 수 있다고
착각해서는 안 된다. [그것은] 언론인 교육을 통해 …… 민주주의에
유용해진다. [1]

월터 리프먼

1.

언론인들은 뉴스가 '역사의 초고'라고 말하기를 좋아한다.[2] 이러한 주장은 분주한 직업 특성상 발생하는 작은 실수들에 대해 변명하려는 목적이 아닐 때조차 적절하지 않다. 뉴스는 오늘이 어제와 어떻게 다른지에 관한 이야기다. 매일은 신선한 시작이고 새로운 현실이다. 필립 슐레진저Philip Schlesinger 교수에 따르면, 저널리즘은 '타임머신'이다.[3] ≪뉴욕 타임스≫의 제임스 리스턴James Reston 기자는 보도를 "'지금' 이후의 아주 신나는 탐색"이라고 했다.[4]

정말 역사적인 것은 대부분 뉴스에 거의 보이지 않는다. 북쪽으로 향한 남부 흑인들의 긴 여행보다 20세기 미국 정치에 더 큰 영향을 미친 사건은 드물다. 그들이 일거리를 찾아 산업도시들을 향해 북쪽으로 줄줄이 이동하자, 백인 가정은 인종적 두려움에 떠밀리고 교외의 유혹에 이끌려 이주해 나갔다. 수십 년에 걸쳐 미국 도시의 정치적·사회적·경제적 경계는 변경되어왔다. 하지만 이것은 오랜 기간에 걸쳐 서서히 이루어졌기 때문에 흑인들의 대규모 이주는 뉴스에 거의 보도되지 않았고 표제를 장식한 적도 거의 없었다.[5] 칼럼니스트 조지 윌George Will은 100만 번째 흑인이 메이슨 딕슨 라인Mason-Dixon Line*을 건너 북쪽으로 가는 순간 결승선 테이프라도 끊었어야 했다고 논평했다. 그랬다면 기자들이 보도했을 텐데 말이다.[6]

이것을 예로 든 것은 이 사례가 언론의 신화와 현실 사이의 간극을 보여주기도 하지만, 저널리즘의 결정적인 특성을 보여주기 때문이다. 역사와 달리 저널리즘은 의도적으로 근시안적인 분야다.[7] 기자는

---

* [옮긴이] 메이슨 딕슨 라인은 메릴랜드주와 펜실베이니아주의 경계선으로, 미국 남부와 북부의 경계이며, 과거 노예제도 찬성 주와 반대 주의 경계이기도 하다.

뉴스를 생산하는 일에 종사하며, 이것은 그들이 하루하루 중요한 변화가 일어나는 세상을 보도록 훈련받았다는 것이다. 국가와 세계는 늘 중대사를 마주하지만, 그것들이 대서특필될지는 뉴스 주기에 부여한 시간대에 맞는지 여부에 달렸다.

저널리즘을 강화하려는 노력은 그것의 독특한 특성을 설명해야 한다. 마치 정치학이라는 원거리 렌즈를 통해 뉴스 기사를 쓴다면 어떨지 크리스토퍼 빔Christopher Beam 기자가 묘사한 것처럼 뉴스로부터 '새로운 것'을 쥐어짜내는 방식으로는 저널리즘을 재구성할 수 없다.

> 오바마 대통령은 월요일 시카고 근처에서 열릴 예정이던 현충일 연설을 심한 뇌우 탓에 취소할 수밖에 없었는데, 그것은 미국 정치의 궤적에 아무런 영향을 미치지 않는 임의적인 행사였다. 현재 오바마는 젊은 대통령으로서의 가장 어려운 도전 중 몇 가지에 직면하고 있다. 계속 진행 중인 기름 유출, 가자 지구의 구호선 공격 사건, 백악관과 공직 후보자들 간의 부적절할 수 있는 대화 폭로가 그것이다. 하지만 이러한 이야기들이 대중의 인식에 찰나적인 영향을 미치더라도, 미국인들은 궁극적으로 일자리 수나 국내총생산GDP의 투박한 경제적 기초 여건으로 오바마를 판단할 것이다.[8]

이런 종류의 뉴스 보도는 사람들이 금방 다른 관심사로 돌아서게 만든다. 그럼에도 기자들은 꾸준히 흘러가는 공적 생활이 자신들의 보도에서 더 완전히 작동할 방법을 알아내야 한다. 기자들은 필연적으로 오늘의 새로운 일이 무엇인지 알아내야 한다. 그것은 기자들이 기사를 찾아내기 위한 창구다. 하지만 그들이 오늘에만 지나치게 초점을 맞춘다면, 월터 리프먼이 말한 것처럼 그들은 점moles*을 산으로 생각하고 산을 점으로 이해할 것이다.9 가령, 2012년 ABC 뉴스 보도는 피임약 사용이 심근경색과 뇌졸중의 위험을 대략 2배로 높인다는 연구를 대서특필했다. 피임약 사용과 연관된 위험이 임신과 관련된 위험보다 훨씬 낮다는 점은 대서특필되지 않았다.10 한 칼럼니스트는 비꼬는 투로 의학 보도를 '새로운 희망new hope'을 주는 보도와 '희망 없음no hope'에 관한 보도 두 가지 유형으로 구분했다.11

맥락 정보가 언론의 장점인 적은 한 번도 없었다.12 언론 자유를 위한 허친스 위원회는 1947년에 기자들이 "그날의 사건들에 의미를 부여하는 맥락에서 종합적이고 지적으로 설명"하는 데 보통 실패한다고 결론지었다.13 펜실베이니아 주립대학의 한 연구는 의회에서 상충하는 법안들이 각 법안의 내용이나 차이점에 대한 언급 없이 발의자들의 이름으로 보도되는 것을 발견했다.14 도리스 그레이버 커뮤니케이션학 교수는 일반적으로 뉴스 기사들이 사건에 대해 누가, 무엇을, 어디서, 언제 일어났는지는 설명하면서 왜 일어났는지에 관한 설명은 생략하는 것을 발견했다.15 사건이 왜 일어났는지 설명하는 기사들도 종종 그 설명이 너무 얄팍해서 유익하지 않다. 예를 들면, 경제 뉴스 보도에 관한 어느 연구는 기자들의 설명이 "가장 명백한 단기 효과에만 초점을 두어 일회적episodic이고 얄팍하며 정형화된 경향이 있다. …… 그 연결 고리는 거의 '달러 하락세가 오늘 나아졌고, 그것이 월스트리트에서 주식 가격 상승을 가져왔다'는 설명의 …… 단순한 수준을 넘어서지 않는다"라고 결론지었다.16

* [옮긴이] 'mole'은 '피부 위에 작게 돋은 진갈색 점'을 의미하기도 하지만, '조직 내부에 있는 스파이'나 '신문사 등에 비밀 정보를 제공하는 사람', 즉 정보원을 의미하기도 한다는 점에서 지은이가 중의적으로 사용한 것으로 판단된다.

왜 그런 일이 일어났는지에 관한 보도는 사건의 중요성을 이해할 수 있게 해준다. 작가 제프리 슈어는 "누가, 언제, 무엇을, 어디서에 관한 설명은 점들을 **수집하는 것**collecting에 관한 문제"라고 말한다. 왜에 관한 설명은 "점들을 **연결하는 것**connecting"에 관한 문제다.[17] 언론학 교수인 새뮤얼 프리드먼Samuel Freedman은 맥락이란 순간적인 사건이 정치나 문화 혹은 역사의 더 큰 흐름에 적응하는 방법이라고 말한다.[18] 맥락의 부적절함은 학자들을 처음에 어리둥절하게 했던 한 연구 결과를 설명하는 데 도움을 준다. 그것은 해당 영역에 관한 사전 지식이 없다면 뉴스 기사를 통해서도 많은 것을 배울 수 없다는 사실이다. 학자들은 충분한 정보를 가지고 있지 않은 사람일수록 아는 것이 적기 때문에 뉴스 기사에서 더 많이 배우게 될 것으로 가정했었다. 하지만 아니다. 일반적으로 정보가 없는 사람들은 희박한 맥락 정보를 보완할 수 있을 만큼 그 주제에 관해 충분히 알지 못한다.[19]

지식은 기사의 맥락을 강화해줄 열쇠다. 심지어 적당히 복잡한 사건을 비롯한 거의 모든 사건에 대해, 기본적인 요인을 잘 알고 있지 않은 기자들이 '포괄적이고 지적인 설명'을 구성해낼 것으로 기대하기란 어렵다.

2.

MIT의 도널드 숀Donald Schön 교수는 그의 고전 연구 『성찰적 실천가 The Reflective Practitioner』에서, 최고의 실천가란 배움을 통해 자신의 가정 assumption에 도전하고 거기서 드러나는 실수를 바로잡는 사람이라고 주장한다. 그들은 일상과 공식을 따르기보다 그것들을 성찰적으로 적용한다. 숀은 "성찰을 통해" 실천가가 "전문화된 반복적 실천 경험으로써 자라난 암묵적 이해를 드러내고 비판할 수 있게 된다"라고 기록한다.[20]

모든 직업에는 생각하고 행동하는 특유의 방법이 있다.[21] 새내기들은 그 직업적 규율과 관행의 기초를 배우며 시작하는데, 그것들은 결국 습관화된다.[22] 기삿거리를 어떻게 선정하는지 질문을 받으면 그들은 마치 그들이 알아보는 법을 배웠다기보다 뉴스가 자연적으로 발생하는 현상이기라도 하듯 "나는 그것을 보는 순간 뉴스라는 것을 알았어요"라고 답할 것이다.[23] 예컨대, 2012년 대통령 선거 이후 오바마 대통령은 국가 경제를 불황에 빠뜨릴 조짐을 보이던 재정 절벽fiscal cliff*에 대해 논하기 위해 기자회견을 열었다. 하지만 그 결과로 나타난 헤드라인들은 다른 사안에 대한 질문에 오바마가 보인 열띤 반응에 초점이 맞춰져 있었다. 앞서 그날에는, 두 달 전 리비아 주재 미국 영사관에 대한 치명적인 공격 이후 수전 라이스Susan Rice의 발언과 관련해 몇몇 공화당 상원의원들이 그녀의 국무장관 임명안을 부결시키기로 서약했다.** 오바마 대통령은 이에 대한 질문에 그들의 위협이 "너무나 터무니없다"라면서 "만일 매케인 상원의원과 그레이엄 상원의원 등이 누군가를 쫓아다니려면 나를 쫓아다녀야 한다"라고 말했다. 이에 기자들에게는 보도할 논쟁거리가 생겼고, 이는 뉴스 기준에서 재정 절벽에 대해 예측 가능한 대통령의 논평을 넘어서는 논쟁거

---

* [옮긴이] 정부의 재정 지출이 갑자기 줄거나 중단되어서 실물 경제에 타격을 주는 현상을 의미한다.
**[옮긴이] 2012년 9월, 리비아 벵가지에 위치한 미국 영사관을 이슬람 무장세력이 습격해 크리스토퍼 스티븐스 대사가 사망하는 사건이 발생했다. 당시 UN 주재 미국 대사이던 수전 라이스는 이 사건이 '우발적'으로 일어난 것이라고 말해 공화당 측의 큰 반발을 샀다.

리였다.

언론의 일상은 기자들에게 무엇을 보아야 하는지뿐 아니라, 무엇을 보지 말아야 하는지도 가르쳐준다. 2011년 월가 시위Occupy Wall Street에 이르기까지 20년 동안 미국의 소득 격차는 꾸준히 증가했다. 하지만 ≪포춘Fortune≫의 니나 이스턴Nina Easton의 연구가 발견한 것처럼 소득 격차는 거의 뉴스가 되지 못했다. 그것이 풀뿌리 운동의 형태를 띠게 될 때까지 기자들의 주의를 완전히 사로잡지 못했던 것이다. 이스턴은 "이 시위자들이 …… 9월 17일 뉴욕시의 주코티 공원Zuccotti Park에서 캠프를 세우기 전까지, 중산층의 수입이 정체된 수년 동안에도 미국의 부유층은 더 부유해지고 있다는 것을 보여주는 학술 연구가 증가하고 있음을 알아차린 매체는 거의 없었다"라고 썼다.[24]

모든 직업에는 그처럼 눈을 가리는 것이 있다. 그런데 그것은 저널리즘에서 더 크게 작용한다. 저널리즘이 성찰적reflective이기보다는 반사적reflexive인 실행에 더 가깝기 때문이다. 기자들은 극심한 시간 제약 속에서 일하며, 그러한 제약에 대처하고자 표준화된 일상에 의존한다. 저널리즘의 반사적 특성은 소위 '무리pack'나 '떼herd' 저널리즘, 즉 다른 기자가 자신에게 기사 줄거리를 제공해줄 것으로 기대하는 성향에서도 나타난다.[25] ≪볼티모어 선Baltimore Sun≫의 잭 저먼드Jack Germond는 "보도의 90%는 10%가 생산하는 것에서 파생된다"라고 논평했다.[26]

언론을 성찰적 실천의 방향으로 기울이는 것은 두 가지 유형의 지식이다. 하나는 주제에 대한 지식을 의미하는 '내용 지식content knowledge'이며, 다른 하나는 보도 방법이 뉴스의 내용과 영향력에 어떤 영향을 미치는가에 관한 지식인 '과정 지식process knowledge'이다. 전자는 어떤 기자도 보도 요청을 받은 일의 극히 일부 이상을 통달할 수 없다는 점에서 분업을 필요로 할 것이다. 심지어 언론 하위 분야 중 일부에 대해서는 전문 학위가 요구될 것이다. ≪워싱턴 포스트≫의 전직 과학 전문 기자인 크리스틴 러셀Cristine Russell은 다음과 같이 말했다. "과학과 기술에서 새로운 개발의 속도가 빨라지면서 (과학 전문) 기자들은 갈수록 과학적 연구의 잠재적인 사회적·법적·종교적·정치적 결과뿐 아니라 복잡한 기술적 정보의 보도에 직면하게 된다. 조류독감, 배아줄기세포 연구, 유전공학, 지구온난화, 진화론 교육, 생물학 무기를 이용한 테러리즘은 오늘날 (과학 전문) 기자들의 접시에 올라오는 주제 중 몇 가지다."[27]

　두 번째 지식 기술, 즉 커뮤니케이션 과정에 대한 이해는 언론인 직업 내에서 거의 간과되었다. 기자들이 대부분 자신이 보도하는 도구들과 줄거리 구성이 기사의 내용과 수용자의 반응에 어떻게 영향을 미치는지 인지하고 있지 못하다는 것이 연구에서 발견된다.[28] 마치 학생의 학습을 돕는 교수법에 대해 교사가 모호한 생각만을 가지고 있는 것과 같다. 인정하건대, 기자는 교사가 학생과 갖는 면대면 소통을 자신의 독자나 시청자와 갖지 않는다. 뉴스 수용자를 시야에서 볼 수 없고, 그래서 더욱 이해하기 어렵다. 그러나 기자들이 수용자에 대한 이해를 증진시키지 않는다면, 그들은 수용자에게 알릴 기회를 놓치게 될 것이다. 이 내용은 이 장의 다음 두 주제에서, 과정과 관련된 공통적인 두 가지 문제, 즉 기자들이 재료를 수집하는 방법에서 보이는 귀인 편향attribution bias과 수집한 재료를 보여주는 방식에서 나타나는 프레이밍 편향framing bias을 설명함으로써 살펴볼 것이다.

3.

기자들의 주된 도구인 관찰과 인터뷰는 한 세기가 넘는 동안 보도의 중심이었다. 기자들은 행동의 장면을 먼저 생각하고 나서 사건 당사자들의 진술을 생각하도록 교육받는다. 관찰과 인터뷰는 매우 유용한 도구이기 때문에 오랫동안 활용되어왔다. 관찰과 인터뷰가 적절하게 사용되려면 판단력과 경험이 필요하다.[29] 그런데 관찰과 인터뷰는 다른 모든 도구처럼 한계가 있다. 로버트 나일스Robert Niles 기자는 관찰과 인터뷰가 "우리가 받는 정보의 정확성을 시험할 **방법**에 관한 설명"을 제공하지 못한다고 말한다.[30] 심지어 신뢰할 만한 정보를 생산할 때도 관찰과 인터뷰는 기자로 하여금 관찰 가능한 사건, 취재 가능한 이해당사자가 이야기할 수 있고 또 이야기하고자 하는 측면의 사건만 포착할 수 있게 한다.[31]

인터뷰는 19세기 미국 기자들이 발명한[32] 이래로 가장 유용한 보도의 도구인 듯하다. 인터뷰는 조사라는 더 어려운 형태를 취하는 것에 대한 기자들의 부담을 덜어주며, 인터뷰 대상자가 실제로 말했다면 그(녀)의 말을 '사실'로 다룰 수 있다.[33] 하지만 인터뷰는 완벽하지 않다. 누가 인터뷰를 하는지, 어떤 질문을 하는지, 심지어 인터뷰의 시간과 장소까지도 답변에 영향을 미칠 수 있다. 2003년 이라크 침공을 앞두고 주디스 밀러Judith Miller 기자에 대한 백악관 공무원들의 속임수가 초래한 ≪뉴욕 타임스≫ 1면 기사에서 볼 수 있듯이,[*] 기억의 실

---

[*] [옮긴이] 주디스 밀러 기자는 ≪뉴욕 타임스≫ 탐사 보도 전문 기자로 워싱턴 지국, 중동 카이로 지국, 유럽의 파리 지국 특파원을 거쳤으며, 2002년 오사마 빈 라덴과 알카에다 테러 조직에 관한 분석 기사로 퓰리처상을 받기도 한 인물이다. 밀러는 2002년 9월 8일 자 ≪뉴욕 타임스≫ 1면에 실린 기사에서 익명의 국방부 관계자의

수나 심지어 기자를 오도하려는 정보원의 결심이 답변에 영향을 주기도 한다.

관찰은 특정 시간에 특정 관점으로부터 발생한다는 사실 때문에 그 유용성이 제한된다. 보이지 않는 영역에 있는 공적인 삶의 양상은 보이는 영역에 있는 공적인 삶보다 덜 철저한 조사를 받는다. 가령,

'증언'을 근거로 이라크의 대량살상무기 개발 의혹을 제기했다. 그녀는 이후에도 이라크의 대량살상무기 보유를 기정사실화하는 기사를 썼고, ≪뉴욕 타임스≫는 그녀의 기사를 계속 실었다. 2003년 1월, 부시 대통령은 사담 후세인이 최근 아프리카에서 핵폭탄 제조용 우라늄 구입을 시도했다는 제보를 영국 정부로부터 접했다고 국정연설에서 밝혔다. 하지만 조지프 윌슨 전 이라크 대사가 이에 대해 반박하면서 2003년 5월 6일 자 ≪뉴욕 타임스≫에 익명으로, 부시 행정부가 이라크의 대량살상무기 위협을 과장하고자 고의로 정보를 조작하거나 무시했다고 폭로했으며, 7월 6일 자 ≪뉴욕 타임스≫에는 실명으로 제보했고, 이후 TV에도 출연했다. 2002년에 CIA의 의뢰로 이라크 핵물질 수입 의혹을 조사한 적이 있는데, 부시 행정부가 그 보고서를 왜곡해 전쟁을 정당화하고 있다는 내용이었다. 이에 부시 행정부는 기자들에게 윌슨 전 대사가 민주당원으로서 자신을 공격하기 위해 이러한 행동을 한다는 주장을 퍼뜨렸고, 이 과정에서 CNN 토크쇼 진행자이자 보수 칼럼니스트인 로버트 노박이 7월 14일 자 ≪워싱턴 타임스≫ 칼럼에서 윌슨의 외교관 자격을 흠집 내고자 그의 부인이 CIA의 비밀요원인 발레리 플레임이라는 사실을 공개했다. 이에 대해 윌슨은 자신의 기고문에 대한 보복으로 부시 행정부 관리들이 플레임의 신분을 일부러 언론에 흘린 것이라고 주장했고, 사태는 이른바 '리크게이트'라는 정치적 스캔들로 번졌다. 결국 특별검사가 임명되어 이 사건에 대해 수사가 진행되었고, 조사 과정에서 주디스 밀러 기자 역시 플레임의 신분을 알고 있었을 것으로 판단한 법원이 그녀에게 취재원을 공개할 것을 요구했으나, 그녀는 취재원과의 약속을 지키기 위해 취재원 공개를 거부한다고 밝혀 수감되었다. 그녀의 이러한 행동은 언론인으로서 취재원 보호라는 원칙을 수호하는 것에 대한 찬사와 취재원과의 유착이라는 비판을 동시에 받으며 뜨거운 논란을 불러일으켰다. 한편, 2004년에 이라크의 대량살상무기 보유에 대한 부시 정부의 주장이 거짓으로 확인되면서 이라크 전쟁 관련 보도에 대한 언론인의 자성으로 이어졌고, ≪뉴욕 타임스≫는 2004년 5월, 주디스 밀러 기자의 이름을 언급하지는 않았지만, 그간의 오보에 대해 사과하는 사설을 실었다.

로비 활동이 선거 활동보다 덜 자주 보도되는 것은 공공정책에 미치는 영향이 선거 활동보다 훨씬 적기 때문이 아니라, 훨씬 덜 눈에 띄기 때문이다.

관찰에서 발생하는 왜곡 가운데 가장 일반적인 것, 혹은 가장 예측 가능한 것으로는 관찰자가 핵심적인 사건이나 행위자의 영향력을 과장하는 경향을 의미하는 '기본적 귀인 오류fundamental attribution error'를 들 수 있다.[34] 예를 들면, 2002년 가을에 부시 대통령은 30여 명의 상하원 의원 후보자들을 대신해서 선거운동을 하며 전국을 누볐다. 투표가 집계되자 언론은 공화당이 거둔 성공의 공을 상당 부분 부시의 노력으로 돌렸다. ≪뉴욕 타임스≫는 "결과는 부시에게 매우 고무적이었다. 대통령은 지난 밤 명백하게 이긴 것으로 보인다"라고 보도했다.[35] ≪워싱턴 포스트≫는 칭송을 더욱 아끼지 않았다. "부시의 인기가 화요일에 결정적인 요인이거나 적어도 중요한 요인이라는 증거는 많다. 선거운동에 참여한 23명의 하원의원 후보자 중 21명은 지난 밤 승리를 거두거나 선두에 있었다."[36] 다른 뉴스 매체들은 부시의 영향이 1934년 의회 선거에서 FDRFranklin Delano Roosevelt의 영향에 비할 만큼 '역사적'이었다고까지 말하면서 자제력을 덜 보였다.[37] 후속 기사들은 부시의 '승리'가 그의 이라크 침공 위협에 대한 의회의 지지를 어떻게 공고히 했는지에 관해 이야기했다.[38]

이러한 주장은 대부분 중간선거에서의 선거운동에 대한 기자들의 관점이 담긴 인공적 산물이었다. 정치학자 루크 킬Luke Keele, 브라이언 포가티Brian Fogarty, 제임스 스팀슨James Stimson 교수의 연구는 부시가 선거운동을 했던 주 및 구역의 공화당 의원 후보자들이 부시가 선거운동을 하지 않은 지역의 의원들보다 더 강력하지 않았다는 사실을 밝혔다. 그들은 2000년과 2002년 선거 결과 보고를 선거구별로 자세히 비교해 두 선거에서 공화당이 얻은 표가 거의 같았다는 사실을 발견했다. 이 연구는 다음과 같이 결론을 내렸다. "부시가 선거운동을 해준 공화당 후보들이 그렇지 않은 공화당 후보들보다 더 잘하지 못했다."[39]

기자들은 부시의 영향을 정확하게 평가할 수 있게 해주는 이런 식의 자세한 분석을 수행할 시간이 없다. 하지만 기본적 귀인 오류 탓에, 부시가 해당 지역에서 선거운동을 해준 것이 선거 결과에 중대한 영향을 끼쳤다고 예측했던 것이다. 부시에게 시선을 고정한 기자들은 부시가 선거운동을 한 장소들의 공화당 후보들이 승리한 것에 대한 공로의 가장 큰 몫을 자연스럽게 부시에게 돌렸다.*

귀인 오류는 기자가 사건을 개인화personalize하려는 경향으로 인해 확대된다. 개인화는 기자들에게 주어진 신의 선물이다. 그것은 수용

---

* 뉴스는 이런저런 귀인 오류로 가득하다. 하지만 리더십에 대한 주장만큼 흔한 것은 거의 없다. 예를 들면, 오바마 대통령이 2008년 선거운동에서 그가 보여준 소통 능력을 그의 첫 재임 기간 동안 보여주는 데 실패했다는 기자들의 주장을 생각해보라. 《워싱턴 포스트》의 어느 유능한 기자는 "대통령에 관해 지속되고 있는 미스터리 중 하나는 왜 그가 경제문제에 관해 유권자들과 소통하는 데(connecting with) 그토록 많은 어려움을 겪었는가다"라고 썼다. 아마도 오바마는 할 말을 잃었을 것이다. 하지만 기자들은 대통령이 대중의 지지율이 높거나 증가할 때만 유권자들과 '소통한다(connecting)'고 묘사한다. 경제 상황이 안 좋을 때 대통령은 예외 없이 지지율이 낮거나 감소하는데, 이는 그들의 대중과의 관계 능력에 대한 부정적인 묘사로 이어진다. 가령, 시러큐스 대학의 한 연구는 로널드 레이건이 재임 3년 차까지는 '위대한 의사소통가(Great Communicator)'로 불리지 않았다는 것을 발견했다. 재임 첫 2년 동안은 실업률이 전후 최고였으며, 레이건의 지지율은 여론조사의 역사상 어느 대통령보다도 빠르게 하락했다. 하지만 그의 재임 2년 막바지에 이르면서 경제가 상승세를 탔고 그의 지지율도 그러했다. 그러고 나서야 언론은 레이건이 유권자들과 '소통'하는 능력이 있다고 말하기 시작하면서 그 유명한 별명을 부여했다.

자가 발생한 사건을 지도자의 공로나 탓으로 돌리는 경향성을 이용하며, 기자들이 구조적 요인에 대해 언급할 때는 하지 않는 방식으로 사건을 과장하고 단순화하게 한다.[40] 하지만 개인화는 사건의 더 두드러진 측면들로부터 주의를 분산시킨다.[41] 가령, 어느 연구는 후보자들 개인의 전략이나 양식이 대통령 예비선거 결과에 대한 기자들의 설명에서 4분의 3 이상을 차지하는 것을 발견했다. 사우스캐롤라이나의 공화당 후보자들이 뉴햄프셔의 후보자들보다 더 보수적이라는 사실처럼, 주州 유권자들의 차이는 보통 예비선거 결과에서 더 큰 영향을 미치는데도 단 5분의 1만을 설명할 뿐이다.[42] 퓰리처상 수상 기자인 다이애나 서그Diana Sugg는 "우리는 훌륭한 이야기라는 이유로 사람에 대한 이야기를 너무 자주 한다"라고 말한다.[43]

기자들이 사건에 대해 강조하는 것이 귀인 오류의 원인이 되기도 한다. 기자들이 동향에 대해 평가하는 것은 단지 확률에만 근거해 예상할 때보다,[44] 즉 기자들이 사건을 해석하는 방법으로 부분적인 설명이 가능한 상황보다 약간 더 정확할 뿐이다. 예를 들면, 어느 연구에서는 이례적인 사건들이 기자들로 하여금 유사한 사건들을 의식하게 해서 그러한 사건들이 갈수록 더 빈번하게 발생한다고 결론짓게 만드는 것으로 나타났다.[45] 예를 들면, 치명적인 상어의 공격은 수영하는 사람들이 겪을 위험에 대한 과장된 주장들을 동반하면서 또 다른 목격담에 관한 기사들을 만들어낸다.[46]

기자들이 직면하는 수많은 압박을 고려하면, 그들은 자신의 기사에 대해 이야기할 수 있는 효율적이고 흥미로운 방안을 모색할 수밖에 없다. 필립 마이어가 "사실과 다른 오류가 하나도 없는 신문은 마감기한을 놓친 신문이거나, 위험을 거의 감수하지 않은 신문이거나, 둘 다인 경우다"라고 말한 것은 옳다.[47] 하지만 보도의 도구를 성찰적으로 사용하지 않는 데서 비롯된 반복적으로 발생하는 오류를 정당화하기는 어렵다.

4.

시민들은 뉴스에 대해 연구하지 않는다. 그들은 뉴스를 '따른다'. 이것은 시민들이 뉴스로부터 배우고 못 배우는 것들 상당 부분을 설명해준다. 수용자에게 지속적인 인상을 주는 뉴스 기사는 거의 없다. 연구들은 대부분의 기사들이 노출되고 나서 몇 시간 이내로 잊힌다는 것을 보여준다.[48]

사람들이 뉴스에서 얻는 더 큰 교훈 상당 부분은 기자들이 반복적으로 이용하는 프레이밍의 결과다.[49] 프레이밍은 기자들이 상황의 특정한 면모를 선택하고 다른 면모에는 반대하면서 이를 바탕으로 기사를 작성해가는 과정이다.[50] 수용자들이 기자가 선택한 프레임으로 그 상황을 바라보도록 대비시키는 효과를 가져온다. 예를 들면, 모든 의회 논쟁에는 협력과 갈등이 있는데도 기자들은 갈등이라는 프레임으로 논쟁을 보도하는 경향이 있는데, 이는 논쟁의 갈등적 측면을 부각시키고 협력적 측면을 예속시킴으로써 사람들이 그러한 논쟁이 협력보다는 갈등을 구체화하는 것으로 보게 만든다.[51]

기자들은 제한된 가짓수의 프레임에 의존한다. 가령, 정책 문제에 관한 기사는 정책 문제의 특성을 강조하는 문제 프레임problem frame이나 사안을 둘러싼 정치적 계책을 강조하는 전략적 프레임strategic frame으로 이야기하는 경향이 있다. 대개 사건 초기 단계에서 사안을 폭넓은 용어로 설명하는 경우에는 문제 프레임이 지배적이다. 하지만 사안이 정치적으로 변해가면 전략적 프레임이 이를 대체한다.[52] 정치는 전략적 게임이라는 기자들의 암묵적 가정이 그들의 기사 줄거리를 이끌어간다.

정치적 게임은 예상 밖의 상황에서조차 우세하다. 2011년 미국의 특수전단이 파키스탄을 기습해 오사마 빈 라덴을 사살했을 때는 오사마 빈 라덴 사살이 뉴스를 도배했다. 그가 사살되고 일주일간 빈 라덴 보도의 3분의 1을 차지하는 주된 기사 줄거리는 군사적 기밀의 계획과 수행이었다. 하지만 두 번째로 많은 줄거리는 무엇이었을까? 언론은 그의 사살에 대한 아랍 세계의 반응, 혹은 이 작전이 미국과 파키스탄의 관계에 미칠 영향, 혹은 빈 라덴 사살이 테러리스트들의 활동에 미칠 효과에 초점을 둘 수도 있었다. 하지만 보도의 6분의 1을 차지한, 두 번째로 많은 줄거리는 빈 라덴의 죽음이 정치 게임에 미친 영향으로 흘러갔다. 즉, 그것이 버락 오바마가 재임에 성공하는 데 도움이 될 것인가 하는 것이었다. ABC의 앤 컴튼Ann Compton은 "오바마 대통령이 여론조사에서 중요한 상승세를 얻고 있다"라고 말했다.[53] 캐슬린 홀 제이미슨 교수와 폴 월드먼Paul Waldman 교수는 전략적 프레이밍이 "시민들이 정치 세계를 이해하는 데 필요로 하는 사실적 정보를 숨길 수 있다"는 데 주목한다.[54]

기자들이 사건의 원인과 결과를 다루는 '주제적 프레임thematic frame'보다는 사건의 사실만을 부각하는 '일화적 프레임episodic frame'에 의존해 사실적 정보가 숨겨지기도 한다.[55] 스탠퍼드 대학의 샨토 아옌가Shanto Iyengar는 통제된 일련의 실험을 통해 일화적 프레이밍이 사람들이 뉴스 기사에 제한적으로 반응하도록 이끈다는 점을 보여주었다. 예를 들면, 직업이 없어서 가난한 어느 개인에 관해 일화적으로 구성된 기사에 노출되면 사람들은 문제의 원인을 게으름과 같은 개인적 실패에서 찾으려는 경향이 있다. 한편, 기사가 주제적으로 구성되면 사람들은 경제적 조건과 같은 시스템 요인으로 생각하려는 경향이 있다.[56] 인디애나 대학의 리사 헤이틀리 메이저Lesa Hatley Major 교수는 건강 보도에 대한 사람들의 반응에서도 같은 경향성을 발견했다.[57]

일화적 프레이밍을 위한 자리는 있다. 모든 사건이 상세한 설명이 타당할 만큼 충분히 인식할 수 있는 원인이 있거나 중요한 것은 아니다. 만일 일화적 프레이밍이 그러한 기사에 국한되었다면 일화적 프레임이 유행하는 것이 문제가 되지는 않았을 것이다. 문제는 일화적 프레임이 중요한 사건을 보도할 때조차 사용된다는 점이다. 예를 들면, ≪보스턴 글로브≫의 전 편집장인 맷 스토린Matt Storin은 2001년 9월 11일 이전의 테러리즘 보도에 관한 어느 연구에서, 2000년 예멘 항구에서 발생한 미 해군 전함 콜함USS Cole 폭격, 1998년 같은 날 발생한 케냐와 탄자니아의 대사관 폭격, 1993년의 첫 세계무역센터 공격과 같이 테러 공격에 관한 긴급한 보도를 제외하고, 언론이 국제적 테러리즘을 대개 간과해왔다는 점을 발견했다. 심지어 1998년 아프가니스탄에 있는 오사마 빈 라덴의 훈련소를 향해 크루즈 미사일을 발사한 것도 기자들의 시선을 얻지 못했다. 그들은 국가 간 테러리즘의 발생을 불러오고 있는 정치적·종교적·문화적 세력에 대해서는 거의 분석하지 않았다.[58] 리처드 홀브룩Richard Holbrooke은 2001년 세계무역센터와 펜타곤에 대한 공격의 결과로 테러리즘에 관한 보도를 돌아보면서 "기사는 중요하기 때문에, 최근 10년간 매체의 역할은 극도로 무책임했다"라고 말했다.[59]

만일 뉴스가 사람들로 하여금 생각하게 하고 공공 문제에 관해 분별 있게 이야기하게 하는 수단이어야만 한다면, 뉴스는 "지나가는 특정 사건들의 행렬, 즉 '맥락이 없다는 맥락'" 이상이 되어야 한다.[60] 시민들이 사건들을 이해하게 하는 맥락 정보를 포함해야 한다는 것이다. 컬럼비아 대학의 니컬러스 레먼 교수는 "우리는 그러한 연결을 만들어낼 의무가 있다"라고 말한다.[61]

5.

지식은 저절로 '부서지기 쉬운 이해'를 만들어낸다.[62] 실무자들은 지식이 적용된 곳에서 비로소 그 의미와 활용에 대해 탄탄하게 이해하게 된다. '지식을 활용하는 방법에 관한 지식'은 실무자에게 거의 지식 그 자체만큼이나 중요하다.

교육학자인 리 셜먼Lee Shulman 교수는 지식을 활용하는 방법을 아는 것이 중요하다고 기록한 최초의 사람 중 하나였다. 셜먼 교수는 좋은 가르침이 교사가 그 과목을 알고 교수법의 기술을 이해하는지 여부에 관한 질문 이상임을 알아냈다. 강의실에서 효과적으로 가르치려면, 교사는 학생의 학습을 고양하는 방향으로 내용 지식과 교수법 지식을 조합하는 법도 알아야 한다. 셜먼 교수는 이 조합된 지식을 '교수법적 내용 지식'이라고 부르는데, 이것은 성찰적 훈련을 통해 얻어진다. 교사들은 시행착오를 통해서 "다른 사람들이 이해하기 쉽게 그 과목을 표현하고 설명하는 방법들"을 배운다.[63]

기자들은 비슷한 도전에 직면한다. 그들은 자기의 기사를 강화하는 방식으로서 내용 지식과 과정 지식을 조합하는 방법을 찾아내야 한다. 언어를 배울 때처럼 그 과정에는 지름길이 거의 없다.[64] 퓰리처상 수상자인 스티브 콜Steve Coll은 작업할 때 지식에 크게 의존하며, 지식과 실천 사이를 '오가는 것'이 능숙함으로 이어진다고 말한다.[65]

콜이 말한 방법이 대부분의 기자들이 일하는 방식은 아니다. 톰 로젠스틸은 이렇게 썼다. "뉴스의 속도가 가속화하고 맥락과 분석에 관한 요구가 커지면서 기자들은 거의 분석가가 아니라 전달자로 남게 된다. 우리의 기술은 정보를 수집하고 그것을 사람들의 집으로 전달하는 것이다. 우리는 생각이 아닌, 행동의 달인이다."[66] 2012년 토 디지털 저널리즘 센터의 보고서는 이와 거의 같은 주장을 했다. "대부분의 기자들은 …… 경험적으로 탄탄한 형태의 증거 수집과 같은 것을 수행하는 데 그들 시간의 대부분을 쏟지 않는다."[67]

지식 기반 저널리즘은 기자들에게 접근 방식을 바꿀 것을 요구할 것이다. 미네소타 대학의 해리 보이트Harry Boyte는 성찰적 훈련이 "기꺼이 신념을 중단한 채 증거를 보고 그것이 이끄는 곳으로 가며, 생각을 잠정적인 가설로 여기고, 새로운 문제들을 즐기려는 의지"를 요구한다고 썼다.[68] 기자들이 이런 방식으로 작업한다면 새로운 기사들은 더욱 광범위한 시각, 긴급한 사건과 그 선행 사건 간의 더 많은 연결고리, 그리고 다른 영역과 더 많은 연관성을 갖게 될 것이다. 지식 기반 저널리즘은 또한 유서 깊은 방법들에 새로운 힘을 부여할 것이다. 셜먼 교수는 그의 연구에서, 성공하는 교사들이 자료를 전달할 때 '가장 강력한 비유, 실례, 보기, 설명, 실증'에 의지한다는 것을 밝혀냈다.[69] 그러한 방법들은 오랫동안 건강한 보도의 특징이었다. 기자의 도전은 지식에 뿌리내리는 것이다.

6.

출판인 조지프 퓰리처가 컬럼비아 대학에 미국 최초의 저널리즘 대학 중 하나를 개척하는 데 기부할 때, 그는 "공적 이익이 훨씬 적은 다른 직종들이 성장해온 것처럼 저널리즘을 박식한 직종의 반열에 올려놓음으로써 공동체의 존경을 받게 하는 운동을 시작하기" 원한다고 말했다. 이어서 그는 다음과 같이 말했다. "내 생각은 저널리즘이 가장 훌륭한 지성의 직업 중 하나이며, 그래야 한다는 것을 인정하는 것이다. 법이나 의학 분야의 직업과 마찬가지로 직종의 구성원을 실용적인 방식으로 장려하고 고양하며 교육하는 직업이라는 것이다."[70]

미국의 저널리즘 학위 과정은 퓰리처의 열망을 수용하기보다 스스로 직업학교처럼 세워놓았는데, 그 발전 과정은 심지어 그 업계에서조차 깊은 인상을 주는 데 실패했다. 20세기 상반기 동안 수많은 뉴스룸에 걸려 있던 시사만화는 사회부 담당 기자*가 구직자에게 "그리고 저널리즘 대학이 무엇인지 물어봐도 되나요"라고 묻는 장면을 보여주었다.[71] 1935년 컬럼비아 대학이 저널리즘 학위 과정을 2년에서 1년으로 단축했을 때, ≪뉴욕 데일리 뉴스New York Daily News≫는 이를 "옳은 방향으로의 한 걸음"이라고 말하면서 그 과정에 "1년도 여전히 너무 길다"는 뜻을 내비쳤다.[72] 저널리즘이 이지적인 직업이 되기 위해 정진해야 한다는 퓰리처의 신념을 공유한 사람들의 반응 역시 마찬가지로 비판적이었다. 1947년 허친스 위원회는 저널리즘 과정에 대해 다음과 같이 말했다. "오늘날 기자가 가장 필요로 하는 종류의

---

* [옮긴이] 원서에서 쓴 표현은 'a city editor'로, 이는 신문사나 잡지사의 사회부 및 경제부 담당 기자를 의미하며, 미국에서는 주로 신문 및 잡지사의 사회 부장, 영국에서는 경제 부장을 주로 의미한다.

훈련은 직업적 요령이나 조직에 관한 교육이 아니다."[73]

직업 예비 교육으로서 저널리즘 과정은 그 직업의 윤리적 기준을 설정하는 것에 대한 의견을 줄이는 결과로 나타났다. 법대와 의대는 대체로 자기 분야에서 직업적 표준을 설정하는 반면, 뉴스 산업에 언론인을 공급하는 조직이라는 저널리즘 대학의 지위는 자신들을 "사실상 민주적이기보다 더 상업적이도록 압박을 가하게" 만들었다.[74] 허치슨 위원회가 발족한 지 40년이 지나고 일류 저널리즘 교육자와 언론인으로 구성된 조직인 '저널리즘과 매스컴 교육의 미래 프로젝트 Project on the Future of Journalism and Mass Communication Education'는 과거에 저널리즘 대학들이 꼼짝 못했다고 결론 내렸다. 이 단체는 다음과 같이 기록했다. "이 나라의 저널리즘 및 매스컴 대학들이 소통의 혁명으로 불려왔으면서도 결코 혁명적이지 않은 것처럼 보였다. 확실히 그 대학들이 거의 정체되어 있었다는 증거는 많았다. 근본적인 구조와 교육과정 제공의 측면에서 그들은 수십 년간 별로 변하지 않았다. …… 저널리즘 대학들은 높은 이상과 위대한 기대로 시작했지만 …… 그들 다수는 산업 지향적 직업학교에 지나지 않았다."[75]

그 후로 저널리즘 대학들은 의미 있게 조정되어왔다. 산업 관련 기술 교육은 여전히 저널리즘 교육의 초석이지만, 주제에 대한 교육이 증가하고 있다.[76] 가령, 캐나다에서 토론토 대학은 학자나 정책 분석가처럼 주제 영역별 전문가인 학생을 모집하는 새로운 구인 모형을 개발해왔다. 그 학위 과정의 학장인 로버트 스타이너Robert Steiner 교수는 "우리는 박학다식한 사람들에게 전문성을 가르치려고 하는 대신에 진짜 전문가를 모집한다"라고 말한다.[77] 또 다른 사례는 컬럼비아 대학의 새로운 2년짜리 대학원 수준의 저널리즘 과정이다. 이 새로운 과정은 컬럼비아의 오랜 전통이던 1년짜리 석사 과정과는 달리 학생들이 실용적인 기술뿐 아니라 주제 영역에 대한 강의를 수강할 것을 요구한다. 그 과정은 "언론인은 저널리즘 대학의 외부보다는 내부에서, 주제에 관해서, 그리고 저널리즘의 실전에 더 특별히 맞춰진 태도에 관해 더 능률적으로 교육받을 수 있다는 추정에 기초"한다.[78]

지식을 저널리즘 학위 과정에 더 완벽하게 도입하고자 한 가장 야심 찬 노력은 저널리즘 교육의 미래에 관한 카네기-나이트 계획 Carnegie-Knight Initiative on the Future of Journalism Education이다.[79] 카네기 재단 회장인 바탄 그레고리안Vartan Gregorian은 2005년에 이 과제를 발표하면서 저널리즘이 '새로운 지식 직종'이 되도록 정진해야 한다고 말했다. 그레고리안은 커뮤니케이션 혁명이 "기자들을 다음 세대에 지식을 확산하는 선두로" 옮겨놓았다고 주장하며, 민주주의는 "최고로 훈련되고, 지적으로 엄격하며, 자신이 보도하는 주제에 관한 지식에 몰입해 있으면서, 윤리적 기준에 대해서는 한결같고, 진실을 추구하는 데 용기 있는 기자"를 필요로 한다고 말했다.[80] 나이트 재단은 이 과제를 발표하면서 다음과 같이 말했다. "오늘날 뉴스 소비가 변화해가는 세계에서 저널리즘 대학들은 저널리즘의 기술적·지적·예술적·문학적 가능성을 최대한 전력을 다해 연구해야 하며, 중요도와 복잡성이 가장 높은 문제들에 관해 할 수 있는 한 완전하며 깊이 있고 흥미롭게 대중에게 알리는 언론의 능력이 지속적으로 확장되고 개선되도록 이끌어야 한다."[81]

카네기-나이트 계획은 다음과 같은 우수 저널리즘 과정 11곳을 포함했다. 애리조나 주립대학의 월터 크롱카이트 대학, UC 버클리의 저널리즘 대학원, 컬럼비아 대학의 저널리즘 대학원, 메릴랜드 대학의 필립 메릴 대학, 미주리 대학의 저널리즘 대학, 네브래스카 대학의 저널리즘 및 매스커뮤니케이션 대학, 노스캐롤라이나 대학의 저널리즘 대학, 노스웨스턴 대학의 메딜 대학, 서던캘리포니아 대학의 애넌버그 대학, 시러큐스 대학의 뉴하우스 대학, 텍사스 대학 오스틴의 커뮤니케이션 대학이 그곳이다.* 각 과정은 학생들의 보도 주제에 관한 지식을 심화하는 수업을 개발하기 위해 연구비를 지원받았다. 그레고리안은 "학생들의 저널리즘적 기술을 뒷받침하기 위해 …… 복잡한 주제들에 대한 심층적이고 다층적인 탐구를 제공하는 것이 그 목표다"라고 설명했다.[82]

이에 참여하는 대학들은 학문적 지식을 강의실에 끌어들일 방법을 찾아낼 책무를 맡았다. 어떤 과정들은 협동 수업team-teaching 방식을 채택했는데, 이 경우에는 외부 학자가 교과 내용을 제공하고 저널리즘 대학 교수진은 수업을 위한 저널리즘 내용을 제공했다. 다른 과정들은 그 개념을 취하고 한 걸음 더 나아가 대학 내의 영역별 과정들과 연계하는 저널리즘 전공 학습을 만들어냈다. 이러한 전공 학습은 국가 안보 연구나 종교, 과학처럼 학문적 교육에 뿌리를 둔 저널리즘 중심의 교과과정을 만들어냈다.

카네기-나이트 계획은 2011년에 종료되었는데,** 이는 지식 기반 저널리즘을 저널리즘 대학에서 성공적으로 가르칠 수 있다는 것을 보여주었으며, 이를 위한 최선의 방법에 관한 교훈을 제공한다. 하지만 그 계획은 저널리즘 교육을 재정의하는 데 첫 번째 단계였을 뿐이다. 지식 기반 교육을 모든 학생을 대상으로 확장한다거나 이를 교육

---

* 12번째 대학은 하버드 대학이었다. 하버드 대학의 (필자가 교수직을 맡고 있는) 존 F. 케네디 스쿨의 쇼렌스타인 언론·정치·공공정책 센터는 카네기-나이트 계획에서 협력 및 연구의 역할을 담당했다.

**그 계획의 일부 요소들은 이후에도 지속되었으나, 각 참여 기관에 제공하던 상당한 연구비는 초기 카네기-나이트 계획에 맞추어 단계적으로 폐지되었다.

과정에 걸쳐 폭넓게 적용한 참여 기관은 하나도 없었다. 게다가 참여 기관 11군데는 국내의 500여 개 저널리즘 과정 중 일부일 뿐이다. 지식 기반 보도가 저널리즘 교육의 주춧돌이 되려면, 카네기-나이트 계획의 선구자적 작업은 확장될 필요가 있다.

7.

저널리즘 대학은 역사상 최초로 고급 저널리즘의 기준을 설정하는 데 주된 역할을 해야 할 입장에 있다. 전통적으로 그 기준은 뉴스 매체들이 설정했는데, 저널리즘 대학은 그것을 그들의 교육과정에 잣대로 삼으로써 학생들이 졸업 이후 뉴스룸에서 직접 일을 시작할 수 있게 했다. 오늘날 뉴스 산업은 수용자 감소 및 수익 감소라는 도전에 직면하고 있는데, 이 때문에 저널리즘의 품질보다는 재정상의 건전성에 더 관심을 집중해왔다.[83] 지식 기반 보도가 저널리즘 미래에서 중요한 부분이 되어야 한다면, 뉴스룸보다는 대학이 그것을 발달시킬 타당한 장소다. 지식 역량은 대학 내에서보다 외부에서 얻기가 더 어렵다. 니컬러스 레먼이 지적했듯이 "그것은 즉시 배우기 어렵다".[84]

카네기-나이트 계획을 위한 보고서에서 볼프강 돈스바흐Wolfgang Donsbach와 토머스 피들러Thomas Fiedler*는 언론인들이 습득해야 할 다

---

* 볼프강 돈스바흐는 독일의 드레스덴 기술대학(Technical University of Dresden) 의 커뮤니케이션학 학과장이며, 이에 앞서 국제커뮤니케이션협회(International Communication Association) 및 세계여론조사협회(World Association for Public Opinion Research)의 회장을 역임했다. 토머스 피들러는 ≪마이애미 헤럴드 (Miami Herald)≫의 기자이자 칼럼니스트 및 주필이었고, 현재는 보스턴 대학 (Boston University)의 커뮤니케이션 대학 학과장이다.

섯 가지 역량을 다음과 같이 규명했다. ① 관련 역사, 사회문제 및 분석적 사고에 대한 인식, ② 보도될 특정 분야에 관한 전문성, ③ 저널리즘의 과정에 관한 지식, ④ 윤리적 기준에 대한 인식, ⑤ 실용적인 기술에의 정통함. 저널리즘 과정들은 전통적으로 이러한 역량 중 마지막, 즉 실용적인 보도 기술을 강조해왔다. '실행함으로써 배우는 것 learning by doing'이 지배적인 교육이었다. 학생들은 직업 도구와 다양한 매체의 생산 요구 사항을 배운다.

저널리즘 교육의 위계에서 영역별 지식은 목록의 한참 아래쪽에 위치한다. 맨 위를 차지하는 것은 자료를 구체화해 보여줄 방법에 관한 과목들이다.[85] 2012년의 어느 설문조사는 저널리즘 교육자에게 저널리즘 전공에서 '7개의 핵심 과목'이 무엇이어야 한다고 생각하는지 물었다. 미디어법과 윤리를 제외하고 상위권을 차지한 과목 7개는 뉴스 보도 및 피처기사 작성 등과 같이 모두 실용적인 기술 교육을 포함하는 것이었다.[86] 뉴스 작성 과목의 강의계획서에 관한 2008년의 어느 설문조사에서는 강의계획서 다수가 거의 전적으로 기술에 중점을 두고 있다는 점을 발견했다. 일부는 『AP 스타일북Associated Press Stylebook』이나 이와 유사한 문법, 구두법, 편집 기호, 보도의 규칙에 관한 설명서를 제외한 참고도서 과제조차 없었다.[87]

잘못된 선택은 저널리즘 대학들이 선택지를 보지 못하게 할 수 있다. 이들이 중점을 두어야 하는 것은 기술 교육인가, 아니면 지식 교육인가? 정답은 이 두 가지를 교육에 통합함으로써 강화해야 한다는 것이리라. 리 셜먼과 크리스 아지리스Chris Argyris가 각각 교육 대학 및 경영 대학의 맥락에서 보여준 것처럼, 전문적인 현역 언론인을 위한 최적의 교육과정은 지식과 실무를 결합하는 것이다.[88] 지식은 스스로 배우면 현역 언론인들이 작업하는 맥락에서 괴리되어 내면화되지 않는다. 마찬가지로 실무는 스스로 배우면 사라진다. 이는 학생들이 규정된 규칙 및 일과라는 좁은 범위 내에서만 일하도록 훈련시킨다.

카네기-나이트 계획이 보여주었듯이 지식 기반 교육은 학생들에게 필요한 실용적 기술 관련 과목을 밀어내지 않을 것이다. 나이트 재단은 처음부터 이 사업의 완전한 파트너였음에도 지식 기반 교육이 저널리즘 과정이나 학생들이 디지털 보도에 적응하도록 돕는 나이트 재단의 다른 목표와 상충할 것을 우려했다. 공교롭게도 디지털 기술은 지식 기반 보도를 강화했고, 지식 기반 보도는 디지털 플랫폼에서의 보도를 심화했다. 나이트의 저널리즘학 부학장인 에릭 뉴턴은 "두 가지(혁신들)의 통합이 진정한 힘이었다"라고 결론지었다.[89]

8.

저널리즘 과정에서 지식 기반 교육을 도입하려는 모든 대규모 노력은 저항을 마주하게 된다. 하지만 전통적 접근 방식의 장점이 무엇이든 그것은 현대사회의 복잡성과 조화되지 않는다. 저널리즘 대학은 스스로와 학생들에게 더 많은 것을 요구하며 목표를 더 높게 조정할 필요가 있다. 예를 들면, 여러 분야의 견고한 보도가 숫자에 의존한다는 사실에도 불구하고, 숫자 사용 능력은 모든 저널리즘 과정 학생들에게 요구되지는 않는다. 데이터 분포를 분석할 능력이 없다면 유권자부터 기업에 이르기까지 모든 집합체를 적절히 해석할 수 없는데도 저널리즘 학생들은 데이터 숫자의 힘보다 그림의 힘을 더 잘 이해하는 것 같다. 퓰리처상 수상자인 잭 풀러는 "우리는 종종 어처구니없는 보도를 가져오는, 기초 통계에 관한 일종의 무지를 받아들일 수

없다"라고 말한다.[90]

저널리즘 대학들은 그들의 교수진이 지식 기반 지도 업무를 맡을 역량을 제대로 갖추지 못하고 있다고 결론지을 수 있다. 모든 학생이 어떤 주제의 전문가가 되도록 만드는 것이 목표라면 그 말이 맞을 것이다. 가장 규모가 큰 저널리즘 대학들만 그런 임무를 맡을 수 있으며, 심지어 그들조차 모든 보도 영역을 다루거나 모든 학생을 그런 방식으로 교육할 수는 없을 것이다. 하지만 모든 저널리즘 과정은 학생들에게 '지식을 활용하는 방법에 관한 지식', 즉 교사의 교수법적인 내용 지식과 동등한 지식을 교육할 능력이 있다. 교사처럼 기자도 자신의 수용자와 효과적으로 소통하는 방법을 배울 필요가 있다. 교육 대학에서처럼 저널리즘 대학에서 '지식을 활용하는 방법에 관한 지식'을 기꺼이 가르치지 못할 타당한 이유는 없다.*

저널리즘 대학들은 그들의 지적 자원을 충분히 활용하지 못했다. 강사들 다수는 과거의 경험이나 정규 교육의 결과로 영역별 전문성을 보유하고 있으며, 자연스럽게 그들의 수업 과제를 처리할 수 있다. 일부는 이미 그렇게 하고 있지만, 그것이 획일적으로 요구되는 사항은 아니다. 저널리즘 대학 내의 매스컴 학자들도 활용도가 낮은 자원이다.[91] 가령, 그들은 뉴스 기사의 프레이밍이 수용자의 학습에 영향을 미치는 방법에 대해 잘 알고 있다. 하지만 대부분의 저널리즘 과정 내에서 그들은 실용적인 기술 수업에서 발언권이 (만약 있다고 하더라도) 거의 없으며, 그들 고유의 수업에서는 활동 중인 동료 언론인뿐

---

* '지식을 활용하는 방법에 관한 지식' 접근 방식은 특히 학부 저널리즘 학생의 관점에서 이해가 된다. 그중 일부는 과학이나 외교와 같이 전문화된 분야에서 경력을 쌓을 계획을 갖고 있지만, 그중 다수는 졸업 이후 자기 직업의 관심 분야에 대해 확신이 없으며, 일반 주제 기자로서 직업을 택하는 것 외에 별다른 선택권이 없다.

아니라 자신까지 궁색하게 만드는 경향이 있는 실용적 보도 활동은 포함되어 있지 않다. 저널리즘 대학들은 대학 어딘가에 있는 교육용 자원도 이용할 수 있다. 카네기-나이트 계획의 교훈은 저널리즘 교육에 관여하는 다른 교수진을 설득하는 것이 편하다는 점이다.[92]

'지식을 활용하는 방법에 관한 지식' 접근법은 저널리즘 교육을 지적인 방향으로 옮겨놓을 것이다. 저널리즘 교육의 일차적인 목표가 계속해서 학생들에게 보도 및 인터뷰 진행 방법을 가르치는 것이라면, 학생들은 이러한 것을 거의 대부분 대학 신문이나 대학 방송국에서 지도하에 일하면서 강의실에서만큼 쉽게 배울 수가 있다. 반면에 '지식을 활용하는 방법에 관한 지식'이 저널리즘 교육의 중심이라면, 강의실이야말로 적절한 장소다.

9.

여기서 저널리즘 교육의 새로운 형태에 관한 전면적인 청사진을 제공하는 것은 시기상조일 것이다. 뉴욕 대학의 미첼 스티븐스Mitchell Stephens가 뉴스에 관해 말한 것, 즉 뉴스는 "그것이 만들어진 장소와 그 영향력이 느껴지는 장소에서 가장 잘 이해된다"라는 것은 저널리즘 교육에도 적용된다.[93]

그럼에도 불구하고 과도기에 도움이 될 수 있는 이용 가능한 자원들이 있다. 예컨대, 카네기-나이트 계획은 지식 기반 저널리즘에 활용되는 웹사이트를 포함한다. 하버드의 쇼렌스타인 센터에 기반을 둔 '언론인의 자원Journalist's Resource' 웹사이트(journalistsresource.org)는 광범위한 뉴스 관련 주제에 관한 연구, 경제부터 정치, 사회에 이르는 모든 연구를 관장한다.* 인터넷은 정보의 방대한 출처이지만, 상당 부분이 신뢰할 수 없거나 쓸모가 없다. '언론인의 자원'은 최적의 이용 가능한 연구를 조사하고 게시함으로써 정보 과다에 대한 해법을 제시한다. '언론인의 자원' 웹사이트의 편집인인 존 위비John Wihbey는 다음과 같이 말한다. "해마다 1만 편 이상의 연구가 쏟아져 나온다. 언론인, 저널리즘 교육자, 학생이 필요한 핵심 사항을 조사해서 찾기가 몹시 힘들어지고 있다. 우리는 유용한 여과 장치이자 큐레이터가 되기 위해 노력하고 있다."94 예를 들면, '언론인의 자원'에서 '탄소세'에 관해 검색하면, 연구 결과의 요약과 원저작물 링크가 포함된 세 개의 연구를 찾을 수 있다. 구글 학술검색Google Scholar에서 '탄소세'를 검색하면, 2만 5000개라는 당황스러운 검색 결과가 나타난다.

'언론인의 자원'은 마감일에 맞춰 일하는 기자들에게는 하나의 도구 이상이다. 그것은 저널리즘 교육을 목표로 한다. 이 웹사이트에 있는 각각의 연구는 연구를 기반으로 하는 유연성 있는 학생 과제물들을 포함하고 있으며, 강사가 강의실에서 활용하는 것을 돕는 강의 노트를 가지고 있다. '언론인의 자원'은 또한 수많은 실용적 기술 과목을 위해 학기 단위의 강의계획서를 제작해왔다. 이러한 강의계획서는 실습에 지식의 요소를 포함한다는 점에서 기존의 것과 다르며, 읽어야 할 서적 목록에는 학생들이 선택한 보도 주제에 관해 알려주기 위한 자료들이 상당량 포함되어 있다.

'언론인의 자원'의 목표는 인터뷰 및 관찰과 마찬가지로 지식을 저널리즘의 일상적인 도구로서 다룰 수 있도록 학생들을 훈련하는 것이다. 보도는 단순히 "몇몇 사람들에게 전화해서 인용문 몇 개 따오

---

* 100개 이상의 저널리즘 대학에 있는 강사들은 이미 '언론인의 자원' 웹페이지를 통해 이용 가능한 내용을 활용하고 있다.

는 것"의 문제일 수 없다고 쇼렌스타인 센터의 소장이자 퓰리처상 수상자인 알렉스 존스는 말한다.[95] 그는 "우리의 민주주의가 기능하게 하는 이런 진지한 저널리즘에 영향을 주는 검증된 고품질의 지식으로써 저널리즘을 심화할 진정한 필요가 있다"라고 말한다.[96]

지식 기반 저널리즘은 저널리즘 전공 학생들의 시장 지위를 향상시킬 수 있다. 현재 이들은 보도 일을 놓고 서로 경쟁할 뿐 아니라 경제학, 정치학 등 다른 분야의 졸업생들과도 경쟁하는 상황이다. 이 경쟁은 이러한 저널리즘 외의 전공 졸업생들에게로 기울어지고 있을지도 모른다. 2012년 토 디지털 저널리즘 센터의 보고서는 시장이 갈수록 "저널리즘 이외의 분야에 대한 심층 지식"을 가진 지원자들에게 반응하고 있으며, "정보의 복잡성과 사람들이 그 정보가 설명되고 맥락화되기를 원하는 속도는 평균적으로 박학다식한 사람을 위한 여지를 거의 남겨두지 않고 있다"라고 결론 내렸다.[97] 지식 기반 교육은 다른 졸업생들이 가지고 있지 않으며 쉽게 얻을 수도 없는 기술을 저널리즘 졸업생들에게 제공할 것이다.*

* 이 장은 학부 저널리즘 교육에 초점을 두었다. 같은 일반 원칙을 대학원 수준의 저널리즘에도 적용할 수 있지만, 학부 교육이 그 가능성은 더 클 것이다. 한 가지 선택은 토론토 대학처럼 분야별 전문성을 가진 학생을 모집하는 것이다. 또 다른 선택은 분업인데, 어떤 대학은 과학 저널리즘 과정에서, 다른 대학은 법조 보도에 관해 대학원 수준의 교육을 제공하는 것이다. 다른 많은 분야에서는 이런 종류의 전문화를 대학원 교육의 특징으로 한다. 정치학을 예로 들면, 미시건 대학은 정치 행동 프로그램으로 유명하지만, 시카고 대학은 정치 이론으로 유명하다. 세 번째 선택은 컬럼비아 대학이 현재 제공하는 유형의 2년제 과정인데, 이 과정은 1년 차의 실용적 기술 교육을 향상시키기 위해 2년 차에 분야별 교육에 초점을 맞춘다. 기존 대학원 수준의 저널리즘 과정은 학생들이 학부 전공과 거의 같은 교과과정을 따르게 하는 1년짜리 연구 수업으로 구성된다. 하지만 다른 학문 분야에서 대학원 교육은 더 상급 형태의 학문적 교육이다. 만일 저널리즘 대학들이 더 고급 대학원 교육 프로그램을 개발하고자 했다면, 경영 대학이나 공공정책 대학이 제공하는 프로그

144

10.

저널리즘이 오늘날의 정보 환경이 가져온 도전을 맞게 될지 아닐지는 열린 질문이다. 다른 기관들처럼 언론도 그 정례routine에 대해서는 보수적이다. 뉴스를 정의하고 구성하며 수집하는 기존의 방법들이 저널리즘 실무의 여기저기에 내재되어 있다. 월버트 무어Wilbert Moore 박사는 그의 책『직업The Professions』에서, "지속적으로 중요한 것은, 새로운 지식이나 기술 및 실무에서의 혁신이 전문가들이 전문적 역량을 주장하는 데 근거를 두고 있는 바로 그 기초를 위협한다는 간소한 진실이다"라고 기록했다.[98]

더 새로운 발명품들은 또한 지식 기반 저널리즘으로의 변화를 무디지게 만들 수도 있다. 인터넷은 무한해 보이는 지식 창고에 접근하게 해주면서도 기자들이 기사를 쏟아내고 지속적으로 블로그나 트위터, 페이스북, 그 밖의 SNS에 올리도록 압박하기도 한다. 속도는 성찰적 보도의 방해물이지만, 지식을 느리고 긴 형식의 보도를 이루는 요소로만 이해하는 것은 실수일 수 있다. 모든 보도 상황에서 당면한 주제에 관해 더 많이 알고 있는 기자는 더 적게 알고 있는 기자보다 유리하다. 기자가 관찰하거나 인터뷰를 수행할 기회도 없이 빨리 기사를 송고해야 한다면, 그들은 자신이 이미 알고 있는 것 이외에는 의지할 데가 없다. 지식은, 급히 날조되고 잘못된 기사 줄거리에 대한 최선의 해결책이다.

램과 유사하게 중견 경력자 및 간부를 위한 과정을 제공하기에 더 나은 위치에 있었을 것이다.

이제 주의를 끄는 문제는 …… 독자에게 감정을 불러일으켜 자신이
읽고 있는 기사에서 공감대를 형성하도록 유도하는 문제다.
뉴스 스스로가 묘사하는 싸움으로 안내할 기회를 독자에게 제공하지
않으면, 다양한 수용자에게 호소할 수 없다.[1]

월터 리프먼

1.

미국신문편집인협회American Society of News Editors의 윤리강령에서는 저널리즘은 "사람들에게 알림으로써 공공복지를 펼치는 것"이라고 선언한다. 라디오·텔레비전·디지털뉴스협회Radio Television Digital News Association 윤리강령에서는 "전문 온라인 저널리스트들은 그들의 첫 번째 의무가 공중*에 대한 것임을 인지해야 한다"라고 말한다. 전문기자협회Society of Professional Journalists의 윤리강령에서는 "대중의 계몽은 정의를 견인하며 민주주의의 토대가 된다. 언론인의 의무는 그러한 목적을 성공시키는 것이다"라고 역설한다.

언론의 규약들은 민주주의가 정부의 통제로부터 자유롭고 공중에게 알리는 데 전념하는 언론을 필요로 한다는 아주 오래된 생각을 반영한다. 토머스 제퍼슨은 "언론이 자유롭고 모든 사람이 읽을 수 있는 곳에서는 모두가 안전하다"라고 말했다.[2] 민주주의와 언론의 자유가 서로 떼려야 뗄 수 없다는 생각은 수정헌법 제1조의 기반이다. 대법원은 '뉴욕 타임스사 대 미합중국New York Times Co. v. United States' 판결 (1971)**에서 "미국의 헌법 제정자들은 민주주의에서 필수적인 역할

---

* [옮긴이] 원문에서는 'public'이라는 용어가 빈번하게 사용된다. 정확한 번역은 '공중(公衆)'이지만, 문맥상 자연스러운 연결 및 어감을 고려해 대부분 '대중'으로 옮겼다. 하지만 이 문장에서는 '공공성'의 의미가 강조된 것으로 판단해 '공중'으로 번역했다.

** [옮긴이] 1971년 《뉴욕 타임스》가 국방부 산하 연구기관의 연구원인 대니얼 엘스버그가 유출한 1급 기밀 문건들을 바탕으로 미국 정부의 베트남 전쟁 참전 결정에 얽힌 기밀을 폭로하는 기사를 연재하기 시작했고, 이 기사들은 당시 반전 여론에 불을 지폈다. 이에 대해 닉슨 행정부는 해당 문건 공개가 국익에 반한다는 이유로 공표 금지 명령을 요청했고, 결국 법원 공판 끝에 연방 대법원에서는 신문사에 이 문건을 공표할 권리가 있다고 판결했다.

을 수행하기 위해 지녀야 할 보호 기능을 제공했다. 언론은 정부가 아니라 피통치자들을 위한 것이었다"라고 판결을 내렸다.[3]

하지만 자유롭고 책임 있는 언론을 위협하는 것은 정부만은 아니다. 언론의 시민적 의무는 이윤 추구의 결정 탓에 항상 불안정했다. 공화국 초반에는 출판업자들이 수익을 위해 정부의 인쇄 계약에 의존했는데, 이것이 그들을 정당에 매이게 했다.[4] 당파적 언론은 양심의 가책이 아니라, 더 나은 거래 때문에 휘청거렸다. 고속 윤전기의 발명은 출판업자들이 신문을 더 싼 가격에 인쇄할 수 있게 해주었다. 이는 발행 부수를 늘리고 정당이 지불할 수 있는 것보다 훨씬 더 많은 돈을 지불하는 새로운 광고주들을 끌어들였는데, 그 액수가 워낙 컸던지라 신문은 광고주를 화나게 할 수 있는 기사들을 피했다.[5] 정치학자 V. O. 키 주니어v. o. Key, Jr.는 "자본가들은 연달아 또 다른 자본가들로 대체되어왔다"라고 기록했다.[6]

언론은 공적 신뢰를 바탕으로 한 사적 사업이라는 점에서 독특한 면이 있다. 언론은 헌법적으로 그 지위를 보호받으며 공적인 관심에 기여할 의무가 있지만 자신의 사업적 필요에 따라 움직인다.[7] 긴요한 이 두 가지는 오랫동안 뉴스 기관 안팎에서 갈등의 근원이었지만, 사업 측면을 간과할 수는 없다. 만일 지식 기반 저널리즘이 대중의 관심을 끌지 못하는 것을 만들어낸다면, 뉴스룸에서 그 발판을 마련할 수 없을 것이다. 뉴스 기관은 (적어도 의식적으로는) 자기 파괴적인 사업을 하는 곳이 아니다.

그것을 대폭 충족시키지 않고는 지식 기반 저널리즘이 많은 대중에게 관심을 끈다는 것을 입증할 방법이 없다. 하지만 뉴스 소비 패턴에 대한 조사는 지식 기반 저널리즘의 특징과 사람들의 뉴스 선호 간에 상당 부분이 겹친다는 것을 시사한다.

2.

언론인은 '대중의 알 권리'에 대해 마치 대중이 알아야겠다고 주장하고 있는 것처럼 이야기한다. 하지만 많은 언론인은 대중이 과연 아는 것에 관심이 있는지 의심스러워한다. 어느 ≪뉴욕 타임스≫ 기자는 정치가 "유권자들을 순리에 맡기기 때문에 피상적이다"라고 말했다.[8] 또는 어느 ≪워싱턴 포스트≫ 기자의 말을 인용하면, "대중은 추상적인 정치를 참지 못한다".[9]

사실, 시민들은 뉴스에 관해 같은 생각을 갖고 있지 않다.[10] 설문조사에서 그들은 더 많은 사안의 보도를 원하지만 항상 주목하지는 않는다고 말한다. 사람들은 선정주의에 대해 불평하다가도 끔찍한 이야기에 굴복하곤 한다. 심지어 설문조사에서 사람들은 갈등에 대해 불평하지만, 갈등은 확실히 사람들의 주의를 끄는 뉴스의 다른 한 측면이다.[11] 그러한 모순은 부분적으로는 사람들이 서로 다른 뉴스 선호도를 가지고 있다는 단순한 사실에서 비롯된다. 또 모순은 부분적으로 '사회적 바람직성에 의한 편향social desirability bias', 즉 설문조사 응답자들이 '선한' 행동을 과대평가하고 '나쁜' 행동을 과소평가하는 경향에서 비롯되기도 한다.[12] 마치 어떤 사람들이 자기의 투표 횟수를 부풀리는 것처럼, 다른 어떤 사람들은 심각한 뉴스에 대한 자신의 관심을 과장하는 것이다.[13]

이러한 경향에 비추어볼 때, 정치학자 마이클 로빈슨 교수가 미국인들의 뉴스 관심사에 관해 연구한 결과는 지금까지 가장 신뢰할 만한 평가 중 하나다.[14] 로빈슨 교수는 사람들에게 특정 유형의 뉴스 기사에 대한 선호도를 묻는 대신에 그들이 실제 소비하는 기사들을 조사했는데, 이를 퓨리서치의 설문조사 응답으로 측정했다. 1986년 이래로 퓨리서치는 20만 명 이상의 미국인을 대상으로 뉴스 소비에 관한 설문조사를 해왔다. 로빈슨 교수는 1986년에서 2007년까지 퓨리서치에서 조사한 1300개의 다양한 뉴스 기사들에 초점을 맞췄는데, 이들 각각은 당시 머리기사였다.* 로빈슨 교수는 이러한 기사들을 자연재해, 선거, 외교 정책, 유명 인사 등과 같이 내용의 유형에 따라 범주화하고 나서 평균적으로 얼마나 많은 미국 성인이 각 유형의 뉴스에 '매우 열심히very closely' 귀 기울이는지 조사했다.** 이를 통해 가장 많이 소비되는 기사 유형부터 가장 적게 소비되는 기사 유형에 이르기까지 기사 유형의 위계를 다음과 같이 알아낼 수 있었다.

1. 전쟁과 테러리즘   41%
2. 험악한 날씨   40%
3. 자연재해 및 인재   39%
4. 재정 및 경제 문제와 관련 정책   35%
5. 범죄 및 사회적 폭력 문제와 관련 정책   29%
6. 건강 및 안보 문제   28%
7. 기타 국내 정책상 쟁점과 문제   25%
8. 선거와 선거운동   22%

* 로빈슨 교수의 방법은 사회적 바람직성에 의한 편향을 제거하지는 않았지만 대폭 줄였다. 이번 장에서 보여주겠지만, 미국인들은 재난이나 날씨 기사들과 같은 '저급한(lowbrow)' 범주의 뉴스에 대한 관심을 드러내기를 부끄러워하지 않는다. 마찬가지로 외신과 같이 사회적으로 바람직한 기사에 대한 관심을 부인하는 것도 부끄러워하지 않는다.
**로빈슨 교수는 뉴스 기사에 대한 주의를 엄밀하게 구분하고자 '상당히 열심히 (fairly closely)'보다 '매우 열심히(very closely)'라는 척도를 사용했다. 이러한 접근법으로 기사 유형들 간 차이값을 극대화했다.

9. '워싱턴 내부' 정치*	21%
10. 정치적 스캔들	20%
11. '기타' 정치	20%
12. 외교 정책 / 국제 문제	18%
13. 유명 인사의 삶과 죽음	17%
14. 유명 인사의 스캔들	16%

전쟁이나 재난, 대형 폭풍, 즉 일상을 방해하고 생명의 위협과 죽음의 드라마를 제공하는 사건에 관한 뉴스 기사는 주의를 가장 많이 끄는 편이다. 평균적으로 약 40%의 응답자들이 이러한 유형의 기사들을 매우 열심히very closely 소비했는데, 이는 해당 연구 기간 동안 다음과 같은 네 가지 머리기사로 설명된다: 1986년 챌린저 우주왕복선 참사(80%), 2011년 9·11 테러공격(78%),** 2005년 허리케인 카트리나(73%), 1989년 샌프란시스코 지진(73%). 그것은 또한 1995년 오클라호마시티 연방정부청사 테러 폭발 사건(58%)을 비롯한 그 밖의 수많은 뉴스들을 사람들이 열심히 본 이유를 설명해준다.

로빈슨 교수의 연구는 유명 인사에 관한 기사가 훨씬 덜 주목받는 경향이 있음을 보여준다. 실제로 유명 인사 관련 기사는 미국인의 뉴스 관심도에서 가장 낮은 순위를 차지했다. 평균적으로 단 17%의 응

---

* [옮긴이] 글쓴이는 'Inside Washington politics'라는 표현을 사용했는데, 이는 일반적으로 '워싱턴 내부에서 이루어지는 정치', 혹은 '워싱턴식 정치'를 가리키는 말로, 'Beltway politics'라는 표현으로도 자주 사용된다. 여기서 'Beltway'는 워싱턴 주위의 순환도로를 뜻한다. 이후에 이 표현을 사용한 부분이 나온다.

** 9·11 테러는 관심이 지속되고 있다는 점에서 이 목록의 1위를 차지했다. 2001년 9월, 10월, 11월, 12월에 계속해서 미국인을 대상으로 퓨리서치 설문조사를 실시했다. 챌린저 우주왕복선 참사는 훨씬 더 짧은 기간 뉴스 목록 1위를 차지했다.

답자만이 이런 뉴스를 매우 주의 깊게 본다고 답했다. 1997년 다이애나 비의 사망과 1999년 존 F. 케네디 주니어 사망 뉴스를 제외하면, 이 수치는 심지어 13%로 더 낮았다. 두 가지 비극에 관한 뉴스에는 약 55%의 응답자들이 주목했다. 1995년 그레이트풀 데드[미국의 록그룹]의 제리 가르시아의 죽음(9%)과 2001년 비틀스의 조지 해리슨의 죽음(10%)에 관한 뉴스는 주목도 면에서 더 평범했다.

유명 인사의 스캔들도 평균 16%로, 크게 주목받는 데는 실패했다. 마이클 잭슨이 성희롱으로 체포된 머리기사는 29%의 응답자들이 주목해 그러한 범주에서는 상위권이었다. 한편, 단 12%만이 1992년 도널드 트럼프와 이바나 트럼프Ivana Trump의 복잡하게 얽힌 이혼에 주목했고, 미약하게나마 2%만이 1998년 니콜 키드먼과 톰 크루즈의 별거에 깊은 관심을 보였다.

공공 문제에 관한 기사들은 수용자 관심도에서 중위권을 차지했다. 하지만 그러한 기사들에 대한 관심은 문제가 무엇이냐에 달려 있다. 상위권에는 재정 및 경제 기사들이 있는데, 이는 에너지 가격의 급격한 변화, 경제의 광범위한 변동, 주식시장에서의 갑작스러운 변동 등에 관한 뉴스다. 평균적으로 그러한 기사는 미국인 35%가 주의 깊게 보았다. 1987년 주식시장이 붕괴했을 때, 즉 다우지수가 몇 시간 만에 주가의 23%를 떨어뜨리고 500포인트로 곤두박질쳤을 때, 미국인 40%가 깊은 관심을 보였다. 가스 비용의 급등은 50%를 기록하며 훨씬 더 높은 점수를 받았다. 심지어 2001년 엔론Enron 파산 스캔들은 일반적인 유명 인사 스캔들의 2배에 달하는 3분의 1의 미국인이 주목했다.

공공 문제에서 그다음으로 높은 범주는 범죄와 사회적 폭력(29%), 그리고 건강과 안보(28%) 등 사회문제에 대한 후속 보도다. 1999년에 콜로라도의 컬럼바인 고등학교에서 벌어진 총기 난사 사건은 68%를 기록하면서, 조사 대상 1300개 기사 중 상위 10위권에 들었다. 영상이 녹화된 로드니 킹 폭행에 대해 로스앤젤레스 경찰관들이 무죄 판결을 받은 뒤에 발생한 폭동도 상위 10위권에 들었다. 킹의 기사는 70%의 미국인이 주목했는데, 이는 O. J. 심슨의 1995년 살인 재판에 크게 주목했던 사람들의 2배가 넘는 것이었다.

국내 정책 문제들은 그다음 순위를 기록했는데, 평균적으로 응답자 4분의 1에게서 지대한 관심을 받았다. 그들은 2005년에 부시가 사회보장제도를 민영화하려던 시도(35%), 2004년 독감 예방 백신 부족 사태(44%), 미국 국기를 태울 권리를 지지하는 1989년 대법원 판결(51%)에 특별한 관심을 보였다. 이와 달리, 단 14%만이 2002년 정치자금법 개혁 토론에 깊은 관심을 보였다.

공공 문제 밑바닥에는 정치 기사들이 있다. 하지만 그중 상당수는 워싱턴 내부 정치를 미화하고 대부분의 시민들을 참여시키는 데 실패한다. 선거운동 및 선거(22%), 워싱턴 내부 정치(21%), 정치적 스캔들(20%), '기타' 정치(20%)*에 관한 기사들이 관심도가 낮았다. 대통령 선거가 마무리되던 주간에는 예외적으로 선거 뉴스에 대한 관심이 50%를 기록했다. 뉴햄프셔의 예비선거가 더 일반적인 경우로, 연구 기간에 평균 17%의 응답자들이 국가적인 대통령 예비선거의 시작에 깊은 관심을 보인 것으로 나타났다.

정치 스캔들의 경우도 그보다 낮지는 않았다. 1998년 클린턴과 르윈스키에 대한 보도나 부상당한 병사들의 치료 부실 문제에 대한

---

* 로빈슨은 기타 정치 영역에 이익단체 활동, 비폭력 집회 및 시위, 그리고 사우스캐롤라이나주의 '남부연맹기(Stars and Bars)' 게양 논쟁 같은 '워싱턴 외부 정치'를 포함시켰다.

2007년 월터 리드 육군의료센터Walter Reed Army Medical Center의 발표와 같이 몇몇 예외가 있기는 하지만, 정치 스캔들은 유명 인사 스캔들보다 더 관심을 끌지 못한다. 대중의 15% 이하가 2006년 하원 다수당 지도자 톰 딜레이Tom DeLay의 부정부패로 인한 사임, 1994년 하원 세입위원회House Ways and Means 회장 댄 로스텐코스키Dan Rostenkowski의 사기 혐의 기소, 또는 1989년 하원의장 짐 라이트Jim Wright의 윤리적 위반으로 인한 위신 추락에 주목했다.

국제 정치도 이런 면에서 낮은 순위를 기록했다. 1991년 소련 붕괴(47%)가 예외적이기는 했지만, 외교 정책 기사들은 평균적으로 대중의 18%만이 주목할 뿐이었다. 전쟁을 제외하면 미국인들의 외교 정책에 대한 관심은 대개 초점이 해외로 돌려질 때, 심지어 미국이 그 직접적인 관련 국가인 경우에도 시들해진다. 가령, 1999년에 미국 주도로 NATO가 동유럽으로 확장한 것에 대한 뉴스에는 단 6%의 응답자들만이 주목했을 뿐이다.

로빈슨의 연구에서는 미국인의 뉴스 취향에 관한 사회적 통념과는 모순되는 두 가지 경향에 주목할 만하다. 하나는 유명 인사 관련 기사들에 대해 관심도가 낮다는 점인데, 공공 문제에 대한 관심이 유명 인사에 대한 관심을 훨씬 뛰어넘는다. 두 번째는 국내 정책 문제 및 쟁점에 대한 뉴스가 단연코 '정치적' 뉴스들보다 더 인기를 끈다는 점이다. 정책은 정치를 이긴다.* 로빈슨이 발견한 것은 미국인의 뉴스 선

---

* 유명 인사 뉴스와 정치 뉴스는 일관되게 인기도가 낮다. 로빈슨이 분석에서 '뉴스 시대(news eras)'를 1986~1990년, 1991~2000년, 2001~2006년으로 구분했을 때, 이러한 유형의 기사 순위는 각 시기가 유사했다. 이 시기별 유명 인사를 다룬 기사에 대한 관심은 각각 19%, 18%, 17%였다. 정치 스캔들에 대한 관심은 각각 22%, 20%, 19%였다.

호도를 평가하기 위해 설문조사와 실험 방법을 사용했던 이전 하버드 대학 연구 결과와도 일치한다. 로빈슨의 연구와 마찬가지로 연성 뉴스 기사(예컨대, 유명 인사에게 초점을 맞춘 기사)는 이 목록의 아래쪽을 차지했다. 정책 문제 및 쟁점(예컨대, 구직이나 대학등록금 지출 등)에 관한 기사가 훨씬 상위권에 들었다. "대부분의 사람들에게 공공 문제에 관한 뉴스가 연성 뉴스보다 흥미롭다"라고 하버드 대학의 연구는 결론 내렸다.[15]

3.

수용자의 요구는 뉴스 시장에서 절반만을 차지할 뿐이다. 나머지 절반은 공급자 측면, 즉 뉴스 매체가 생산해내는 기사가 차지한다. 미디어의 상위 기사들은 대중의 최대 관심사 중 하나이기도 한 것일까? 공교롭게도 공급과 수요는 일치하지 않는다. 뉴스 매체는 몇몇 유형의 뉴스를 수요에 비해 과잉생산하는 반면에 기타 유형의 뉴스에 대해서는 불충분하게 생산한다.

워싱턴 중심의 기사는 과잉생산된다. 그런 기사는 정치적 이해관계자에게는 깊은 관심 대상이지만, 대부분의 시민에게는 일시적인 흥밋거리일 뿐이다. 고위 지도자의 운명을 다룬 기사조차 일반적으로 대중에게는 큰 관심을 끌지 못한다. 언론은 2002년에 상원 다수당 지도자인 트렌트 로트Trent Lott가 스트롬 서먼드Strom Thurmond의 1948년 분리주의 대통령 출마를 높이 평가한 것 때문에 사임했다는 뉴스를 비중 있게 보도했지만, 그 기사를 주의 깊게 보았다는 미국인은 20%에 그쳤다.[16] 지극히 평범한 워싱턴 기사의 사정은 더 나쁘다. 그런

기사가 종종 오늘의 뉴스 1위나 그 언저리를 차지하기도 하지만, 그
것들은 미국인이 주목하는 기사 목록에서는 매우 하위권에 속한다.
"'워싱턴 내부 정치 기사들Inside-the-Beltway stories'*은 비중 있게 다뤄지
지만 가볍게 읽힌다"라고 로빈슨 교수는 기록한다.[17]

시민들은 틀림없이 정치적인 일들에 어느 정도 관심이 있다.[18] 사
람들은 대선 마무리 단계에서 그들이 가장 좋아하는 후보자가 선거
에서 승리할 확률에 촉각을 곤두세운다.[19] 하지만 상대적으로 미국
정치 보도의 주축을 이루는 정치적 논쟁에 의식적으로 주목하는 시
민은 거의 없다.[20] 한 가지 이유는 갈등에 대한 그들의 입장이 거의
명확하지 않기 때문이다.[21] 예를 들면, 선거에 관한 언론발전연구소
의 연구는 기자들이 선거운동의 전개가 유권자들에게 어떻게 영향을
미칠지에 관해서보다 후보자들에게 어떻게 영향을 줄지에 관해 7배
이상 더 많이 이야기하는 경향이 있음을 발견했다.[22]

정치 기사의 공급과잉은 ≪워싱턴 포스트≫의 댄 볼츠Dan Balz가 '미
디어와 일반인'의 관심사 '격차'라고 부른 것을 반영한다.[23] 대부분 기
자들은 정책보다 정치에 관해 훨씬 더 많이 알고 있으며, 자신이 가장
잘 아는 것에 대해 보도하는 것을 선호한다. 즉, 랜스 베넷이 설명한
바와 같이 "그들은 주로 서로 이야기하고 있다".[24] ≪뉴욕 타임스≫의
미디어 칼럼니스트 데이비드 카David Carr는 다음과 같이 말한다. "워싱
턴은 그런 점에서 이상하다. 가끔 나는 몇몇 친구들이 무엇을 주목하
는지 듣고는 '정말? 그게 다야?' 싶을 때가 있다. 다른 곳에서는 뉴스
의 기준에 미치지 못하는 일종의 점진주의incrementalism가 워싱턴에서
는 번성한다."[25] 예컨대, 2010년 후반에 임기 말의 한 상원의원이 오

---

* [옮긴이] 'Beltway Politics'와 '워싱턴 내부 정치'에 관해서는 이 장의 앞부분에 있는
  옮긴이 주의 설명에서 참고할 수 있다.

바마 정부가 러시아와 협상해온 핵군비통제조약 문제를 상정했다. 뉴스는 오바마가 이 조약의 비준을 위해 3분의 2의 지지표를 얻고자 하는 노력뿐 아니라, 공화당 상원의원 일부의 반대 및 1월에 새로운 의회가 소집되면 이러한 반대 숫자가 늘어날 것이라는 사실도 강조했다. 이 조약이 비준되거나 기각되었을 때 무엇이 문제가 되는지에 관한 실질적인 설명은 거의 없었다. 결국 상원은 이 조약을 비준했고, 표제들에서도 나타났듯이 '오바마의 승리'가 마치 이 쟁점에서 가장 중요한 부분이라도 되는 양 보도되었다.[26]

뉴욕 대학의 제이 로젠 교수는 정치 보도가 기자들로 하여금 "(그들의) 비공식적 종교인 상식savviness을 내보이게" 만든다고 말한다.[27] 그뿐 아니라, 기자들은 정치적 지도자들을 추적하는 데 시간의 상당 부분을 할애하는데, 이는 자연스럽게 그들이 자신이 하는 일의 중요성을 찾아내는 것으로 이어진다.[28] 톰 위커Tom Wicker 기자는 다음과 같이 기록했다. "기자들은 …… 묘책과 장치에 집중하기 좋아한다. 정치에 대한 그들의 흔한 도보 경주 및 게임의 관점에서 볼 때 기자들과 편집인들은 이것들을 대부분의 사안보다 …… 더 결정적인 것으로 간주한다."[29] 트위터와 그 밖의 웹 기반 커뮤니케이션은 이러한 경향을 고조시켰다. 2012년 선거 유세 여행에 관한 보도에서 CNN의 피터 햄비Peter Hamby는 기자들이 선거운동에서 이루어지는 아주 사소한 변화까지도 기록하면서 아침부터 밤까지 트위터를 하고 있다고 썼다. 햄비는 "2012년에 미디어는 후보의 여행 계획, 아이오와에서의 인사 결정, 미세한 여론의 변화, 부통령 후보 선정을 위한 주술* 등 모든

---

* [옮긴이] '주술'은 원문에서는 '부두(voodoo)'로 표기되었다. 이는 미국 남부에서 행해졌던 주술적 종교로, 이 책에서는 1980년대 초 조지 H. W. 부시 등이 유행시킨 '미신경제학(voodoo economics)'이라는 용어를 염두에 두고 사용된 표현이다.

평범한 이야기를 마치 바그다드 침공인 양 다루며, 정치 저널리즘에서 이전에 한 번도 본 적 없는 돋보기로 선거운동을 보도했다"라고 기록했다.[30] 로이터Reuter의 샘 영맨Sam Youngman은 "(트위터는) 내가 더 크게 생각하고 있어야 할 때 더 작게 생각하게 만들었다"라고 말했다.[31]

정치 기사는 생산 비용이 상대적으로 저렴하다는 이점이 있다.[32] 텔레비전 프로듀서였다가 학자가 된 앨리슨 데인스Alison Dagnes는 "복잡한 공공정책 계획(에 관해 쓰는 것)보다 그 진행 과정에 관해 쓰는 것이 훨씬 더 쉽다"라고 말한다.[33] 때로 그러한 기사들은 단순히 정치인사들이 공공 포럼에서 이야기하는 것과 행동하는 것, 예컨대 대통령 후보자 토론회나 기자회견의 방송에 나와 카메라를 향해 말하는 이들을 관찰함으로써 구성할 수 있다. 월터 핀커스는 "미국인들이 매일 접하는 뉴스 중 상당수는 단지 오늘의 뉴스가 되고자 하는 목적에 기여하기 위해 만들어졌다"라고 썼다.[34] 상대적으로 적은 수의 보도 직원들을 데리고 거대한 시간 블록들을 매일 채워야 하는 과제에 직면한 케이블 뉴스 매체에 정치 보도는 (독선적인 해설과 함께) 순전히 편의성 때문에 주요 산물이 되었다.* 한때 CNN은 '보도팀'의 힘을 극구 칭찬했었다. 이제는 '텔레비전 방송에서 최고의 정치보도팀'을 보유하고 있다고 주장한다. MSNBC의 슬로건은 한때 '전술 영역에 걸

미신경제학은 정부가 내건 공약이 실제 효과가 없으면 국민을 상대로 한 일종의 기만행위나 마찬가지라는 의미로 사용되는데, 이 책에서는 부통령 후보 선정 과정이 공약과 정책에 관한 합리적 의사결정을 통해 이루어지지 않았다는 점을 꼬집기 위해 사용되었다.

* 정치 보도의 편의성에 필적하는 것은 인터뷰 부분의 편리성뿐인데, 이것은 제작하는 데 비용이 훨씬 적게 든다. 언론발전연구소는 2007년부터 2012년 사이에 인터뷰 부분이 CNN, MSNBC, 폭스 세 주요 케이블 뉴스 채널에 걸쳐 31%로 증가했다고 밝혔다.

친 뉴스A Fuller Spectrum of News'였다. [이제는] 스스로 '정치 채널Political Channel'이라고 다시 이름 붙였다. 폭스 뉴스는 실제로는 그렇지 않은 데도 스스로 '공정하고 균형 잡혀Fair and Balanced' 있다고 주장하면서 자신의 정치적 취향을 위장한다.

4.

시민들은 정치에 관한 뉴스보다는 정책 문제에 관한 뉴스에 더 큰 관심을 보이지만, 그렇다고 해서 정책에 관해 기자들이 생각하는 방식처럼 항상 생각하고 있는 것은 아니다. 기자들은 일반적으로 정치 지도자들의 정책 계획에 초점을 맞춘다.[35] 그러한 계획이 세금 인상의 경우처럼 명확하게 정의되고 사람들의 생활을 분명하게 침해한다면 대중은 관심을 보인다. 도리스 그레이버 교수는 자신의 수용자 연구에 기초해 "그들은 정책에 대해 이야기하고 의견을 형성하게 될 것이다"라고 설명했다.[36] 한편, 재정 정책처럼 정책 제안서의 효과를 보려면 한참 멀었거나 제안서가 지나치게 복잡하다면 대중은 대개 무시해버린다.[37]

시민들의 가장 큰 관심을 받는 정책 문제는 자신 혹은 자신과 비슷한 이들의 생활에 직접적인 영향을 미치는 것들이다. 사람들이 기름값이 인상될 때까지는 에너지 정책에 대해 거의 생각하지 않는 것은 그런 이유에서다. 그런 반응은 학자들이 '감시 기능surveillance function'이라고 부르는 것에 따른 결과다. 사람들은 "세상이, 가까운 곳과 멀리 있는 곳 모두 안전하다는 확신"을 구한다.[38] 이러한 관점은 왜 악천후와 자연재해 및 인재, 그리고 전쟁의 시작이 대중의 뉴스 선호도에서 높은 순위를 차지하는지 설명하는 데 도움이 된다. 이것은 또한 사람들이 주가 조작과 같은 월가의 경제문제보다는 높은 기름값과 같은 중심가Main Street*의 경제문제에 더 관심을 갖는 이유이기도 하다.39 이것은 또한 왜 그들이 유명 인사에 관한 기사보다 범죄 보도에 더 주목하는지를 설명하는 데 도움이 된다. 피트 해밀Pete Hamill이 기록한 것처럼, "(사람들은) 가장 최근에 일어난 선정적인 섹스 스캔들에는 미미한 관심을 보일 뿐이다. 그들은 죽음이 그들 가까이에 닥칠 때에야 관심을 갖는다".40

뉴스는 또한 학자들이 '공통체적 기능communal function'이라고 부르는 것에 기여한다.41 시민들은 그들이 동일시할 수 있는 사람들의 운명에 관한, 공감대를 불러일으키는 기사들에 이끌린다.42 2007년의 두 가지 주요 기사, 즉 월터 리드 육군의료센터에서의 환자 방치 폭로와 백악관 보좌관 스쿠터 리비Scooter Libby의 위증 재판에 대한 미국인들의 관심사 차이를 생각해보라. 리비의 기사는 월터 리드 기사의 2배만큼 보도되었지만, 대중의 관심은 그 절반에 그쳤다.43 미국인들은 이라크와 아프가니스탄에서 조국을 위해 싸우다가 부상당한 이들에게 제공되어온 의료 서비스가 해이했다는 뉴스에 시달렸다. 이와 달리 리비의 운명은 기껏해야 호기심의 근원일 뿐이었다. 그는 스스로 자초한 문제에 직면한, 멀리 있는 인물이었다.44

이를 놓고 꼭 리비에 대한 보도가 과다했다고 말할 수만은 없다. 감시견 보도는 부패 행위가 원치 않는 표제를 만들어낼 것이라는 경고 신호를 권력자에게 보낸다. 언론이 공무상 범법 행위에 대해 조금

---

* [옮긴이] 여기서 '중심가(Main Street)'라는 표현은 경제 전문가들이 일하는 '월가(Wall Street)'와 대비되는 표현으로, 대중의 일상적 터전인 시내 중심가를 의미하기 위해 글쓴이가 의도적으로 사용한 표현이다.

기록했더라면 언론은 무책임했을 것이다. 한편, 공적인 목적이 없고 폭넓은 관심을 끄는 데 실패한 기사들을 정당화하기는 어려운데, 워싱턴 내부 정치에 관한 많은 기사들이 그렇다. 기자들이 정치적 논쟁을 간과했다면 분명 그 뉴스는 뉴스가 아니며, 대중적 관심사도 다루어지지 않은 것이다. 그것이 결여된 정치적 보도는 '굉장히 건조하고 색채 없는 사건'이 될 것이라는, ≪댈러스 모닝 뉴스≫ 재클린 플로이드Jacquielynn Floyd 기자의 주장에도 진실이 있다.[45] 하지만 정치적 내분이 보도의 핵심이 된다면 수용자는 불완전한 그림을 받아들게 되는데, 이는 불꽃놀이를 강조해놓고 그 효과는 감춰버리는 셈이다.[46]

예를 들면, 2009년과 2010년에 의료개혁이 주목받았을 때 대부분의 보도는 정치적 전략과 내분에 초점을 두었고, 정말 그래서 대중도 1년 내내 계속되는 입법 전쟁 동안 알게 된 것이 거의 없었다.[47] 그것은 1990년대 초에 있었던 클린턴 대통령의 의료개혁 활동에 관한 보도의 재현이었다. 캐슬린 홀 제이미슨과 조지프 카펠라는 앞선 상황에 관한 보도를 추적했고, 클린턴 의료개혁안을 둘러싼 싸움에서 누가 이기고 있는지에 관한 기사들이 개혁안의 본질에 관한 기사들을 수적으로 압도한다는 사실을 발견했다. 그들의 연구는 또한 논쟁이 진행될수록 대중이 더 잘 알게 되는 것이 아니라 점점 더 혼란스러워했다는 것을 보여주었다.[48]

기자에게 각각의 정치 기사는 다르다. 많은 시민에게 그런 기사들은 거의 상당 부분 같아 보인다. 시러큐스 대학의 조사에서는 응답자들에게 지난 24시간 동안 본 뉴스 기사를 회상하게 한 다음, 그 뉴스에 대한 반응을 묘사하게 했다. 정치적 내분에 관한 뉴스 기사들은 보고된 반응을 대개 하나도 끌어내지 못했다. 정책 관련 기사들은 반응을 50% 더 많이 이끌어내는 경향이 있었다.[49] 같은 맥락에서 도리스 그레이버 교수는 뉴스 기사들이 '심각한 사회문제를 논할 때' 사람들이 그 문제가 어떻게 해결될 수 있을지 생각하는 경향이 있다는 점을 발견했다. 하지만 정치 게임에 초점을 맞춘 기사에 반응한 사람들은 정치적으로 게임을 유리하게 이끄는 능력gamesmanship이란 자신이 통제할 수 없는 것이라고 믿으며 체념하는 듯한 반응을 나타냈다.[50]

확실히 언론인은 가끔 문제를 파헤친다. 2012년에 성인 6명과 어린이 20명을 사살한 뉴타운 초등학교 학살 사건은 총기 규제 법률에 관한 수많은 뉴스 기사를 이끌어냈다.[51] 2010년 멕시코만 기름 유출 사태가 발생하자 기자들은 미국인이 기름 유출 사태와 그 결과에 대해 이해할 수 있도록 광범위한 기술적·과학적 지식을 활용했는데, 심지어 수용자에게 '유처리제dispersant', '감압우물relief wells' 같은 뉴스 용어들을 가르칠 정도였다.[52]

하지만 그러한 보도는 가능성이 많지만, 예외적이다. 현대인의 삶은 정책 문제의 희소성 때문이 아니라 풍부함 때문에 주목할 만하다. 공공 교육부터 국토 안보에 이르기까지 광범위한 문제들에 관한 뉴스는 대중의 관심을 끌 만한 잠재력이 있다. 만일 기자가 그것을 조사할 지식과 관심이 있다면 말이다.[53] 예컨대, 기후변화는 공적 관심사라는 측면에서 높은 순위를 차지하지만, 뉴스에서는 보통 수준의 양만 보도된다.[54]

시민의 정책 관심사는 정책 분석가의 샌님 같은 관심이 분명 아니다.[55] 그레이버 교수는 뉴스 소비자에 관한 연구에서 시민은 정치를 '지나치게 단순화해 처리하는' 것을 불만스러워하지만 '사회문제에 대해 더 많이 노출되는' 경우에는 그 기회를 '붙잡는 데' 보통 실패했다는 것을 밝혔다.[56] 그러나 사회문제에 관한 미국인의 관심은 스스로 인정하는 것보다 더 많은데, 공공 집회나 그들이 정치인에게 직접적으로 질문할 수 있는 기회가 있는 시청자 전화 참여 프로그램call-in show에서 질문을 받는 경우에 분명히 드러난다. 그들이 정치인의 전략이나 전술에 대해 묻거나 최근의 외교상 실수나 스캔들에 대해 심문하는 경우는 거의 없다. 그들은 정치인들이 직면한 문제에 대해 무엇을 하고자 하는지를 알고 싶어 한다.[57] 그것은 언론인이 가끔씩만 추구하는 탐문 방식인데, 부분적으로는 그들이 정치적 전략에 더 관심이 많기 때문이고, 부분적으로는 대부분의 사회문제에 대해 심층적으로 잘 알고 있지 못하기 때문이다. 그리고 많은 정책 분야에 대해 저널리즘적 전문성은 거의 없다. 월터 핀커스는 최근 다음과 같이 썼다. "교육은 모두에게 영향을 미친다. 하지만 나는 이 주제에 관해서 뛰어난 미국 언론인을 거명할 수가 없다. 음식은 중요한 주제이지만, 농업과 우리가 먹는 상품에 관한 정기적인 신문 보도는, 식중독 사건이라도 발생하지 않는 한 거의 존재하지 않는다."[58]

언론인은 그들의 수용자에 대해 잘못 이해하고 있다. 꼭대기에 있는 사람들의 운명에 영향을 미치며 꼭대기에서 일어나고 있는 일들은 대부분의 사람들에게 관심사가 아니다.[59] 빌 코바치와 톰 로젠스틸이 말한 것처럼, "언론인은 정치인 및 정치인의 문제가 아니라 사람들 및 사람들의 문제에 초점을 맞춰야 한다".[60]

5.

사람들 및 사람들의 문제에 관한, 지식에 기반한 기사들은 종종 급하게, 혹은 간단히 전달될 수 없는데, 이는 사람들이 즉석에서 뉴스를 접하고 싶어 하는 오늘날의 시장에서 문제점으로 여겨질 수 있다.

사실, 뉴스 수용자가 습관적으로 심층성보다 간결성을 선택하는 것은 **아니다**. 언론발전연구소는 154개 지역 TV 방송국에 관해 방대한 연구를 수행했는데, 사람들이 무엇을 시청하며 왜 시청하는지를 조사하기 위해 5년 동안의 시청률과 뉴스 콘텐츠를 추적했다. 이 연구는 예상과는 반대로 더 긴 기사, 즉 더 깊이 있는 기사가 더 높은 시청률을 기록했음을 발견했다. 전체 뉴스 프로그램을 조사했을 때 비슷한 결과가 도출되었다. 소수의 길고 우수하게 제작된 기사들로 이루어진 뉴스 프로그램은 더 짧은 아이템들로 가득한 뉴스 프로그램보다 더 높은 시청률을 기록했다. 이 연구의 저자들은 다음과 같이 결론을 내렸다. "우리의 모든 연구에 걸쳐 일관되게 발견된 것은 정보 수집과 기사 전달을 잘하는 방송국이 시청자로부터 보상받는다는 것이다."[61]

필립 마이어 교수는 지역 신문을 대상으로 유사한 연구를 수행했다. 마이어 교수는 24개 미디어 시장에서 도출된 데이터를 이용해 신문 내용과 그 구독률 간의 관계를 조사했다. 그는 보도의 품질이 구독자 충성도로 성과를 내는지 알아보고자 했다. 5년에 걸친 마이어 교수의 연구 기간에 [보도의] 품질은 중요했다. 탄탄한 내용을 전달한 신문은 독자를 붙잡는 데 가장 큰 성공을 거두었는데,[62] 이러한 결과는 뒤이어 101개의 신문 시장에서 소비자 3만 5000명을 분석한 노스웨스턴 대학 연구로 뒷받침되었다.[63]

NPR의 실적 또한 견고한 보도의 저력을 보여준다. NPR는 다른 방송국에 비해 더 긴 기사를 전달하며,[64] 정치적 내분에 더 적은 시간을, 정책 문제에 더 많은 시간을 할애한다.[65] NPR는 또한 더 많은 상향식 기사, 즉 시민의 관점에서 정책 문제를 분석하는 기사를 보도한다.[66] NPR는 이제 업계에서 가장 크고 충성도 높은 수용자를 가장 많이 보유한 방송국 중 하나다.[67] 다른 방송 뉴스 매체들이 절반 이상의 수용자를 잃은 1980년 이후로 NPR의 수용자는 500% 이상 증가했다.

품질이 중요하다는 생각에 대해 의혹이 있다면, 언론발전연구소의 2013년 설문조사는 그 의혹을 해소해줄 것이다. 조사 응답자 다수는 뉴스 산업이 직면한 재정적 문제나 이것이 가져오는 뉴스 인력 및 보도에서의 감축에 관해 거의 들은 것이 없거나 아무것도 듣지 못했다고 말했으며, 응답자 중 3분의 1은 보도 품질의 저하를 알아챘기 때문에 특정 뉴스 출처에 대한 관심을 멈췄다고 밝혔다. 게다가 품질 저하가 감지되어 뉴스 출처의 구독이나 시청·청취를 중단하는 경향을 보인 이들은 그렇지 않은 이들보다 더 높은 수준의 교육을 받고 더 부유하며, 일반적으로 뉴스에 더 많은 관심을 보이고 뉴스에 더 많은 돈을 쓸 수 있는 사람들이다. 이 연구의 저자들은 "뉴스 기관이 할 일은, 그들이 경제적 안정을 추구하듯이, 재정적 미래가 고품질의 보도를 제공할 능력에 달려 있을 수도 있다는 사실을 받아들이려고 애쓰는 것이다"라고 결론지었다.[68]

6.

기존의 미디어에 기초한 결론은 인터넷 사이트에서는 관계없다고 생각될 수도 있다. 인터넷 사이트는 그들의 이용자와 다르게 관계 맺고 있는 '신생 미디어'다. 전통 미디어의 수용자는 저녁 시간에 텔레비전 뉴스를 볼 것인지, 모닝커피를 마시며 신문을 볼 것인지, 일터로 운전해서 가는 동안 NPR를 청취할 것인지 뉴스와 '약속'한다. 인터넷에 의존하는 사람들은 불규칙적으로 뉴스와 친구가 된다.[69] 또한 인터넷 이용자는 하루에 걸쳐 뉴스를 낱낱이, 조각조각, '조금씩 자주 소비하는graze' 경향이 더 강하다.

비록 조금씩 자주 먹는 것이 피상성을 뜻하는 것일 수 있고 종종 짧은 글들quick hits을 통해 이루어지지만, 이 습관은 탐색 전략, 즉 가치 있는 기사들을 찾아내기 위한 방식이기도 하다는 것이 밝혀졌다.[70] 클레이 셔키는 이를 '관심이 이끄는 탐색Interest-driven search'이라고 표현한다.[71] ≪폴리티코Politico≫의 공동 창립자이자 주필인 짐 밴더하이Jim VandeHei는 ≪폴리티코≫에서 트래픽 양이 가장 많은 기사들은 2011년 오사마 빈 라덴 사살이나 채무 한계에 관한 의회의 교착 상태에 관한 탐사 보도와 같이 '급히 쓸 수 없는 기사들'이라고 언급하면서, 웹이 '심층 분석 보도를 장려'한다고 말한다.[72] ≪뉴욕New York≫지의 편집인 애덤 모스Adam Moss는 잡지의 웹사이트에서 심층 기사들이 짧은 게시물보다 20~40배 더 많은 독자를 끌어들인다고 말한다.[73]

'기사'는 인터넷에 기반한 뉴스의 기본 단위로 부상하고 있다. 일반적으로 사람들은 신문을 읽거나 텔레비전 뉴스를 보는 등 기존 미디어를 통해 특정 기사를 접한다. 사람들은 트위터나 페이스북 게시물, 이메일, 혹은 기타 알림을 통해 기사를 처음 듣게 된 후 종종 인터넷을 통해 기사에 접근한다. 그러한 기사 중 상당수는 심층 기사다. 모스는 "그것은 스스로 각각의 기사로 존재한다"면서 기사들이 충분히 홀로 설 수 있을 만큼 확실한 경우에만 한 사람에게서 다음 사람에게로 전달되는 경향이 있으며, "길이가 긴 저널리즘이 (웹에서) 작동하고 있다"라고 말했다.[74] 게시된 후에도 오랫동안 계속해서 트래픽을 생성하는 '변함없는evergreen' 기사들도 마찬가지다.[75] 연구자들 한 팀이 설명했듯이 웹에서 많은 수용자를 끄는 기사들은 '검색할 만한 가치'가 있는 것들이다.[76] '검색할 만한 가치'의 원칙은 토 디지털 저널리즘 센터의 최근 보고서의 결론을 뒷받침한다. 그 저자들은 얄팍한 보도가 점점 사람들의 주의를 끄는 데 실패한다고 주장한다.[77] 그들은 "(인터넷에 접속해서) 얻는 것들 중 엄청난 양이 노래하는 고양이가 아닌, 길고 주의 깊은 보도나 견해다"라고 기록한다.[78]

뉴욕 대학의 미첼 스티븐스 교수는 "(뉴스 매체들이) 더 빨라지는 대신에 더 지혜로워질 수 있다"라고 주장한다. 그는 그들에게 "속보 경쟁에서 벗어나 뉴스에 대한 가장 통찰력 있는 해석을 (시간이 아닌 하루 단위의 속도로) 생산하기 위해 노력"할 것을 주문한다.[79] 스티븐스에 따르면, 문제는 언론인 대부분이 이러한 유형의 보도를 위해 훈련받지 않는다는 점이다. 그는 다음과 같이 기록했다. "고급 저널리즘 quality journalism은 증언하고 사실을 추구하며 5Wwho, what, where, when, why를 배열하는 능력이 아니라, 해석적이고interpretive 박식하며informed 지적이고intelligent 흥미로우며interesting 통찰력 있는insightful* 기사를 쓰는 능력으로 정의되어야 한다. …… (이것은) 하나의 주제에 관해 더 많이 배우고, 더 많이 연구하며, 더 사려 깊고, 더 참신하게 사고할 것을 기자들에게 더욱더 요구할 것이다. 고급 저널리즘은 자신이 경험한 것에 대해 이야기하려는 야망이 아니며, 알아내려는 야망뿐 아니라 설명하고 해설하며 계몽하려는 야망까지 요구할 것이다."[80]

신뢰할 만한 보도의 매력은 언론에 관심이 있는 사람들에 의해 과장되기 쉽다. 웹에서 공공 문제에 관해 가장 많은 트래픽을 발생시키는 기사들의 상당수는 조잡하게 구성된 만큼이나 내용도 가벼운 짧은 아이템들이다. 사람들은 뉴스에 대한 취향이 다르며, 경성 뉴스를 선호하는 사람들조차도 이따금 연성 뉴스 기사가 섞여 있는 조합을 좋아한다.[81] 게다가 정기적으로 가장 최신 콘텐츠들을 짧은 업데이트

---

* [옮긴이] 바로 앞에 나온 5W 원칙의 다섯 가지 요소의 머리글자가 'W'인 것과 대비해 'I'로 시작하는 다섯 가지 요소를 제시한 것이다.

형식으로 갱신하는refresh* 인터넷 사이트들은, 웹 분석가 야코브 닐센Jakob Nielsen이 '접착성stickiness'이라고 부른 것, 즉 이용자들이 정기적으로 그 사이트에 기꺼이 되돌아오려는 의지를 확보하고 있다.[82]

잦은 업데이트와 적은 요금은 분명 뉴스[산업]에 기여하는 바가 있다. 그러나 그것을 충성스러운 수용자를 끌어들이는 열쇠로 보는 것은 실수다. 지식이 좀 더 심층적인 기사에서는 중요하지만 간단한 업데이트에는 중요하지 않다고 결론짓는 것 또한 실수다. 오늘날 보도의 신속성은 자기가 다루는 주제에 대해 잘 알고 있는 기자를 유리한 고지에 둔다.

7.

뉴스 매체는 그 추종자가 감소하는 가혹한 현실에 직면하고 있다. 다음 장에서 살펴보겠지만, 뉴스 수용자는 사라지는 속도만큼 다시 채워지지 않고 있다. 오늘날 청소년은 한두 세대 이전의 청소년보다 뉴스에 관심을 훨씬 덜 기울인다. 게다가 훨씬 많은 매체에 걸친 뉴스 소비자의 재분배(1980년대에 시작된 경향)가 지속될 것이며, 이는 대부분의 뉴스 매체들이 그들의 수용자가 앞으로 몇 년 내에 줄어들 것으로 예상하리라는 것을 의미한다.[83]

오늘날의 미디어 체계 속에서 뉴스 기관의 '상표brand'는 갈수록 더 중요해지고 있다. 지역의 신문사와 방송 네트워크가 한때 수용자를 거의 독점하고 그로써 독자와 시청자가 거의 자동적으로 확보되던

* [옮긴이] 인터넷 사이트를 '새로 고침'한다는 의미로 사용되었다.

때는 지났다. 과거에는 지리적 요인과 주파수가 시민들이 뉴스를 접할 장소를 결정하는 요인이었지만, 그것의 영향력은 케이블 TV와 인터넷이 등장하면서 줄어들었다. 그들은 넓은 선택권을 가지고 있으며, 일반적으로 그들이 알고 신뢰하는 상표들을 찾아낸다.

수용자의 손실은 불가피했지만, 전통적인 뉴스 매체들이 그들의 상표를 부주의하게 다룸으로써 가속화되었다. 초기의 연성 뉴스는 뉴스 매체들이 미미한 뉴스 소비자들(즉, 뉴스에 대한 관심이 미약해서 여차하면 케이블 TV의 오락 프로그램을 시청할 수 있었던 뉴스 소비자들)을 붙잡는 데 도움이 되었다.[84] 하지만 그들을 붙잡아두려면 연성 뉴스를 대량으로 쏟아내야 하는데, 이는 뉴스 기관의 명성뿐 아니라 뉴스 매체의 지위에 일반적으로 해가 된다.* 전직 연방통신위원회FCC 의장이었던 뉴턴 미노Newton Minow의 1990년대 텔레비전 뉴스에 대한 설명은 "타블로이드와 매우 유사하다"는 것이었다.[85] 일리노이 대학의 맷 에를리히Matt Ehrlich 교수는 이를 '난폭 저널리즘journalism of outrageousness'이라고 이름 붙였다.[86]

연성 뉴스의 자리를 마련하기 위해 경성 뉴스의 공동화가 발생하면서 경성 뉴스를 선호하는 사람들 다수가 소외되었다.** 높아진 수

---

* 연성 뉴스 저널리즘에 대한 분석은 이 책의 범위를 벗어나는 것이지만, 하버드 대학의 매슈 바움(*Soft News Goes to War*) 교수는 전쟁 보도의 맥락에서 그러한 연구를 수행했다. 그는 연성 뉴스를 보지 않았더라면 공공 문제에 대해 잘 몰랐을 시민들이 연성 뉴스에 노출되면 '최소한 어느 정도의 정보'는 얻는다는 것을 발견했다. 연성 뉴스가 더 주제적이고 덜 일화적인 경우에는 더 많은 정보를 포함할 수 있다 (4장 참조). 많은 연성 뉴스 기사들도 공공정책을 다루지만 그것이 심층적 탐사로 이루어지는 경우는 거의 없는데, 이는 연성 뉴스 소비자들이 종종 자신이 얻게 된 정보로 잘못된 결론에 이르게 되는 이유다.

** 연성 뉴스 소비자들은 뉴스 수용자 중에서 오해를 받는 집단이다. 그들은 다른 뉴스 소비자들보다 평균적으로 뉴스를 덜 소비하며, 이들의 소비는 사건에 따라 다

용자 경쟁의 아이러니는, 단기적으로는 타당했던 것이 장기적으로는 파괴적인 것으로 밝혀졌다는 점이다. 초기에는 연성 뉴스가 뉴스 매체들이 미미한 소비자들, 즉 오락 프로그램으로 전향할지도 모를 소비자들을 붙잡을 수 있게 했다. 하지만 심해진 경쟁은 또한 뉴스에 큰 관심을 가진 사람들이 보도에 탁월한 매체를 발견할 수 있을 것이라는 점을 의미하기도 했다. 기존의 정기적인 텔레비전 뉴스 시청자들에 관한 뉴스랩NewsLab의 설문조사는 그들 다수가 뉴스 프로그램들이 지나치게 선정적이고 논쟁을 선호하며 반복적이고 조잡해지고 있다고 생각해(즉, 지나치게 연예계 사업과 비슷하고 너무 뉴스 같지 않아서) 공급자를 바꿨다는 사실을 발견했다.[87] 2011년 어느 연구는 인포테인먼트의 부상이 전통적인 텔레비전 뉴스 수용자의 규모에서 장기적인 쇠퇴를 가져온 주된 원인 중 하나임을 발견했다.[88]

많은 전통적 뉴스 매체가 구독률이나 시청률의 하락에 대응해 저질러온 실수는 사람들이 신문이나 뉴스 프로그램에 대한 욕구가 있다고 가정한 것인데, 사실 사람들이 가지고 있는, 그리고 항상 품어왔

양하다는 점에서 덜 의존적이다. 안나 니콜 스미스가 플로리다의 호텔 방에서 약물 중독으로 사망했다는 기사가 대대적으로 보도된 날, CNN의 시청률은 3배 뛰었다. CNN 앵커는 시청자의 반응을 "미국에서 최신의 '죄의식을 동반한 즐거움(guilty pleasure)'"이라고 묘사했다. 하지만 그 수치는 기만적이다. CNN은 스미스 관련 기사로 수용자를 3배나 늘리면서 일시적으로 100만 명의 추가 시청자를 얻었는데, 이는 사업적으로는 대성공이었지만 더 많은 전체 뉴스 시청자를 고려하면 작은 이득에 불과했다. 마이클 로빈슨의 연구에 따르면, 스미스가 사망한 날 밤 CNN의 추가 시청자 수는 같은 시간에 ABC, CBS, NBC의 저녁 뉴스를 선택한 시청자 수의 20분의 1 정도였다. 뉴스 매체들은 연성 뉴스 소비자를 끌어들이고 붙잡기 위해 연성 뉴스를 전반적인 수요에 비해 과다하게 생산해야 한다. 연성 뉴스는 대중에게 관심을 받는 것보다 더 많이 언론에 보도된다. 가령, 스미스의 사망은 2007년에 거의 세 번째로 많이 보도된 뉴스였지만, 수용자의 주목도 측면에서는 거의 뒤에서 세 번째였다.

던 욕구는 알고자 하는 욕구다. 신문과 뉴스 프로그램이 이러한 정보의 유일한 전달 수단이었을 때는 그들이 보유한 정보가 아니라 그들 자신이 끌어당기는 힘이라고 가정하기 쉬웠다. 하지만 이제 사람들은 광범위한 선택권을 가지고 있고, 수많은 방식으로 그들의 알고자 하는 욕구를 충족시킬 수 있다. 확장된 선택권이 수용자 구성원들의 기대를 높여온 것도 사실이다. 알고자 하는 자신의 욕구를 충족시키기 위해 아주 조금 만족스러운 콘텐츠를 얻고자 머물 필요가 없다.

전통적인 뉴스의 수용자가 감소하는 것에 대한 충분한 설명이 무엇이든 간에 뉴스 매체가 성공적으로 모든 사람에게 모든 것을 제공하던 시대는 빠르게 저물고 있다.* 오늘날의 많은 선택권을 제공하는 미디어 체계에서 더 잘 작동하는 것은 목표 수용자들을 겨냥한 뉴스, 즉 '틈새 뉴스niche news'다.[89] 연구들은 표적화targeting가 그 이용자들로부터 매체의 신뢰도를 높인다는 것을 보여주는데,[90] 이는 충성도의 증가를 가져온다.[91] 예를 들면, 지역 TV 방송국들을 조사한 언론발전연구소의 연구는 5년이라는 기간에 걸쳐 가장 형편없는 뉴스 프로그램들은 일반 수용자들을 대상으로 전통적인 뉴스 기사와 연성 뉴스 기사들을 완전히 혼합해서 제공하는 프로그램들임을 발견했다. 가장 우수한 프로그램들은 전통적인 뉴스나 연성 뉴스 둘 중 하나에만 집중한 뉴스 프로그램들이었고, 이들은 그 경쟁 프로그램들보다

---

* 뉴스 시청자는 이용 가능한 선택권이 아주 많아지면서 라디오 청취자와 유사한 방식으로 재조정되고 있다. 라디오 초기에는 주요 라디오 방송국들이 광범위한 프로그램(뉴스부터 음악, 녹음된 버라이어티 쇼와 시트콤에 이르기까지 모든 프로그램)을 제공했다. 하지만 방송국 숫자가 갈수록 늘고 텔레비전에 청취자를 빼앗기면서 청취자는 더 선택적이 되었고 대부분은 그들의 관심사를 충족시켜주는 특수화된 매체(토크 라디오 방송국, 컨트리음악 방송국, 노인 방송국, 상위 40위 방송국, 뉴스 방송국)로 빠져나갔다.

더 잘했다.[92] 그들의 성과는 디지털 혁신가 클라크 길버트Clark Gilbert 의 관점을 반영하는데, 그는 디지털 시대가 뉴스 매체들이 탁월한 콘텐츠를 제공할 수 있는 영역들에 집중하도록 요구한다고 주장하고 있다. 그는 "당신이 가장 잘할 수 있는 곳에 투자하라"고 말한다.[93]

8.

언론인은 대중에게 소식을 전하는 것이 어렵다는 사실로 비난받을 수 없다. 사람들에게 뉴스가 충분히 주목할 만한 것임을 확신시키는 것은 고귀한 생각인 동시에 헛수고다.[94] 기사를 구체화할 시간이 부족하다면 기자들은 비난받을 수 없다. 정치학자 팀 쿡Tim Cook이 설명한 것처럼, 뉴스 보도의 많은 결함은 "뉴스라고 불리는 매일의 생산물을 쏟아내는 것"을 필요조건으로 하는 타협점 때문이다.[95] 그리고 뉴스 기관들이 이윤을 창출하는 사업이라는 사실에는 죄가 없다. 그것은 견고한 뉴스룸을 위한 열쇠다. 알렉스 존스는 "당신이 돈을 덜 들이면 (뉴스를) 할 수 없고 오랫동안 잘해낼 수 없다"라고 말한다.[96]

현재 진행 중인 뉴스 매체의 도전은 경제적으로 '성공하는 것doing well'과 시민에게 '도움이 되는 것doing good' 사이의 적절한 균형을 유지하는 것이다. 관심attention은 민주주의의 가장 신성한 자원 중 하나이며,[97] 언론은 이를 즐긴다. 매일 수천만 명의 추종자에게 의존할 수 있는 기관이 또 어디 있겠는가? 교회나 정당은 결코 그런 종류의 지지층을 갖지 못한다. 대중에게 언론인은 매일 만나는 교사와 같은 존재다. 비록 언론인에게 뉴스 기사를 학습 계획안으로 바꿀 의무는 없지만, 언론인이 시민의 관심사와 필요를 보도에 더욱 충분히 고려할 때까지는 실현될 수 없는 교육적 기회가 뉴스에 있다. 제이 로젠 교수는 이렇게 말했다. "언론인이 주위에 있는 것은 관심을 생산해내기 위해서가 아니라 우리의 관심을 더 생산적이게 하기 위해서다."[98]

6장

민주주의의 문제

개혁가들은 …… 사람들의 마음속에 자신이 닿을 수 없는 세상의
지식이 어느 정도 신비롭게 존재한다고 …… 가정한다.[1]

월터 리프먼

1.

충분한 정보를 가진 시민*은 타고나는 것이 아니다. 대중에게 알리는 과정은 끝없는 논쟁거리일 뿐 아니라 현재 진행 중인 과업이기도 하다. 시민들은 오늘의 문제에 대해 적절한 판단을 내리기 위해 얼마나 많은 정보를 필요로 하는가? 그리고 민주주의의 작동에 정보는 얼마나 중요한가? 토머스 제퍼슨은 이것을 굉장히 중요시했다. 알렉산더 해밀턴은 정보가 사회의 깊숙한 곳에 침투해야 한다는 것에 대한 확신이 덜했다.[2]

하지만 충분한 정보를 가진 대중의 기본적인 요소가 좋은 학교와 좋은 저널리즘, 그리고 이것들을 기꺼이 활용하려는 시민이라는 것에 대한 동의는 오랫동안 존재해왔다. 학교에 대한 이야기가 어떤지는 차치하더라도 저널리즘에 대한 이야기는 최근 나빠지고 있다.

2.

거의 두 세기 동안 뉴스에 대한 미국인의 관심은 커뮤니케이션 기술의 획기적인 발전 덕분에 꾸준히 증가했다.[3] 초기의 발전은 수동 윤전기의 발명으로, 이는 출판업자들이 신문을 오래된 평판인쇄기로 인쇄할 때보다 더 빠르고 저렴하게 인쇄할 수 있게 해주었다. 1834년에 ≪뉴욕 선The New York Sun≫은 그렇게 절약된 비용을 신문 가격을 6센

---

* [옮긴이] 이 책을 관통하는 'informed citizen'이라는 표현은 해당 사안에 관해 '잘 알고 있는 시민' 혹은 '충분한 배경지식을 가진 시민'을 의미하나, 표현의 간결성을 위해 문맥에 따라 번역에 차이를 두었다.

트에서 1페니로 낮추면서 독자들에게 돌려준 최초의 신문이 되었다. ≪뉴욕 선≫의 판매 부수는 넉 달 만에 5000부로 증가했고 1년이 채 안 되어 1만 부로 늘었다.[4] 1990년대 초까지 신문 인쇄 용지와 증기 인쇄기의 발명으로 일부 대도시에서는 일간지가 하루에 10만 부 이상 배포되기도 했다.[5]

라디오 뉴스는 이보다 몇십 년 후에 많은 발전을 이루었다. 라디오 뉴스는 주로 그날의 가장 인기 있는 기사들에 대한 간략한 설명을 방송하며 헤드라인* 기능을 수행했다.** 그러나 라디오는 뉴스를 수백만 명에게 전달했으며, 그들 다수는 일간지를 읽지 않았다. 1930년대 말까지 라디오 보유 가구 수는 신문 구독 가구 수를 넘어섰다.[6]

더 큰 약진은 1960년대 초반, TV 방송국들이 30분짜리 저녁 뉴스 프로그램을 시작했을 때 일어났다. 텔레비전 뉴스는 곧 엄청난 추종자를 얻었는데, 이들 중 다수는 '의도치 않은', 즉 뉴스에 대한 관심 때문이라기보다는 텔레비전에 중독되어 보는 시청자들이었다.[7] 대부분의 미디어 시장에서 뉴스는 저녁식사 시간대에 유일하게 볼 수 있는 프로그램이었으며, 습관적 시청자들은 그것에 채널을 고정했다. 일부는 점차 텔레비전 뉴스를 정말 좋아하게 되었고, 따라서 뉴스 프로그램을 거의 놓치지 않게 되었다. 1970년대까지 성인 4명 중 3명이 뉴스를 정기적으로[8] 시청했는데, 이는 신문이 매일 뉴스를 접할 수 있는 유일한 소식통이었을 때보다 거의 2배나 많은 수다.[9]

* [옮긴이] 이후 문맥에 따라 '헤드라인'과 '표제'로 번역했다.
** 헤드라인 기능을 수행하는 라디오의 전통은 그 역사의 초기에 확립되었는데, 이는 부분적으로 라디오 방송국들이 유선 기능에 의존했기 때문이며, 이는 방송국이 방송할 수 있는 뉴스의 양을 제한하려는 신문사들의 압력에 의한 것이었다. 이러한 정책은 훗날 바뀌었지만, 이 본래의 방식이 라디오 방송국들로 하여금 5분짜리 뉴스 프로그램을 하루에 두 편만 방송하도록 제한했다.

3.

[지상파] 텔레비전 방송 시대는 오래가지 못했다. 1990년에 이르자 절반 이상의 미국인 가구에 케이블 TV가 설치되었는데, 케이블 방송은 시청자들이 저녁식사 시간대에 프로그램을 선택할 수 있게 해주었다. 일부 텔레비전 뉴스 시청자들이 케이블 오락 프로그램으로 건너 갔지만, 더 큰 손실은 그 후에 발생했다. '의도치 않은' 시청자 수는 가파르게 줄어들었으며, 텔레비전 뉴스를 시청하는 습관이 없던 이들이 시청 습관을 갖게 될 확률도 감소했다.[10]

케이블 TV는 또한 젊은 사람들의 뉴스에 대한 관심을 약화시켰다. 1960년대와 1970년대의 저녁 뉴스는 많은 가정에서 가족 의식이었고, 아이들은 다른 프로그램을 더 선호할지라도 끝까지 자리를 지켰다. 그들 다수는 고등학교를 졸업할 때까지 뉴스 시청 습관을 가졌다.[11] 케이블 TV는 이러한 양상을 방해했다. 뉴스를 시청하는 학부모는 점점 줄었고, 카이저 가족 재단Kaiser Family Foundation의 연구가 밝혔듯이 그들이 뉴스를 시청하더라도 자녀들은 종종 다른 방에서 다른 프로그램을 시청했다.[12] 케이블 TV 없이 자란 또래들과 비교하면, 케이블 TV 보유 가구의 아이들은 독립한 뒤에 규칙적으로 뉴스를 시청할 확률이 40% 더 적었다.[13]

케이블 TV 세대인 40세 이하의 성인은 방송 시대의 40세 이하 성인보다 뉴스를 훨씬 덜 이용한다. 1970년대에는 청소년들이 텔레비전 뉴스를 거의 노인들만큼 많이 시청했다.[14] 그들은 일간지도 거의 비슷하게 구독했다.[15] 오늘날에는 그렇지 않다.[16] 이제 젊은 층은 고령층보다 뉴스를 훨씬 덜 유심히 챙겨보는데, 이는 심지어 인터넷 기반의 뉴스를 고려해도 마찬가지다.[17] 인터넷은 수천 개의 뉴스 사이트를 제공하지만, 젊은 층은 대부분 그러한 사이트를 정기적으로 또는 자주 방문하지 않는다.[18] 18세에서 34세의 성인이 웹 트래픽의 3분의 2 이상을 차지하는데, 그중에서 뉴스 사이트 방문은 3분의 1뿐이고, 정치 관련 사이트 방문은 단 5분의 1에 그친다.[19]

그렇다 하더라도 젊은 층은 미국인의 뉴스로부터의 이탈이라는 이야기의 일부만을 차지한다. 매일 뉴스에 할애하는 시간은 미국인의 **모든** 연령층에서 10년 내지 20년 전보다 더 적은 것으로 나타난다.[20] 게다가 뉴스 소비에서의 개인별 차이는 과거보다 더 크다. 케이블 TV와 인터넷은 관심 있는 시민들이 엄청난 양의 뉴스를 이용하기 쉽게 만들어주면서, 뉴스에 관심이 덜한 시민들이 뉴스를 피하기 쉽게 만들어주기도 했다. 때를 가리지 않고 영화, 채팅방, 리얼리티 쇼, 스포츠 행사, 뉴스 프로그램, 온라인 게임 등이 끝없이 공급된다. 선택을 내리는 것은 우리의 몫이다.[21]

'정보 시대'의 경이에 대한 찬가는 인간적인 요소들을 간과한다. 뉴스 공급은 과거 그 어느 때보다도 많지만, 결정적인 요인은 그에 대한 수요다. "뉴스를 챙겨보기를 즐기는가"라는 질문에 "매우 그렇다"고 답한 미국인 수는 지난 20년 동안에만 54%에서 45%로 떨어졌다.[22] 청소년 중에는 단 27%만이 뉴스를 챙겨보기를 즐긴다고 답했다.[23] 오늘날 뉴스에 관심이 거의 혹은 전혀 없다고 말하는 사람은 뉴스에 강력한 관심을 표명하는 사람만큼이나 많은데, 이는 케이블 TV와 인터넷이 없던 시기와 비교했을 때 가파른 변화다. 비용이 높다거나 이용이 불가능해서 미국인들이 뉴스로부터 떨어져나간 것이 아니다. 그들 다수는 단순히 뉴스에 전혀 관심이 없을 뿐이다.[24]

4.

텔레비전 편성은 미국인에게 집에 있을 이유를 제공함으로써 거리의 생활을 도려냈다.[25] 케이블과 인터넷은, 하루의 상당 부분을 혼자 보내고 다른 사람과 연락할 때는 디지털 미디어를 통해서만 할 정도로 우리를 내부로 향하게 만들었다.[26] 마셜 맥루언Marshall McLuhan이 기록했듯이 "우리가 도구를 바꾸면 도구도 우리를 바꾼다".[27]

텔레비전을 시청하는 것은 중독성이 있을 수 있는데, 초기에 정치적으로 유리된 시민 한 세대가 뉴스를 정기적으로 이용하는 소비자로 바뀌게 된 이유다. 디지털 미디어 역시 중독성이 있다. 영국의 한 연구는 이동전화 이용자의 절반 이상이 전화기를 집에 두고 오거나 신호가 안 잡히면 불안해한다는 것을 밝혀냈다. 심지어 이 증상은 휴대전화가 없어지는 것에 대해 두려움을 느끼는 사람이라는 뜻의 '노모포비아nomophobia'라는 공식 명칭을 얻었다.[28] 인지심리학자 데이비드 마이어David Meyer 박사는 1930년대부터 진행된 스키너B. F. Skinner의 유명한 자극-반응 연구들을 언급하면서 디지털 미디어를 현대판 '스키너 상자'라고 부른다.[29] 이동전화나 텔레비전 리모컨, 그 밖의 장치들은 우리가 그것을 더 원하도록 길들이며 즉각적인 만족을 준다. 하버드 의대의 마이클 리치Michael Rich 교수는 "우리는 새로운 자극을 받을 때마다 아드레날린 한 모금씩을 얻는데, 이는 새로운 것에 주목한 대가다"라고 말한다.[30]

메시지의 흐름은 때로는 다른 이들의 계획에 의해서, 또 때로는 우리 자신에 의해서 가속화되었다. 이메일은 트위터가, 전화는 문자 메시지가, 정규 음반은 싱글이, 30초나 60초짜리 광고는 10초 혹은 15초짜리 광고가 대체한다. 퓨 인터넷 & 아메리칸 라이프Pew Internet and

American Life Project의 2012년 조사는 미국 십대들이 2년 전에는 하루 평균 50개를 주고받던 문자 메시지를 60개씩 주고받는다는 사실을 발견했다.[31] 뉴스도 더 빠르게 흐른다. 1960년대에는 일반적인 텔레비전 뉴스 기사가 8개의 사진들을 보여주었다.[32] 일반적으로 기사가 보도되는 동안 이제 우리 눈앞으로는 5배나 더 많은 사진이 지나간다.[33] 하지만 이러한 속도조차 대부분의 시청자에게는 너무 느리다. 지난 10년 동안 텔레비전 뉴스와 다른 프로그램을 오가며 시청하는 사람들 수가 2배로 늘었으며, 이제는 그러한 시청자들이 다수를 점하고 있다.[34]

신문 구독은 세심한 관심이 필요한 몇 안 되게 남아 있는 미디어 활동 중 하나다. 하지만 우리는 이제 신문을 이전보다 덜 읽고, 특히 온라인에서는 더 짧은 시간[35] 읽는다. 종이 신문을 읽는 사람과 비교했을 때 온라인으로 신문을 읽는 미국인은 신문을 읽는 데 훨씬 더 적은 시간을 할애한다.[36]

메시지가 훨씬 더 빠른 속도로 도달하면서 그것을 기억해내는 우리의 능력은 줄어든다. 사람들은 대부분 뉴스 기사에 노출된 지 몇 분 만에 이를 자발적으로 기억해내기 어려워한다. 기사에 다른 기사를 홍보하는 스크롤이 수반되면 기억력 감퇴는 더 빨라진다.[37] 기억력 감퇴는 또한 사람들이 텔레비전의 뉴스와 다른 프로그램들 사이를 오갈수록 더 빨라진다.[38] 미디어 멀티태스킹은 과유불급more is less 효과를 더욱 확대한다. MIT의 심리학자 셰리 터클Sherry Turkle 교수는 "멀티태스킹을 할 때 기능의 쇠퇴가 일어나며 …… 모든 것은 조금씩 더 악화된다"는 것을 발견했다.[39] 분열된 마음은 줄어든 마음이다.

미디어의 풍요에 관해 받아들이기 어려운 진실은 그것이 우리의 집중할 수 있는 능력을 방해한다는 점이다.[40] 노벨상 수상자인 허버트 사이먼Herbert Simon 교수는 다음과 같이 기록했다. "정보가 소비하는 것은 오히려 분명하다. 수용자의 관심이 그것이다. 그러므로 정보의 풍요는 주의의 빈곤을 만들어낸다."[41] 2008년 영국의 어느 연구팀이 10년 된 어느 연구를 반복 수행한 연구에서는 1000명을 대상으로 집중력을 평가하도록 고안된 일련의 시험을 치게 했다. 주의 지속 시간attention span은 10년 전보다 절반으로 줄어든 것으로 나타났다.[42]

5.

1947년 "정보 캠페인이 실패하는 몇 가지 이유"라는 중대한 글에서 사회학자 허버트 하이먼Herbert Hyman과 폴 시슬리Paul Sheatsley는 대중에게 알리는 데 '모든 물리적 장벽'이 제거된다 하더라도 '심리적 장벽'은 남아 있을 것이라고 결론 내렸다. 그러한 장벽에는 사람들의 관심 부족과 사람들이 자신의 기존 신념을 강화하는 방식으로 정보를 해석하는 버릇이 포함된다.[43]

방송 시대는 특히 덜 교육받고 정치에 관심이 덜한 개인들에게 정치적 의식에 대한 장벽을 낮추었다.* 프린스턴 대학의 마커스 프라

---

* 연구는 공공 정보 수준에 대한 방송 뉴스의 영향이 대개 방송 뉴스 없이는 공공 문제에 많은 관심을 쏟지 않았을 사람들에게 국한되었다는 것을 보여준다. 방송 시대는 공공 문제에 가장 주의를 많이 기울이는 시민들이 알고 있는 것과 가장 주의를 덜 기울이는 사람들이 알고 있는 것 간의 차이를 의미하는 '정보 격차'를 좁히는 결과를 가져왔다. 정치적으로 관심이 덜한 사람들이 뉴스 노출을 더 쉽게 피할 수 있게 되면서 정보 격차는 커졌다. 그 효과는 청소년 사이에서 가장 명확하다. 정치 과학자인 마틴 와튼버그(Martin Wattenberg)의 책 『투표는 젊은 사람들을 위한 것인가(Is Voting for Young People?)』에 따르면, 케이블 TV 시대 이전에는 젊은 층

이어Markus. Prior 교수는 "텔레비전이 정치에 대해 더 쉽게 알 수 있게 했다"라고 말한다.[44] 방송 뉴스는 '정보 공유지information commons'를 만들기도 했다. 각 방송사는 모든 사람의 비위를 맞추려고 했는데, 그 결과 세 방송사 모두 거의 같은 기사를 내보냈고 거의 같은 관점에서 보도했다.[45] 비평가들은 물론 저녁 뉴스가 내용이 부실하고 워싱턴의 엘리트들에게 집착한다고 적절히 지적했지만,[46] 그럼에도 각계각층, 모든 정치적 성향의 수천만 미국인은 매일 저녁 공통된 뉴스에 노출되었다.[47] 그들이 모두 같은 방식으로 대응한 것은 아니지만, 적어도 공통된 뉴스로부터 출발한 것이다.[48]

현재의 미디어 체계는 뉴스 노출에 대한 장벽을 높이고 공유지를 무너뜨렸다. 단순히 시민들이 뉴스를 피하는 것이 더 쉽다는 것을 깨달은 것만은 아니다. 그들은 오보의 맹공과 오늘날 미디어 체계에서 파생된 인포테인먼트와도 씨름해야 한다. 1950년대에 인공두뇌학자 칼 도이치Karl Deutsch 교수는 커뮤니케이션 체계에서 '잡음noise'이 공공 문제를 이해하려는 시민들의 활동을 방해한다고 언급했다.[49] 오늘날 미디어 체계는 잡음이 넘쳐나고, 그 일부는 우리를 혼란스럽게 하거나 호도하기 위해 고안되었다. 우리가 자주 일을 그르친다는 것은 놀랄 일이 아니다. 우리가 더 주의를 기울였다면, 기후변화와 기상상태가 같지 않다는 점을 알게 되었을 것이다. 하지만 우리는 그 둘을 합

이 고령층만큼 뉴스를 많이 소비했고 공공 문제에 대해서도 잘 알았다. 오늘날 그들은 뉴스에 훨씬 관심을 덜 보이며 아는 것이 훨씬 적다. 2011년 퓨리서치의 한 설문조사는 이제는 너무나 친숙해져 버린 결과를 얻었다. 응답자에게 뉴스에 등장하는 인물과 사안에 관한 여덟 개의 단순한 질문을 제시했다. 각 질문은 사지선다형으로, 넷 중 하나의 답만 옳았다. 번호 하나만으로 찍어도 정답일 확률은 25%였다. 50세 이상 고령층은 평균적으로 65%가 정답을 골랐다. 30세 이하 성인의 경우에 그 수치는 43%에 그쳤다.

치는 것을 고집하는데, 이는 여론조사 응답자들이 추운 겨울에 지구 온난화의 존재를 더 부정하는 경향이 나타나는 이유이기도 하다.[50]

6.

몇몇 관찰자는 시민을 기반으로 한 인터넷 커뮤니케이션이 정보 문제의 해답이라고 믿는다.[51] 그들은 공공 문제를 논하는 여러 채팅방과 온라인 토론 그룹, 공공 문제에 관한 정보를 제공하는 웹사이트, 정보가 유통되는 사회 관계망social networks을 들먹인다.[52] 그들은 유튜브와 페이스북, 트위터의 위력을 지적하면서 '시민 기자'의 출현을 언급하기도 한다.[53] 휴대용 녹음 장치와 웹 기술은 시민이 이용자 기반 웹사이트나 사회 관계망, 마이크로 블로깅 도구를 통해서 기사를 작성해 퍼뜨릴 수 있게 한다.[54] 어느 관찰자는 "네트워크화된 세상에서는 더 이상 '기자', '수용자', '정보원'이 존재하지 않는다. 단지 '우리'만이 있을 뿐이다"라고 논평했다.[55] 또 어떤 이는 이렇게 말했다. "우리는 이제 모두 기자다."[56]

시민 저널리즘은 확장하고 있는 분야다.* 언론인 A. J. 리블링A. J.

---

* '시민 저널리즘'이라는 용어는 여기서 광범위한 활동들을 언급하기 위해 사용되는데, 그것은 이 용어가 일반적으로 사용되는 방식이다. 시민 저널리즘의 옹호론자들은 이를 진화하고 있는 분야로 간주해 엄격한 정의를 피했다. 그것은 합리적인 접근이지만, 불필요한 개념적 혼란을 가져올 수 있다. 시민 저널리즘으로 분류된 어떤 활동들은 어떤 합리적인 개념의 저널리즘 범주에도 들지 않는다. 우연히 관찰자가 된 사람이 휴대전화로 찍은 사진이 강렬한 이미지를 포착해서 추후에 널리 유포될 수 있다. 하지만 그것이 저널리즘일까? 알렉스 존스는 그것을 '사진 찍기'라고 부른다. 카메라를 든 사람이 뉴스 정보원으로 기능하고 있는 것인데, 이는 저널

Liebling이 말했듯이, 신문을 살 돈이 있는 사람들만이 언론의 자유를 누리던 시대는 지났다.[57] 미국의 많은 장소에서 온라인 기자가 지역 신문이 간과했던 사건을 밝혀낸다. 지역 온라인 신문의 편집장인 메리 루 풀턴Mary Lou Fulton은 다음과 같이 말했다. "우리는 뒤집어진 전통적 저널리즘 모형이다. 우리에게는 소수의 기자나 편집인의 관점으로 걸러지는 모든 것 대신에 우리의 눈과 귀가 되어주는 수천 명의 독자가 있다."[58] 2012년 대통령 선거운동 기간에 열린 개인적인 기금 모금 행사에서 공화당 후보 미트 롬니가 했던 '47퍼센트'* 발언을 휴대전화로 녹취한 종업원의 경우처럼 시민들은 중요한 기사들을 폭로해왔다.[59]

리즘의 역사만큼 오래된 역할이지만 저널리스트의 역할과는 차이가 있다. SNS가 저널리즘과 동격으로 사용될 때도 개념적 혼란이 발생한다. 민주주의에는 늘 오피니언 리더, 타인이 정치적 이야기를 해석하는 것을 도와줄 정도로 잘 알고 있는 시민들이 존재했다. 다른 유형의 시민 중재자 중에는 공동체 활동가, 시민적 자원봉사자, 선거를 위해 일한 사람들이 있다. 그들이 인터넷을 이용해 일할 때 그들을 '시민 기자'라고 부르는 것은 그들 각자가 민주적 삶을 위해 독창적으로 공헌하는 바를 모호하게 만든다. 한때 시민단체와 교회, 정당, 직장, 친구 모임에서 이루어지던 어떤 공적 대화는 이제 온라인에서 이루어진다. 하지만 이러한 대화는 과거에 저널리즘이라고 불리지 않았으며, 오늘날 그것은, 그렇게 말하는 근거가 그 대화가 웹에서 발생하고 있다는 점이 아니라면, 저널리즘이 아니다. 그런 방식으로 저널리즘을 정의하는 것은, 마치 부모님이 아픈 자녀에게 진통제를 준다고 해서 '시민 의사'로 불려서 얻을 것이 아무것도 없듯, 그 의미의 용어를 갈취하는 것이다. 한편으로 이러한 활동 중 일부, 즉 2011년에 일본의 일부를 파괴한 쓰나미를 보도하는 데 일조한 크라우드소싱과 같은 경우는 저널리즘으로 합당하게 볼 수 있다.

* 롬니는 다음과 같이 말했다. "어떤 …… 이든 간에 정부에 의존하고 자신이 희생자라고 믿으며 대통령에게 투표할 47퍼센트의 사람들이 있다. …… 이들은 …… 소득세를 내지 않는 사람들이며 …… 따라서 내 일은 그런 사람들을 걱정하는 것이 아니다. 나는 결코 그들에게 개인적으로 책임을 져야 한다거나 자신의 삶을 돌봐야 한다고 설득하지 않을 것이다."

시민 기자들이 하는 일을 보면서 좋은 보도가 전문적 언론인의 전유물이라고 결론 내리기는 불가능하다.[60] 그럼에도 불구하고 공공 문제에 대한 사람들의 인식[확산]에 대한 시민 저널리즘의 공헌은 일부 옹호론자들이 주장하는 것보다는 덜 중요하다.[61] 인터넷 콘텐츠 및 트래픽에 관한 광범위한 연구에서 매슈 하인드먼Matthew Hindman 박사는 대부분의 '분수이론trickle-up theories'*을 뒷받침하는 근거가 부족하다는 것을 발견했다. 하인드먼은 "열정 속에서, 많은 이들이 계산하는 것을 잊었다"라고 썼다.[62] 그는 트래픽이 많은 뉴스 사이트 대부분이 기존 뉴스 매체들이 운영하는 사이트임을 발견했는데, 이들은 인터넷에서 유통되는 대부분의 뉴스 아이템도 생산해낸다.[63] 유머 비디오 같은 몇몇 유형의 인터넷 콘텐츠는 대개 이용자가 만들어내는 것이지만, 공공 문제의 뉴스는 그렇지 않다. 게다가 시민들이 제작한 공공 문제 콘텐츠에 대한 수요는 웹 트래픽의 1%도 안 될 만큼 적다.[64] 그러한 이용자 생산 정보는 품질도 기존 뉴스 매체보다 낮다.[65] 대부분의 시민 기자는 복잡한 주제에 대해 얼버무리고 넘어가며 체계적인 연구를 거의 하지 않는다. 도리스 그레이버 교수는 "그들의 기사 중 상당수가 수용자 가운데 임의로 선택한 이들의 견해에 대한 응답에 지나지 않는다"라고 설명한다.[66]

그들의 입장에서 블로그는 주로 보도보다는 전문가적 의견과 지지를 위한 장소다.[67] 대부분의 블로그 사이트는 뉴스 수집보다는 의견 방송에 전념한다. 오하이오 주립대학의 한 연구는 블로그에 있는 정보의 상당수가 뉴스 매체를 통해 전달되는 것보다 정치 토크쇼에서

---

* [옮긴이] 원래는 '낙수이론(trickle-down theories)'과 대비되는 개념으로, 존 메이너드 케인스(John Maynard Keynes)가 제시했다. 여기서는 저널리즘에 대한 (전문 언론인이 아닌) 시민의 영향력을 가리키는 의미로 사용되었다.

전달되는 유형에 더 가깝다는 점을 발견했다.[68] 그들의 입장에서 사회 관계망은 갈수록 개인적인 대화 내용을 흉내 냈다.[69] 2011년 퓨리서치의 한 연구는 사회 관계망을 통해 전송되는 메시지의 일부만이 공공 문제를 다루고 있음을 밝혀냈다.[70]

시민 저널리즘의 정보 가치에 대한 일부 옹호자들의 강조는 그것이 민주적 삶에 미친 가장 중요한 공헌을 과소평가하는 의도하지 않은 효과를 가져왔다. 책임감 있는 시민의식이란 공공 문제에 대해 아는 것의 문제인 만큼이나 공공 문제에 대한 참여의 문제이기도 하며, 여기서 시민 저널리즘은 전통적인 저널리즘을 큰 차이로 능가한다. 그것은 평범한 시민이 커뮤니케이션 과정에 직접 참여할 수 있게 한다. 미시건 대학의 러셀 뉴먼W. Russell Newman은 다음과 같이 말한다. "웹은 다르다. 웹에서 각 접속점node은 듣는 것만큼이나 쉽게 말할 수 있다."[71] 이 점은 블로그도 마찬가지다.* 비록 많은 블로그가 사실을 아무렇게나 다루지만(브루스 윌리엄스Bruce Williams와 마이클 델리 카피니 Michael Delli Carpini 같은 학자들이 '정치적으로 관련' 있지만 '정치적으로 약화시키는' 것이라고 묘사한 경향), 그것은 실제로 사람들이 자신의 의견을 낼 수 있게 해준다.[72]

참여 민주주의에 대한 책무는 철학자 존 듀이John Dewey로 하여금 월터 리프먼의 전문적인 저널리즘 옹호에 의문을 제기하게 했다. 듀이는 『공중과 그 문제The Public and Its Problems』(1927)에서 전문성은 언

---

* 토크쇼는 기존 미디어들이 하는 것보다 더 중요한 방식으로 시민의식에 관여하기도 한다. 그 능력은 토크쇼 시대 초기에 분명해졌는데, 러시 림보(Rush Limbaugh)의 자극이 수많은 보수주의적 공화당원을 1994년 중간선거의 여론조사에 참여하게 함으로써 40년 만에 처음으로 공화당이 의회 통제권을 얻었고, 림보는 공화당의 '전자 선거구 대장(electronic precinct captain)'이라는 호칭을 얻었다.

론인과 그들의 수용자 간에 장벽을 둘 것이라고 결론 내렸다. 듀이는 기자들이 그 대신에 시민들로 하여금 그들의 삶에 영향을 미치는 사안들에 관여하도록 만들어야 한다고 주장했다.[73] 듀이는 "민주주의는 집에서 시작되어야 하며, 민주주의의 집은 친절한 공동체다"라고 썼다.[74] 듀이의 사상은 진전을 보지 못했는데, 이는 부분적으로는 당시 갈수록 중앙집중화되던 뉴스 체계에서 시민 중심 저널리즘이 어떻게 작동하게 할 수 있을지 명확하게 설명하지 않았기 때문이다. 오늘날에는 인터넷의 탈집중화 효과로 시민 중심 저널리즘이 번성하고 있다.[75] 뉴욕 시립대학CUNY의 제프 자비스Jeff Jarvis 교수는 "희소성에 기반한 미디어 체계는 풍요에 기반한 미디어 체계로 대체되고 있다"라고 말한다.[76]

비록 이 때문에 그 뉴스 체계가 전체적으로 더 강력하기는 하지만, 시민 저널리즘은 구식 저널리즘의 대체제가 (최소한 아직은) 아니다. 신뢰할 만하며 의미 있는 뉴스를 정기적으로 공급한다는 측면에서는 이를 제공할 능력을 가진 단 하나의 기관이 있는데, 그것은 기존 뉴스 매체다. 그들은 스스로 '사실의 관리인'이라는 책임을 부과하는 규범뿐 아니라, 필수적 기반 시설, 인적 자원, 조직적 일과까지 개별적으로 가지고 있다.[77] 그레이버 교수는 "우리는 전문적인 보도와 비전문적인 보도 각각의 장점에 동의하지 않을 수 있지만, 복잡한 정치적 사안에 관한 정보의 명확한 서술이 민주주의에서 중요하다면, 시민 기자들은 한 집단으로서 전문적인 기자들의 빈약한 대용품이다"라고 썼다.[78]

기성 언론의 문제점은 그 구조나 규정이 아니라 그 성과다. 기성 언론은 대중에게 정보를 전달할 의무보다 이윤과 편의성을 너무 자주 앞세웠다. 유명 인사와 재난 및 범죄에 집착하고, 정책 문제와 쟁점에 대한 보도를 훼손하면서 전략적 프레임에만 의존하며, 사건을 탈맥락화하는 버릇을 비롯한 저널리즘의 경향성은 뉴스가 할 수 있는 한, 그리고 응당 그래야 하는 만큼 정보 제공을 하지 못하도록 방해했다.[79]

7.

시민 저널리즘의 옹호론자들은 기자들이 수용자들에게 더 주의 깊게 귀 기울여야 한다고 말한다.[80] 그것은 항상 좋은 충고였고, 기자들은 항상 그것을 따르지 않아서 대중을 아프게 했다.[81] 데이비드 브로더는 "우리는 우리가 봉사한 시민들로부터 고립되었고, 그들 다수에게 우리는 단지 다른 모든 이들만큼 묵묵부답인 또 다른 거대한 관료주의적 힘으로 보였다는 느낌을 지우기 어렵다"라고 썼다.[82] 블로그, 이메일, 트위터는 기자가 수용자와 연락을 취하기 더 수월하게 만들기 때문에 그들이 그렇게 하지 않을 좋은 구실이 없다.[83]

하지만 그저 시민들이 기자들에게 이야기할 수 있다는 것뿐이다. 달리 말해, 시민들에게 부족한 것과 시민들이 기자들에게 원하는 것을 주는 것이다. 기자들은 보이지 않는 것을 보이게 만들고, 시민들을 직접 경험하지 못하는 세상과 연결시켜주는 일에 종사한다. 시민들은 광범위한 사안에 대해 관점을 갖게 되겠지만, 직접 알게 되는 것은 단지 몇몇 사안에 불과하다.[84] 시민들에게서 그들이 가지고 있는 것보다 많은 양의 정보를 얻어내기란 불가능하다. 리프먼은 "거리가 멀거나 복잡한 문제에 관한 진실은 자명하지 않다"라고 말했다.[85]

대중과 기자의 관계는 자연히 일방향적이다. 시민들은 시간이나 의향, 또는 스스로 할 수 있도록 교육받지 못해서 할 수 없는 일들을 기자들이 해주기를 기대한다. 그것은 한 세기 이상 지나는 동안 대중이 더 잘 알게 하는 경로가 국가의 뉴스룸을 통하는 길인 이유다.[86]

몇몇 분석가들은 인터넷 시대가 언론을 덜 유의미하게 만들었다고 말한다. 오늘날 일간지라는 재단에 경배하는 사람의 수는 갈수록 줄어들고 있다. 하지만 모린 다우드가 설명한 것처럼 '쏟아지는 오보와 헛소리'에 휩싸인 대중의 관점에서 언론은 그 어느 때보다 없어서는 안 될 존재다.[87] 지금까지 우리가 이렇게 많은 정보를 이용할 수 있었던 적은 없지만, 우리가 이렇게 그럴듯한 의견과 어림짐작보다 사실에 근거한 정보를 더 많이 필요로 한 적도 없다. 오늘의 이슈에 대한 믿을 만한 정보는 갈수록 희소한 것이 되고 있어서 시민 저널리즘은 이것을 매일매일 제공할 수가 없다. 예일 법대의 브루스 애커먼Bruce Ackerman 교수는 이렇게 말한다. "국가적 사안이나 국제적 사안에 관한 중대한 보도는 아마추어의 일이 아니다."[88]

"아마추어의 일이 아니다"라는 애커먼의 지적은 시민들뿐 아니라 전문 언론인을 향한 것이기도 하다. 기자들의 시민적 기여도는 궁극적으로 지식을 통해 사실에 대해서 더 많은 통제를 가할 수 있는지 여부에 달렸다. 만일 그들이 제시한 일련의 '사실들'이 대중에게는 토크쇼 진행자나 블로거, 정당 대변인이 제공하는 것보다 조금 더 나은 정도로밖에 보이지 않는다면, 기자들은 흔들리고 결국 실패할 것이다. 지식은 기자들에게 권위 있는 뉴스를 전달할 최고의 기회를 제공하는데, 이 점은 듀이가 리프먼에게 전적으로 동의했던 부분이다. 듀이는 다음과 같이 기록했다. "민주주의의 미래는 과학적 태도의 확산과 제휴하고 있다. 이것은 선전이 다수를 오도하는 것에 맞설 유일한 담보다."[89]

옮긴이의 말

『뉴스 생태학: 정보의 오염과 지식 기반 저널리즘』은 2012년 미국의
대선 보도를 전후하여 빈번하게 발생했던 오보, 가짜뉴스, 선전과 정
보 왜곡 등의 문제에 대해 전 세계적으로 논란이 가열되는 상황에서
저널리즘의 전문성 강화를 역설한 토머스 패터슨 교수의 저서다. 이
책에서 다루는 오보와 가짜뉴스의 메커니즘은 2016년 대선이라는 맥
락에서도 발견되었고, 총선을 앞둔 2018년 현시점에도 미국에서 여
전히 활발한 논쟁을 불러일으키고 있다. 저자는 언론학을 집대성한
미국의 저명한 언론학자 월터 리프먼의 통찰을 되짚어보면서, 정치
저널리즘 및 탐사 보도 저널리즘과 관련해 현재 미국이 당면한 문제
의 핵심을 '정보의 오염'으로 정의하고, 그 근본적인 원인을 정보 자
체의 문제만이 아니라, 정보원, 전문 지식, 저널리즘 교육, 수용자, 그
리고 민주주의의 차원의 문제로까지 보고 폭넓게 분석한다. 특히 저
자는 이러한 문제를 직관적으로, 혹은 심층적으로 통찰한 언론인 및
언론학자들의 연구와 논평 등을 인용함으로써 미국 언론의 과거와
현재를 오가는 날카로운 분석과 혜안을 보여준다.

"엄밀한 의미에서 현재 서구의 민주주의가 겪고 있는 위기는 저널
리즘의 위기"라고 지적한 월터 리프먼의 통찰을 바탕으로, 저자는 현
대 미국 사회에 깊이 뿌리내리고 있는 정보의 오염이 과도한 자본, 권
력, 명성에 근거하고 있음을 지적하며, 언론이 '신뢰할 만하고 타당한
뉴스'를 꾸준히 공급할 수 있도록 뒷받침하는 '지식 기반 저널리즘'을
그 해법으로 제시한다.

이러한 핵심은 저자가 붙인 이 책의 제목『Informing the News:

The Need for Knowledge-based Journalism』에 잘 나타나 있다. 역자는 초고에서 원문에 충실하고자 『뉴스 알리기: 지식 기반 저널리즘에 대한 필요』라는 제목을 붙였다. 하지만 초고를 완성한 이후, 가족 및 동료들과 의견을 주고받는 과정, 그리고 출판사의 출판·편집 전문가들과 교정 작업을 진행하는 과정에서, 대상 독자를 고려해 논의가 풍부해질 수 있도록 가독성을 높이는 데 중점을 두기로 했다. 초고에서처럼 원문의 'Informing the News'를 '뉴스 알리기/전하기'로 직역하면 단순히 뉴스라는 정보를 전달한다는 의미만을 담게 되고, 이 책이 의도한 함의, 즉 뉴스의 목적을 사실fact의 전달만으로 제한해야 하는가, 아니면 사실 너머에 있는 진실truth의 전달에 두어야 하는가에 관한 논의가 충분히 전달되지 못하는 뉘앙스를 준다. 단순히 '뉴스 알리기/전하기'라고 하면, '사실로만 구성된 뉴스는 곧 진실'이라는 의미로 전달되기 쉽다. 사실로만 구성된 뉴스가 늘 진실은 아닐 수 있다는 미묘한 어감을 전달하지 못하는 것이다. 그렇다고 시의성을 고려해 제목을 '오보' 또는 '가짜뉴스'로 시작하자니 저자가 궁극적으로 전달하고자 하는 내용이 제한된다는 느낌이 들었다. 따라서 이 책이 이론과 실증, 직관과 분석이 매끄럽게 조화를 이루고 있고, 저널리즘의 위기라는 현시점에 '뉴스 생태학news ecology'을 소개하는 개론서이자 입문서로 볼 수 있겠다는 판단하에 한국어판 제목을 『뉴스 생태학: 정보의 오염과 지식 기반 저널리즘』으로 다듬었다.

허위 정보가 넘치는 현재의 저널리즘 위기를 극복하기 위해 언론사 및 언론인의 전문성을 강조해야 한다는 주장은 현시점의 한국이라는 맥락에서도 통한다. 언론이 사실만을 보도해야 한다는 원칙을 넘어 진실을 전달할 수 있기를 바라는 시대적 요구는 국내외를 막론하고 절실하다. 이에 언론의 감시견 역할을 재조명하는 것이 시급하다는 생각에 이 책의 한국어판 출간을 서둘렀다. 자신이 취재하는 분야에 대한 전문성을 확보하기 위해 언론인들이 끊임없이 노력해야 한다고 촉구할 뿐 아니라, 오보나 가짜뉴스 유통에 대한 책임의 일부는, 사실이 아닌 것을 사실로 잘못 받아들이는 대중에게도 있음을 날카롭게 분석하는 패터슨 교수의 글을 더욱 많은 사람이 읽기를 바라는 마음에서였다. 뉴스를 더 정확하게 이해함으로써 자기 자신과 사회도 더 정확하게 이해할 수 있게 된다는 점에서 이 책은 지식에 기반한 저널리즘의 중요성을 우리 사회에도 다시금 각인시켜줄 것이다.

끝으로, 양서의 번역에 집중할 수 있도록 여러모로 지원해주신 방송문화진흥회에 감사의 말씀을 드리고 싶다. 2017년 4월, 원서의 번역에 착수한 지 한 달이 지난 시점에 계획에 없던 방송국 생활을 시작하게 되면서 번역 작업이 상당히 지연되었다. 하지만 감사하게도 새로운 직장이 방송문화진흥회와 연이 닿아 있었고 좋은 동료들을 만나게 되면서 두 가지 일을 동시에 하는 데 큰 어려움이 없었다. 또 틈틈이 휴일마다 부모님이 계시던 부산 해운대에 내려가서 바다를 보며 번역에 집중할 수도 있었다. 이렇게 오랜 시간에 걸쳐 마음을 쏟고 주위의 전문가들과 끊임없이 토론하면서 정성껏 언어를 고르고 골랐음에도 여전히 부족한 부분들이 눈에 띄어 낙심하던 차에, 마지막 교정 과정에서 더할 나위 없이 세심하고 꼼꼼하게 함께해주신 한울엠플러스 편집부 덕분에 마침내 이 번역서가 빛을 볼 수 있게 되었다. 부족한 원고를 세련되게 다듬어주신 한울엠플러스에 다시 한번 깊은 감사의 말씀을 드린다.

2018년 7월
오현경

부록: 지식 기반 저널리즘 관련 자료

현재 활동 중인 언론인과 저널리즘 강사 및 학생, 그리고 관심 있는 시민을 위한 일련의 지식 기반 자료는 온라인에서 이용할 수 있다. 많은 자료가 특히 언론인에게 맞춰 설계되어 있지만, 다음의 자원들은 일반 대중과 학자에게도 유용하다.

저널리즘 활동과 교육

언론인의 자원(Journalist's Resource) 다양한 정책 주제에 관한 시의성 있는 연구들을 통합·체계화한 무료 개방형 데이터베이스다. 이 프로젝트에서는 언제든 자유롭게 열람할 수 있는 연구들을 찾아낸다. 저널리즘 강의계획서에서부터 연구를 가장 잘 수행할 수 있도록 하는 팁 시트(tip sheets)에 이르기까지 광범위한 교육 자료도 이용할 수 있다.
☞ http://journalistsresource.org

퓨리서치 언론발전연구소(Project for Excellence in Journalism, Pew Research Center) 이 당파적인 '팩트 탱크(fact tank)'는 뉴스 산업의 다양한 측면을 분석·평가한다.
☞ www.journalism.org

포인터 연구소(Poynter Institute) 전문적인 매체의 발전 및 후학 양성을 위한 온라인 프로젝트이자 학교다. 이 사이트는 뉴스 산업에 대한 최근의 뉴스들을 특징으로 하며, 다양한 수업 및 교육 자료를 제공한다. ☞ www.poynter.org

쇼렌스타인 언론·정치·공공정책 센터(Joan Shorenstein Center on the Press, Politics, and Public Policy, Harvard Kennedy School) 이 센터는 뉴스 매체에 관한 주요 언론인들과 학자들의 논문을 발행하고 현대사회의 전문적인 문제들에 관한 대화를 조성한다.
☞ http://shorensteincenter.org

나이트 재단(Knight Foundation) 이 조직은 뉴스 매체에서의 기술혁신에 중점을 두고 새로운 프로젝트 및 공동체 대화를 지원한다. ☞ www.knightfoundation.org/what-we-fund/innovating-media

니먼 저널리즘 랩(Nieman Journalism Lab) 뉴스 산업에서 최근의 발달에 관한 심층 뉴스 기사들을 생산하는 프로젝트다. 이 웹사이트는 미디어와 기술이 교차하는 지점에 초점을 맞춘다. ☞ http://www.niemanlab.org/

기자의 도구상자(Journalist's Toolbox) 전문언론인협회(SPJ)에서 지원하는 프로젝트로, 웹사이트에서 모든 주제 및 출입처에 걸친 유용한 링크와 정보를 관장한다. ☞ www.journaliststoolbox.org

탐사 보도 기자와 편집인(Investigative Reporters and Editors: IRE) 책임 저널리즘 (accountability journalism)과 관련한 기법을 개발하고 공유하는 데 중점을 두고 기자들을 지원·교육하는 기관이다. IRE의 NICAR 프로젝트는 컴퓨터 및 데이터 기술에 중점을 두고 있다. ☞ https://www.ire.org/

토 디지털 저널리즘 센터(Tow Center for Digital Journalism, Columbia Journalism School) 이 프로젝트는 뉴스 산업의 미래를 보여주는 연구 기반 보고서를 생산한다. 이 대학의 ≪컬럼비아 저널리즘 리뷰(Columbia Journalism Review)≫(www.cgr.org)는 저널리즘 관련 글 및 비평을 위한 주요 매체다. ☞ https://towcenter.org/

팩트체크(FactCheck.org) 미국 주요 정치인의 공적 발언에 대한 사실적 정확성을 감시하는 초당파적 비영리기관으로, 펜실베이니아 대학 애넌버그 공공정책센터의 프로젝트다. ☞ http://factcheck.org/

폴리티팩트(PolitiFact.com) 미국 주요 정치 인사들의 공적 발언의 사실적 정확성을 감시하는 ≪탬파베이 타임스(Tampa Bay Times)≫의 프로젝트다. ☞ http://www.politifact.com/

기타 웹사이트

구글 학술검색(Google Scholar) 아마도 가장 인기 있는 학술 검색 엔진으로, 학계의 연구들을 보여준다. 이 검색 엔진은 무료이지만, 검색 결과에 나타난 연구에 접근하는 것은 일부 제한될 수 있다(접근이 제한된 연구에 대해서는 검색 결과 하단에 있는 '전체 버전'을 클릭하면 웹 어디에서 해당 자료를 열람할 수 있는지 보여준다). ☞ http://scholar.google.com

펍메드 센트럴(PubMed Central) 이 데이터베이스는 국립보건원(National Institutes of Health)에서 제공하는 것으로, 공공 의료 및 정책에 관련된 수많은 연구 중 전문을 열람할 수 있는 연구들을 보유하고 있다. 이와 연관된 PubMed 데이터베이스는 훨씬 더 많은 연구를 보유하고 있지만, 일부는 접근이 제한된다. ☞ https://www.ncbi.nlm.nih.gov/pmc/

마이크로소프트 학술검색(Microsoft Academic Search) 이 진화하는 데이터베이스는 구글 학술검색과 어떤 면에서는 유사한데, 연구자와 그들의 연구 간 연결을 시각화하는 도구다. 여기서는 교수의 프로필과 그들 연구의 인용 현황을 보여주는 도표를 제공한다. ☞ https://academic.microsoft.com/

SSRN(Social Science Research Network) 개방 열람이 가능한 데이터베이스로 수천 편의 논문을 보유하고 있으며, 상당수는 무료로 내려받아 이용할 수 있다. ☞ https://www.ssrn.com/en/

NBER(National Bureau of Economic Research) 경제학 분야에서 상위 학술 연구들을 출판하는 비영리 연구기관이다. 다수의 주요 논문들이 출판되기 전에 워킹 페이퍼 형태로 이곳에 게재된다. ☞ http://www.nber.org/

퓨리서치 센터(Pew Research Center) 현안에 관한 여론조사 및 분석을 수행하는 설문조사 및 연구 기관이다. ☞ http://www.pewresearch.org/

JSTOR 비영리 데이터베이스로 1000개 이상의 학술지를 포함하고 있다. 대학이나 도서관과 연계해 논문의 전문에 접근할 수 있는 서비스를 제공한다. 협의에 따라 가장 최근의 학술 논문은 포함하지 않는다. ☞ http://www.jstor.org/

아카데믹 원파일(Academic OneFile) 공공 도서관에서 종종 이용 가능한 데이터베이스로, 수천 개의 학술지를 열람할 수 있다. 모든 논문이 전문을 열람할 수 있는 것은 아니나, 전문을 이용할 수 있는 상호 심사 연구로만 제한해 검색할 수 있다. ☞ www.gale.cengage.com/periodicalsolutions/academiconefile.htm

Open DOAR(Directory of Open Access Repositories) 영국 노팅엄 대학에서 운영하는 사이트로 전 세계의 데이터베이스를 종합한다. ☞ www.opendoar.org/find.php

DOAJ(Directory of Open Access Journals) 열람이 가능한 1000개 이상의 학술지들만을

포함하며, 성장하고 있는 데이터베이스다. ☞ www.doaj.org

멘델레이(Mendeley) 전 세계에서 참여하는 학자들로부터 선택된 연구들을 크라우드소싱하는 데이터베이스다. 이 프로젝트에 가입하면 자신만의 고유한 연구 목록을 선택적으로 체계화할 수 있다. 몇몇 연구의 이용은 제한되지만, 제목과 초록은 모두 이용 가능하다. ☞ www.mendeley.com

PLOS(Public Library of Science) 자유 열람 학술 프로젝트인 PLOS One의 중요 학술지는 과학 및 의학 주제에 관한 원본의 상호 심사 학술지를 특징으로 한다. ☞ www.plosone.org/home.action

하이와이어(HighWire) 방대한 과학 관련 연구 소장 목록 전체에 접속할 수 있는 스탠퍼드 대학의 도서관이자 데이터베이스 프로젝트다. ☞ http://highwire.stanford.edu

프로젝트 뮤즈(Project MUSE) 200여 개의 자유 열람 학술지를 포함하는 존스 홉킨스 대학의 프로젝트다. ☞ http://muse.jhu.edu

풀 텍스트 리포트(Full Text Reports) 갖가지 정보로부터 선별된 연구 및 보고서를 종합한 사이트다. ☞ http://fulltextreports.com

Open CRS 정책 문제에 관해 신뢰할 수 있고 편향되지 않은 배경을 제공하는 의회조사국(CRS)의 참고자료 서비스다. 의회조사국은 정책 관련 연구를 검토하며 공유 재산인 정부 보고서를 보관하고 있다. ☞ http://opencrs.com

참고문헌

Ackerman, Bruce, and James Fishkin. *Deliberation Day.* New Haven, CT: Yale University Press, 2004.

Adler, Richard. "News Cities: The Next Generation of Healthy Informed Communities." Aspen Institute Forum on Communications and Society, Aspen Institute, Washington, D.C., 2010.

Alterman, Eric. *What Liberal Media?* New York: Basic Books, 2003.

Altheide, David L. "Format and Symbol in Television Coverage of Terrorism in the United States and Great Britain." *International Studies Quarterly* 31 (1987): 161-76.

Altschull, J. Herbert. "The Journalist and Instant History." *Journalism Quarterly* 50 (1973): 545-51.

Alwood, Edward. *Dark Days in the Newsroom.* Philadelphia: Temple University Press, 2007.

Andersen, Kristi, and Stuart J. Thorson. "Public Discourse or Strategic Game? Changes in Our Conception of Elections." *Studies in American Political Development* 3 (1989): 271-73.

Anderson, C. W., Emily Bell, and Clay Shirky. "Post-Industrial Journalism: Adapting to the Present." Tow Center for Digital Journalism, Columbia University Graduate School of Journalism, New York, 2012.

Ansolabehere, Stephen, Roy Behr, and Shanto Iyengar. *The Media Game: American Politics in the Media Age.* New York: Macmillan, 1993.

Arnold, R. Douglas. *Congress, the Press, and Political Accountability.* Princeton, NJ: Princeton University Press, 2004.

Atwater, Tony, and Norma Green. "News Sources in Network Coverage of International Terrorism." *Journalism Quarterly* 65 (1988): 967-71.

Auletta, Ken. "Non-Stop News" *New Yorker*, January 25, 2010.

Barnhurst, Kevin G. "The Makers of Meaning." *Political Communication* 20 (2003): 1-22.

Barnhurst, Kevin G., and Catherine A. Steele. "Image Bite News: The Coverage of Elections on U.S. Television, 1968-1992" *Harvard International Journal of Press/Politics* 2 (1997): 40-58.

Bartels, Larry. *Presidential Primaries and the Dynamics of Public Choice.* Princeton, NJ: Princeton University Press, 1988.

Bates, Stephen. "Realigning Journalism with Democracy: The Hutchins Commission, Its Times, and Ours." Washington, D.C.: Annenberg Washington Program, Northwestern University, 1995.

Bauerlein, Mark. *The Dumbest Generation.* New York: Penguin, 2008.

Baum, Matthew A. "Partisan Media and Attitude Polarization: The Case of Healthcare

Reform." In *Regulatory Breakdown: The Crisis of Confidence in U.S. Regulation*, ed. Cary Coglianese, 118-42. Philadelphia: University of Pennsylvania Press, 2012.

_____. *Soft News Goes to War: Public Opinion and American Foreign Policy in the New Media Age*. Princeton, NJ: Princeton University Press, 2003.

Baum, Matthew A., and Tim Groeling. "New Media and the Polarization of American Political Discourse." *Political Communication* 25 (2008): 345-65.

_____. "Shot by the Messenger." *Political Behavior* 31 (2009): 157-86.

Baumgartner, Jody C., and Jonathan S. Morris. *Laughing Matters: Humor and American Politics in the Media Age*. New York: Routledge, 2012.

Benkler, Yochai. *The Wealth of Networks*. New Haven, CT: Yale University Press, 2007.

Bennett, W. Lance. *News: The Politics of Illusion*. New York: Longman, 2002.

_____. "Political Communication and Democratic Governance." In *Democracy in the Twenty-First Century*, ed. Peter Nardulli, forthcoming.

_____. "Toward a Theory of Press-State Relations in the U.S." *Journal of Communication* 40 (1990): 103-25.

Bennett, W. Lance, Regina G. Lawrence, and Steven Livingston. *When the Press Fails: Political Power and the News Media from Iraq to Katrina*. Chicago: University of Chicago Press, 2007.

Bernt, Joseph P., Frank E. Fee, Jacqueline Gifford, and Guido H. Stempel III. "How Well Can Editors Predict Reader Interest in News?" *Newspaper Research Journal* 21 (2000): 2-10.

Bimber, Bruce. *Information and American Democracy: Technology in the Evolution of Political Power*. New York: Cambridge University Press, 2003.

Blendon, Robert. "Bridging the Gap between the Public's and the Economists' Views of the Economy." *Journal of Economic Perspectives* 11 (1997): 105-18.

Blom, Robin, and Lucinda D. Davenport. "Searching for the Gore of Journalism Education." *Journalism and Mass Communication Educator* 67 (2012): 70-86.

Blumler, Jay G., and Michael Gurevitch. *The Crisis of Public Communication*. London: Routledge, 1995.

Boehlert, Eric. *Lapdogs: How the Press Rolled Over for Bush*. New York: Free Press, 2006.

Boykoff, Maxwell T. *Who Speaks for the Climate? Making Sense of Media Reporting on Climate Change*. New York: Cambridge University Press, 2011.

Boykoff, Maxwell T., and Jules M. Boykoff. "Balance as Bias: Global Warming and the U.S. Prestige Press." *Global Environmental Change* 14 (2004): 125-36.

Boyte, Harry C. "Civic Agency and the Politics of Knowledge." Kettering Foundation, 2009.

Bradlee, Ben. *A Good Life: Newspapering and Other Adventures*. New York: Simon & Schuster, 1995.

Brantner, Cornelia, Katharina Lobinger, and Irmgard Wetzstein. "Effects of Visual Framing on Emotional Responses and Evaluations of News Stories about the Gaza Conflict of 2009." *Journalism and Mass Communication Quarterly* 88 (2011): 523-40.

Broder, David. *Beyond the Front Page*. New York: Simon & Schuster, 1987.

Brownstein, Ronald. *The Second Civil War: How Extreme Partisanship Has Paralyzed Washington and Polarized America*. New York: Penguin, 2007.

Buchanan, Bruce. *Renewing Presidential Politics*. Lanham, MD: Rowman & Littlefield, 1996.

Buckingham, David. "News Media, Political Socialization and Popular Citizenship: Towards a New Agenda." *Critical Studies in Mass Communication* 14 (1997): 344-66.

Bucy, Erik P., and Maria Elizabeth Grabe. "Taking Television Seriously: A Sound and Image Bite Analysis of Presidential Campaign Coverage, 1992-2004." *Journal of Communication* 57 (2007): 652-75.

Cappella, Joseph, and Kathleen Hall Jamieson. *Spiral of Cynicism: The Press and the Public Good*. New York: Oxford University Press, 1997.

Carpenter, Serena. "How Online Citizen Journalism Publications and Online Newspapers Utilize the Objective Standard and Rely on External Sources." *Journalism and Mass Communication Quarterly* 85 (2008): 533-50.

Chong, Dennis, and James N. Druckman. "Framing Public Opinion in Competitive Democracies." *American Political Science Review* 101 (2007): 637-55.

Clyde, Robert W., and James K. Buckalew. "Inter-Media Standardization: A Q-Analysis of News Editors." *Journalism Quarterly* 46 (Summer 1969): 349-51.

Cobb, Roger W., and David M. Primo. *The Plane Truth: Airline Crashes, the Media, and Transportation Policy*. Washington, D.C.: Brookings Institution, 2003.

Cohen, Jeffrey E. *The Presidency in the Era of 24-Hour News*. Princeton, NJ: Princeton University Press, 2008.

Cook, Timothy E. *Governing with the News*. Chicago: University of Chicago Press, 1998.

Crouse, Timothy. *The Boys on the Bus*. New York: Ballantine, 1974.

Curran, James. *Media and Democracy*. London: Routledge, 2011.

Dagnes, Alison. *Politics on Demand: The Effects of 24-Hour News on American Politics*. Westport, CT: Praeger, 2010.

Dahlgren, Peter. *Media and Political Engagement*. New York: Cambridge University Press, 2009.

D'Alessio, David, and Mike Allen. "Media Bias in Presidential Elections: A Meta-Analysis." *Journal of Communication* 50 (2000): 133-56.

Davis, Richard. *Politics Online*. New York: Routledge, 2005.

De Vreese, Claes H., and Matthijs Elenbaas. "Media in the Game of Politics: Effects of Strategic Metacoverage on Political Cynicism." *International Journal of Press/Politics* 13 (2008): 285-309.

Delli Carpini, Michael X., and Scott Keeter. *What Americans Know about Politics and Why It Matters*. New Haven, CT: Yale University Press, 1997.

Dennis, Everett C., and John C. Merritt. *Media Debates: Great Issues for the Digital Age*, 5th ed. Belmont, CA: Wadsworth, 2006.

Dewey, John. *The Public and Its Problems*. New York: Holt, 1927.

Dionne, E. J. *They Only Look Dead*. New York: Simon & Schuster, 1996.

Doherty, Carol. "The Public Isn't Buying Press Credibility." *Nieman Reports*, Summer 2005.

Doig, Stephen K. "Reporting with the Tools of Social Science." *Nieman Reports*, Spring 2008.

Donsbach, Wolfgang. "Journalists and Their Professional Identities." In *The Routledge Companion to News and Journalism Studies*, ed. Stuart Allan. New York: Routledge, 2010.

Donsbach, Wolfgang, and Tom Fiedler. "Journalism School Curriculum Enrichment: A Mid-Term Report of the Carnegie-Knight Initiative on the Future of Journalism Education." Joan Shorenstein Center on the Press, Politics and Public Policy, John F. Kennedy School of Government, Harvard University, Cambridge, MA, 2008.

Downie, Leonard, Jr., and Robert G. Kaiser. *The News about the News: American Journalism in Peril*. New York: Vintage, 2003.

Druckman, James N. "Political Preference Formation." *American Political Science Review* 98 (2004): 671-86.

Easton, Nina. "Rebelling Against the Rich." Discussion Paper D-75, Joan Shorenstein Center on the Press, Politics and Public Policy, John F. Kennedy School of Government, Harvard University, Cambridge, MA, 2012.

Edelman, Murray. *Constructing the Political Spectacle*. Chicago: University of Chicago Press, 1988.

Edwardson, Mickie, Kurt Kent, and Maeve McConnell. "Television News Information Gain: Videotext versus a Talking Head." *Journal of Broadcasting and Electronic Media* 29 (1985): 367-85.

Efron, Edith. *The News Twisters*. Los Angeles: Nash, 1971.

Ehrlich, Matthew Carleton. "The Journalism of Outrageousness." *Journalism and Communication Monographs* 155 (February 1996).

Eilperin, Juliet. *Fight Club Politics*. Lanham, MD: Rowman & Littlefield, 2007.

Engelberg, Stephen. "Open Your Mind." *American Journalism Review*, March 1999.

Entman, Robert. *Democracy without Citizens: Media and the Decay of American Politics*. New York: Oxford University Press, 1989.

_____. *Projections of Power: Framing News, Public Opinion, and U.S. Foreign Policy*. Chicago: University of Chicago Press, 2004.

Epstein, Edward Jay. *News from Nowhere*. New York: Vintage, 1974.

Fallows, James. *Breaking the News: How the Media Undermine American Democracy*. New York: Pantheon, 1996.

_____. "Did You Have a Good Week?" *Atlantic Monthly*, December 1994.

Farnsworth, Stephen J., and S. Robert Lichter. *The Mediated Presidency: Television News and Presidential Governance*. Lanham, MD: Rowman & Littlefield, 2005.

_____. "News Coverage of New Presidents in the *New York Times*, 1981-2008." *Politics and Policy* 40 (2012): 69-91.

Feldman, Lauren, Edward W. Maibach, Connie Roser-Renouf, and Anthony Leiserowitz. "Climate on Cable: The Nature and Impact of Global Warming Coverage on Fox

News, CNN, and MSNBC." *International Journal of Press/Politics* 17 (2012): 3-31.

Fogarty, Brian J. "Determining Economic News Coverage." *International Journal of Public Opinion Research* 17 (2005): 149-72.

Fogarty, Brian J., and Jennifer Wolak. "The Effects of Media Interpretation for Citizen Evaluations of Politicians' Messages." *American Politics Research* 37 (2009): 129-54.

Fowles, Jib. *Why Viewers Watch.* Newbury Park, CA: Sage Publications, 1992.

Fried, Richard M. *Nightmare in Red: The McCarthy Era in Perspective.* New York: Oxford University Press, 1991.

Fröhlich, Remy, and Christina Holtz-Bacha. *Journalism Education in Europe and North America.* New York: Hampton Press, 2003.

Fuller, Jack. *News Values.* Chicago: University of Chicago Press, 1996.

_____. *What Is Happening to News: The Information Explosion and the Crisis in Journalism.* Chicago: University of Chicago Press, 2010.

Gans, Herbert J. *Deciding What's News.* New York: Pantheon, 1979.

Gant, Scott. *We're All Journalists Now.* New York: Free Press, 2007.

Gardner, Howard, Mihaly Csikszentmihalyi, and William Damon. *Good Work: Where Excellence and Ethics Meet.* New York: Basic Books, 2001.

Geer, John G. *In Defense of Negativity.* Chicago: University of Chicago Press, 2006.

Gentzkow, Matthew, and Jesse M. Shapiro. "What Drives Media Slant? Evidence from U.S. Daily Newspapers." *Econometrica* 78 (2010): 35-71.

George, Cherian. "Beyond Professionalization." *Journalism and Mass Communication Educator* 66 (2011): 257-67.

Gilens, Martin, Lynn Vavreck, and Martin Cohen. "The Mass Media and the Public's Assessments of Presidential Candidates, 1952-2000." *Journal of Politics* 69 (2007): 1160-75.

Giles, Bob. "Universities Teach Journalists Valuable Lessons." *Nieman Reports*, Spring 2001.

Gillmor, Dan. *We the Media: Grassroots Journalism by the People, for the People.* Sebastopol, CA: O'Reilly Media, 2006.

Gitlin, Todd. *Media Unlimited.* New York: Henry Holt, 2002.

Glaser, Mark. "The New Voices: Hyperlocal Citizen Media Sites Want You (to Write)!" *Online Journalism Review*, USC Annenberg, November 2004.

Glasser, Theodore J. "Objectivity Precludes Responsibility." *Quill*, February 1984.

Godkin, Paul. "Rethinking Journalism as a Profession." *Canadian Journal of Media Studies* 4 (2008): 109-23.

Goldberg, Bernard. *Bias: A CBS Insider Exposes How the Media Distort the News.* Washington, D.C.: Regnery, 2002.

Graber, Doris A. *On Media: Making Sense of Politics.* Boulder, CO: Paradigm, 2012.

_____. *Processing the News: How People Tame the Information Tide*, 2nd ed. New York: Longman, 1988.

_____. *Processing Politics: Learning from Television in the Internet Age.* Chicago: University of Chicago Press, 2001.

Greenhouse, Linda. "Challenging 'He Said, She Said' Journalism." *Nieman Reports* 66 (Summer 2012).

Groeling, Tim. *When Politicians Attack*. New York: Cambridge University Press, 2010.

Groeling, Tim, and Matthew A. Baum. "Journalists' Incentives and Media Coverage of Elite Foreign Policy Evaluations." *Conflict Management and Peace Science* 26 (2009): 437-70.

Groeling, Tim, and Samuel Kernell. "Is Network News Coverage of the President Biased?" *Journal of Politics* 60 (1998): 1063-87.

Grubisich, Tom. "Grassroots Journalism: Actual Content vs. Shining Idea." *Online Journalism Review*, USC Annenberg, October 2005.

Gunther, Albert C., and Janice L. Liebhart. "Broad Reach or Biased Source? Decomposing the Hostile Media Effect." *Journal of Communication* 56 (2006): 449-66.

Hacker, Jacob S., and Paul Pierson. *Off Center: The Republican Revolution and the Erosion of American Democracy*. New Haven, CT: Yale University Press, 2005.

Haiman, Robert J. *Best Practices for Newspaper Journalists*. Arlington, VA: Freedom Forum, 2002.

Haller, H. Brandon, and Helmut Norpoth. "Reality Bites: News Exposures and Economic Opinion." *Public Opinion Quarterly* 61 (1997): 555-75.

Hamill, Pete. *News Is a Verb*. New York: Ballantine, 1998.

Hartley, John. *Understanding News*. London: Methuen, 1982.

Hartman, Todd K., and Christopher R. Weber. "Who Said What? The Effects of Source Cues in Issue Frames." *Political Behavior* 31 (2009): 537-58.

Hayes, Danny, and Matt Guardino. "Whose Views Made the News? Media Coverage and the March to War in Iraq." *Political Communication* 27 (2010): 59-87.

Herbst, Susan. *Reading Public Opinion: How Political Actors View the Democratic Process*. Chicago: University of Chicago Press, 1998.

Hindman, Matthew. *The Myth of Digital Democracy*. Princeton, NJ: Princeton University Press, 2009.

Hofstadter, Richard. "The Paranoid Style in American Politics." *Harper's Magazine*, November 1964.

Howard, Philip N. *New Media Campaigns and the Managed Citizen*. New York: Cambridge University Press, 2006.

Hyman, Herbert H., and Paul B. Sheatsley. "Some Reasons Why Information Campaigns Fail." *Public Opinion Quarterly* 11 (1947): 412-23.

Iyengar, Shanto. *Is Anyone Responsible? How Television Frames Political Issues*. Chicago: University of Chicago Press, 1991.

Iyengar, Shanto, Helmut Norpoth, and Kyu S. Hahn. "Consumer Demand for Election News: The Horserace Sells." *Journal of Politics* 66 (2004): 157-75.

Jacobs, Lawrence R., and Robert Y. Shapiro. *Politicians Don't Pander*. Chicago: University of Chicago Press, 2000.

Jamieson, Kathleen Hall. *Dirty Politics*. New York: Oxford University Press, 1992.

Jamieson, Kathleen Hall, and Karlyn Kohrs Campbell. *The Interplay of Influence*, 5th ed.

Belmont, CA: Wadsworth, 2001.

Jamieson, Kathleen Hall, and Joseph N. Cappella. *Echo Chamber: Rush Limbaugh and the Conservative Media Establishment.* New York: Oxford University Press, 2008.

Jamieson, Kathleen Hall, and Paul Waldman. *The Press Effect: Politicians, Journalists, and the Stories That Shape the Political World.* New York: Oxford University Press, 2003.

Janeway, Michael. *Republic of Denial: Press, Politics, and Public Life.* New Haven, CT: Yale University Press, 1999.

Jarvis, Jeff. *What Would Google Do?* New York: HarperBusiness, 2009.

Jerit, Jennifer, and Jason Barabas. "Bankrupt Rhetoric: How Misleading Information Affects Knowledge about Social Security." *Public Opinion Quarterly* 70 (2006): 278-303.

Johnson, Thomas J., and Barbara K. Kaye. "Wagthe Blog." *Journalism and Mass Communication Quarterly* 81 (2004): 622-42.

Johnston, Robert D. *The Politics of Healing.* New York: Routledge, 2004.

Jones, Alex S. *Losing the News.* New York: Oxford University Press, 2009.

Kalb, Marvin. "The Rise of the 'New News.'" Discussion Paper D-34, Joan Shorenstein Center on the Press, Politics and Public Policy, John F. Kennedy School of Government, Harvard University, Cambridge, MA, 1998.

Kang, Hyunjin, Keunmin Bae, Shaoke Zhang, and S. Shyam Sundar. "Source Cues in Online News: Is the Proximate Source More Powerful Than Distal Sources?" *Journalism and Mass Communication Quarterly* 88 (2011): 719-36.

Keeter, Scott, and Cliff Zukin. *Uninformed Choice.* New York: Praeger, 1984.

Kepplinger, Hans Mattias, and J. Habermeier. "The Impact of Key Events on the Presentation of Reality." Unpublished paper, Institut für Publizistik, University of Mainz, Germany, 1995.

Kerbel, Matthew R. *If It Bleeds, It Leads.* New York: Basic Books, 2000.

———. *Remote and Controlled: Media Politics in a Cynical Age*, 2nd ed. Boulder, CO: Westview Press, 1999.

Keren, Michael. *Blogosphere: The New Political Arena.* Lanham, MD: Lexington Books, 2006.

Kiku, Adatto. "Sound Bite Democracy: Network Evening News Presidential Campaign Coverage, 1968 and 1988." Research Paper R-2, Joan Shorenstein Center on the Press, Politics and Public Policy, John F. Kennedy School of Government, Harvard University, Cambridge, MA, 1990.

King, Elliot. *Free for All: The Internet's Transformation of Journalism.* Evanston, IL: Northwestern University Press, 2010.

Klein, Ezra. "Unpopular Mandate." *New Yorker,* June 25, 2012.

Klein, Roger D. "Audience Reaction to Local TV News." *American Behavioral Scientist* 46 (2003): 1661-72.

Kline, David, and Dan Burstein. *Blog!: How the Newest Media Revolution Is Changing Politics, Business, and Culture.* New York: CDS Books, 2005.

Kovach, Bill, and Tom Rosenstiel. *The Elements of Journalism*. New York: Three Rivers, 2001.

_____. *The Elements of Journalism*, revised ed. New York: Three Rivers, 2007.

Kuklinski, James H., Paul J. Quirk, Jennifer Jerit, David Schweider, and Robert F. Rich. "Misinformation and the Currency of Democratic Citizenship." *Journal of Politics* 62 (2000): 790-816.

Kuklinski, James H., Paul J. Quirk, David Schweider, and Robert F. Rich. " 'Just the Facts, Ma'am': Political Facts and Public Opinion." *Annals of the American Academy of Political and Social Science* 560 (1998): 143-54.

Kurtz, Howard. *Spin Cycle: How the White House and the Media Manipulate the News*. New York: Touchstone, 1998.

Kuypers, Jim A. *Press Bias and Politics: How the Media Frame Controversial Issues*. Westport, CT: Praeger, 2002.

Ladd, Jonathan M. *Why Americans Hate the Media and How It Matters*. Princeton, NJ: Princeton University Press, 2012.

Lawrence, Regina. "Framing Obesity: The Evolution of News Discourse on a Public Health Issue." *International Journal of Press/Politics* 9, no. 3 (Summer 2004): 56-75.

Lawrence, Regina, and Melody Rose. *Hillary Clinton's Race for the White House: Gender Politics and the Media on the Campaign Trail*. Boulder, CO: Lynne Rienner, 2009.

Layton, Charles. "State of the American Newspaper. What Do People Really Want?" *American Journalism Review*, March 1999.

Lee, Francis E. *Beyond Ideology: Politics, Principles, and Partisanship in the U.S. Senate*. Chicago: University of Chicago Press, 2009.

Leigh, Robert D. *A Free and Responsible Press*. Chicago: University of Chicago Press, 1974.

Lemann, Nicholas. "The Limits of Language." In *What Orwell Didn't Know: Propaganda and the New Face of American Politics*, ed. András Szántó and Orville Schell. New York: Public Affairs, 2007.

Leubsdorf, Carl. "The Reporter and the Presidential Candidate." *Annals of the American Academy of Political and Social Science* 427, no. 1 (1976): 1-11.

Levy, Mark. "Disdaining the News." *Journal of Communication* 31 (1981): 24-31.

Leys, Colin. *Market-Driven Politics*. London: Verso, 2001.

Lichter, S. Robert, and Ted J. Smith. "Bad News Bears." *Forbes Media Critic* 1 (1994): 81-87.

Lippmann, Walter. *Liberty and the News*. Princeton, NJ: Princeton University Press, 2008 [1920].

_____. *Public Opinion*. New York: Free Press, 1970 [1922].

_____. Lowrey, Wilson, George L. Daniels, and Lee B. Becker. "Predictors of Convergence Curricula in Journalism and Mass Communication Programs." *Journalism and Mass Communication Educator* 60 (2005): 31-46.

Lupia, Arthur, and Mathew D. McCubbins. *The Democratic Dilemma: Can Citizens Learn What They Need to Know?* New York: Cambridge University Press, 1998.

MacKinnon, Rebecca. *Consent of the Networked: The Worldwide Struggle for Internet Freedom.* New York: Basic Books, 2012.

Maier, Scott R. "Accuracy Matters: A Cross-Market Assessment of Newspaper Error and Credibility." *Journalism and Mass Communication Quarterly* 82 (2005): 533-51.

Major, Lesa Hatley. "The Mediating Role of Emotions in the Relationship between Framing and Attribution of Responsibility for Health Problems." *Journalism and Mass Communication Quarterly* 88 (2011): 502-22.

Manheim, Jarol. *All of the People, All the Time: Strategic Communication and American Politics.* Armonk, NY: M.E. Sharpe, 1991.

Mann, Thomas E., and Norman J. Ornstein. *The Broken Branch: How Congress Is Failing America and How to Get It Back on Track.* New York: Oxford University Press, 2008.

———, eds. *Congress, the Press, and the Public.* Washington, D.C.: American Enterprise Institute and Brookings Institution, 1994.

———. *It's Even Worse Than It Looks.* New York: Basic Books, 2012.

Mayer, Frederick W. "Stories of Climate Change: Competing Narratives, the Media, and U.S. Public Opinion 2001-2010." Discussion Paper D-72, Joan Shorenstein Center on the Press, Politics and Public Policy, John F. Kennedy School of Government, Harvard University, Cambridge, MA, 2012.

McCauley, Michael P. *The Political Economy of Media: Enduring Issues, Emerging Dilemmas.* New York: Monthly Review Press, 2008.

———. *NPR: The Trials and Triumphs of National Public Radio.* New York: Columbia University Press, 2005.

McChesney, Robert, and Victor Pickard, eds. *Will the Last Reporter Please Turn Out the Lights.* New York: New Press, 2011.

McClellan, Scott. *What Happened: Inside the Bush White House and Washington's Culture of Deception.* New York: Public Affairs, 2008.

McCombs, Maxwell E., and Donald L. Shaw. "The Evolution of Agenda-Setting Research: Twenty-Five Years in the Marketplace of Ideas." *Journal of Communication* 43 (1993): 58-67.

McLeary, Paul. "Insightmag: A Must-Read." *Columbia Journalism Review,* January 29, 2007.

McLuhan, Marshall. *Understanding Media.* Cambridge, MA: MIT Press, 1964.

McManus, John H. *Market-Driven journalism.* Thousand Oaks, CA: Sage, 1994.

Mele, Nicco. The End of Big: How the Internet Makes David the New Goliath. New York: St. Martin's Press, 2013.

Mencher, Melvin. "Will the Meaning of Journalism Survive?" *Nieman Reports,* June 2006.

Mensing, Donica. "Rethinking [Again] the Future of Journalism Education." *Journalism Studies* 11 (2010): 511-23.

Meyer, Philip. *Precision Journalism: A Reporters Introduction to Social Science Methods.* Bloomington: Indiana University Press, 1973.

———. *The Vanishing Newspaper.* Columbia: University of Missouri Press, 2004.

Miller, Arthur H., Edie N. Goldenberg, and Lutz Erbring. "Type-Set Politics: Impact of

Newspapers on Public Confidence." *American Political Science Review* 73 (1979): 67-84.

Mindich, David T. Z. *Just the Facts: How "Objectivity" Came to Define American Journalism.* New York: New York University Press, 2000.

Mooney, Chris, and Matthew C. Nisbet. "Undoing Darwin." *Columbia Journalism Review,* September/October 2005.

Morris, Jonathan S. "Slanted Objectivity? Perceived Media Bias, Cable News Exposure, and Political Attitudes." *Social Science Quarterly* 88 (2007): 707-28.

Morris, Jonathan S., and Rosalee A. Clawson. "Media Coverage of Congress in the 1990s: Scandal, Personalities, and the Prevalence of Policy and Process." *Political Communication* 22 (2005): 297-313.

Morris, Jonathan S., and Richard Forgette. "News Grazers, Television News, Political Knowledge, and Engagement." *Harvard International Journal of Press/Politics* 12 (2007): 91-107.

Mott, Frank Luther. *American Journalism: A History, 1690-1960.* New York: Macmillan, 1962.

Moy, Patricia, and Michael Pfau. *With Malice Toward All? The Media and Public Confidence in Democratic Institutions.* Westport, CT: Praeger, 2000.

Mutz, Diana. "Mass Media and the Depoliticization of Personal Experiences." *American Journal of Political Science* 36 (1992): 483-508.

Nadeau, Richard, Neil Neville, Elisabeth Gidengil, and Andre Blais. "Election Campaigns as Information Campaigns." *Political Communication* 25 (2008): 229-48.

Neuman, W. Russell, ed. *Media, Technology, and Society: Theories of Media Evolution.* Ann Arbor: University of Michigan Press, 2010.

Niles, Robert. "A Journalist's Guide to the Scientific Method, and Why It's Important." *Online Journalism Review,* USC Annenberg, August 2011.

Nisbet, Matthew. "Nature's Prophet" Discussion Paper D-78, Joan Shorenstein Center on the Press, Politics and Public Policy, John F. Kennedy School of Government, Harvard University, Cambridge, MA, 2013.

Nisbet, Matthew C., Dominique Brossard, and Adrianne Kroepsch. "Framing Science: The Stem Cell Controversy in the Age of Press/Politics" *Harvard International Journal of Press/Politics* 8 (2003): 36-70.

Nisbet, Matthew C., and Bruce V. Lewenstein. "Biotechnology and the American Media." *Science Communication* 23 (2002): 359-91.

Niven, David. *Tilt? The Search for Media Bias.* Westport, CT: Praeger, 2002.

Norris, Pippa, John Curtice, David Sanders, Margaret Scammell, and Holli A. Semetko. *On Message: Communicating the Campaign.* Thousand Oaks, CA: Sage, 1999.

Nyhan, Brendan. "Why the 'Death Panel' Myth Wouldn't Die: Misinformation in the Health Care Reform Debate." *Forum* 8, no. 1 (2010).

Nyhan, Brendan, and Jason Reifler "When Corrections Fail: The Persistence of Political Misperception." *Political Behavior* 32 (2010): 303-30.

Nyhan, Brendan, and John Sides. "How Political Science Can Help Journalism (and Still

Let Journalists Be Journalists)." *Forum* 9, no. 1 (2011).

Oppenheimer, Todd. "Reality Bytes." *Columbia Journalism Review*, September/October 1996.

Overholser, Geneva. "Keeping Journalism, and Journalism Education, Connected to the Public." *Nieman Journalism Lab*, September 2012.

Page, Benjamin L, and Robert Y. Shapiro. *The Rational Public*. Chicago: University of Chicago Press, 1992.

Patterson, Thomas E. "Bad News, Bad Governance." *Annals of the American Academy of Political and Social Science* 546, no. 1 (July 1996): 97-108.

_____. "Time and News." *International Political Science Review* 19 (1998): 55-67.

_____. "Doing Well and Doing Good." Working Paper RWP01-001, Joan Shorenstein Center on the Press, Politics and Public Policy, John F. Kennedy School of Government, Harvard University, Cambridge, MA, 2000.

_____. *The Mass Media Election: How Americans Choose Their President*. Westport, CT: Praeger, 1980.

_____. "More Style Than Substance: Television News in U.S. National Elections." *Political Communication and Persuasion* 8 (1991): 145-61.

_____. *Out of Order*. New York: Knopf, 1993.

_____. "Young People and News." Joan Shorenstein Center on the Press, Politics and Public Policy, John F. Kennedy School of Government, Harvard University, Cambridge, MA, 2007.

Patterson, Thomas E., and Robert D. McClure. *The Unseeing Eye*. New York: Putnam, 1976.

Perloff, Richard M. *Political Communication: Politics, Press, and Public in American Politics*. Mahwah, NJ: Lawrence Erlbaum, 1998.

Phelps, Andrew. "From White Paper to Newspaper." *Nieman Journalism Lab*, November 2011.

Pincus, Walter. "Newspaper Narcissism." *Columbia Journalism Review*, May/ June 2009. www.cjr.org/essay/newspaper_narcissism_1.php.

Pinkleton, Bruce E., Erica Weintraub Austin, Yushu Zhou, Jessica Fitts Willoughby, and Megan Reiser. "Perceptions of News Media, External Efficacy, and Public Affairs Apathy in Political Decision Making and Disaffection." *Journalism and Mass Communication Quarterly* 89 (2012): 23-39.

Pooley, Eric. "How Much Would You Pay to Save the Planet?" Discussion Paper D-49, Joan Shorenstein Center on the Press, Politics and Public Policy, John F. Kennedy School of Government, Harvard University, Cambridge, MA, 2009.

Popkin, Samuel. *The Reasoning Voter: Communication and Persuasion in Presidential Campaigns*. Chicago: University of Chicago Press, 1991.

Postman, Neil. *Amusing Ourselves to Death*. New York: Penguin, 1985.

Powers, William. *Hamlet's BlackBerry*. New York: HarperCollins, 2010.

Prior, Markus. *Post-Broadcast Democracy*. Cambridge: Cambridge University Press, 2007.

Putnam, Robert. *Bowling Alone*. New York: Simon & Schuster, 2000.

Redlawsk, David. "Hot Cognition or Cool Consideration? Testing the Effects of Motivated Reasoning on Political Decision Making." *Journal of Politics* 64 (2002): 1021-44.

Reese, Stephen D. "The Progressive Potential of Journalism Education: Rethinking the Academic versus Professional Divide." *Harvard International Journal of Press/Politics* 4 (1999): 70-91.

Rideout, Christine F. "News Coverage and Talk Shows in the 1992 Presidential Campaign." *PS: Political Science and Politics* 26 (1993): 712-16.

Rideout, Victoria J., Ulla G. Foehr, Donald F. Roberts, and Mollyann Brodie. "Kids and Media at the New Millennium." Kaiser Family Foundation, Menlo Park, CA, 1999.

Ridout, Travis N., and Rob Mellon, Jr. "Does the Media Agenda Reflect the Candidates' Agenda?" *Harvard International Journal of Press/Politics* 12 (2007): 44-62.

Robinson, Michael J. "Public Affairs Television and the Growth of Political Malaise: The Case of 'The Selling of the Pentagon.'" *American Political Science Review* 70, no. 3 (1976): 409-32.

———. "Two Decades of American News Preferences." Pew Research Center for the People and the Press, 2007. http://pewresearch.org/pubs/574/ (accessed 2012).

Robinson, Michael, and Margaret Sheehan. *Over the Wire and on TV*. New York: Sage, 1983.

Romer, Daniel, Kathleen Hall Jamieson, and Sean Aday. "Television News and the Cultivation of Fear of Crime." *Journal of Communication* 53 (2003): 88-104.

Rosen, Jay. *What Are Journalists For?* New Haven, CT: Yale University Press, 2001.

Rosenstiel, Tom. *The Beat Goes On*. New York: Twentieth Century Fund, 1994.

Rosenstiel, Tom, Marion Just, Todd Belt, Atiba Pertilla, Walter Dean, and Dante Chinni. *We Interrupt This Newscast: How to Improve Local News and Win Ratings, Too*. New York: Cambridge University Press, 2007.

Rosenstiel, Tom, and Amy Mitchell. "The State of the News Media, 2011." Pew Research Center's Project for Excellence in Journalism, March 14, 2011. http://stateofthemedia.org/2011/overview-2/ (accessed 2013).

Russell, Cristine. "Covering Controversial Science: Improving Reporting on Science and Public Policy." Working Paper 2006-4, Joan Shorenstein Center on the Press, Politics and Public Policy, John F. Kennedy School of Government, Harvard University, Cambridge, MA, 2006.

Sabato, Larry J. *Feeding Frenzy: How Attack Journalism Has Transformed American Politics*. New York: Free Press, 1991.

Salerno, Steve. "Journalist-Bites-Reality." eSkeptic. February 12, 2008.

Scheuer, Jeffrey. *The Big Picture: Why Democracies Need Journalistic Excellence*. New York: Routledge, 2008.

Schlesmger, Philip. "Newsmen and Their Time Machine." *British Journal of Sociology* 28 (1977): 336-50.

Schön, Donald A. *The Reflective Practitioner: How Professionals Think in Action*. New York: Basic Books, 1983.

Schudson, Michael. *Discovering the News*. Cambridge, MA: Harvard University Press, 1978.

_____. *The Power of News*. Cambridge, MA: Harvard University Press, 1995.

_____. *Why Democracies Need an Unlovable Press*. Boston: Polity, 2008.

Scott, D. Travers. "Pundits in Muckrakers' Clothing." In *Blogging, Citizenship, and the Future of Media*, ed. Mark Tremayne. New York: Routledge, 2007.

Sellers, Patrick. *Cycles of Spin: Strategic Communication in the U.S. Congress*. New York: Cambridge University Press, 2010.

Seymour-Ure, Colin. *The Political Impact of Mass Media*. Beverly Hills, CA: Sage, 1974.

Shirky, Clay. *Cognitive Surplus: Creativity and Generosity in a Connected Age*. New York: Penguin Books, 2010.

Shoemaker, Pamela J., Timothy P. Vos, and Stephen D. Reese. "Journalists as Gate-keepers." In *The Handbook of Journalism Studies*, ed. K. Wahl-Jorgensen and T. Hanitzsch. New York: Routledge, 2009.

Shulman, Lee S. "Those Who Understand: Knowledge Growth in Teaching." *Educational Researcher* 15 (1986): 4-14.

Sigal, Leon. *Reporters and Officials: The Organization and Politics of Newsmaking*. Washington, D.C.: Heath, 1973.

Silverman, Craig. "A New Age for Truth." *Nieman Reports* 66 (Summer 2012).

Singer, Jane B. "The Journalist in the Network: A Shifting Rationale for the Gatekeeping Role and the Objectivity Norm." *Trípodos* 23 (2008): 61-76.

Sloan, W. David, and Lisa Mullikin Parcell. *American Journalism: History, Principles, Practices*. Jefferson, NC: McFarland, 2002.

Smolkin, Rachel. "Media Mood Swings." *American Journalism Review*, June 2003.

Sniderman, Paul M., Richard A. Brody, and Philip E. Tetlock. *Reasoning and Choice: Explorations in Political Psychology*. New York: Cambridge University Press, 1991.

Sparrow, Bartholomew H. *Uncertain Guardians: The News Media as a Political Insti-tution*. Baltimore: Johns Hopkins University Press, 1999.

Starr, Paul. *The Creation of the Media*. New York: Basic Books, 2004.

Stein, Jay W. *Mass Media, Education, and a Better Society*. Chicago: Nelson-Hall, 1979.

Steiner, Robert. "In Toronto, We're Dumping the J-School Model to Produce a New Kind of Reporter." *Nieman Journalism Lab*, October 16, 2012.

Stempel, Guido H., III, and Hugh M. Guthbertson. "The Prominence and Dominance of News Sources in Newspaper Medical Coverage." *Journalism Quarterly* 61 (1984): 671-76.

Stephens, Mitchell. "Beyond News: The Case for Wisdom Journalism." Discussion Paper D-53, Joan Shorenstein Center on the Press, Politics and Public Policy, John F. Kennedy School of Government, Harvard University, Cambridge, MA, 2009.

Stevens, John D. *Sensationalism and the New York Press*. New York: Columbia University Press, 1991.

Stimson, James A. *The Tides of Consent: How Public Opinion Shades American Politics*. New York: Cambridge University Press, 2004.

Storin, Matthew V. "While America Slept: Coverage of Terrorism from 1993 to September 11, 2001." Working Paper 2002-7, Joan Shorenstein Center on the Press, Politics and Public Policy, John F. Kennedy School of Government, Harvard University, Cambridge, MA, 2002.

Stroud, Natalie Jomini. *Niche News: The Politics of News Choice.* New York: Oxford University Press, 2011.

Sunstein, Cass R. *Going to Extremes: How Like Minds Unite and Divide.* New York: Oxford University Press, 2009.

_____. *Republic.com 2.0.* Princeton, NJ: Princeton University Press, 2009.

Surowiecki, James. *The Wisdom of Crowds.* New York: Doubleday, 2004.

Taber, Charles S., and Milton Lodge. "Motivated Skepticism in the Evaluation of Political Beliefs." *Midwest Political Science Association* 50, no. 3 (July 2006): 755-69.

Taylor, Paul. *See How They Run.* New York: Knopf, 1990.

Tuchman, Gaye. "Objectivity as Strategic Ritual: An Examination of Newsmen's Notions of Objectivity." *American Journal of Sociology* 77 (1972): 660-79.

Valentino, Nicholas A., Thomas A. Buhr, and Matthew N. Beckmann. "When the Frame Is the Game." *Journalism and Mass Communication Quarterly* 78 (2001): 93-112.

Varga, Emily K., D. Jasun Carr, Jeffrey P. Nytes, and Dhavan V. Shah. "Precision vs. Realism on the Framing Continuum." *Political Communication* 27 (2010): 1-19.

Wattenberg, Martin J. *Is Voting for Young People?* New York: Pearson Longman, 2008.

Weaver, David H., Randal A. Beam, Bonnie J. Brownlee, Paul S. Voakes, and G. Cleveland Wilhoit. *The American Journalist in the 21st Century.* Mahwah, NJ: Lawrence Erlbaum, 2007.

Weaver, Paul H. "Is Television News Biased?" *Public Interest* 27 (Winter 1972): 57-74.

Weldon, Michele. *Everyman News: The Changing American Front Page.* Columbus: University of Missouri Press, 2007.

West, Darrell M. *The Rise and Fall of the Media Establishment.* Boston: Bedford/St. Martin's, 2001.

Williams, Bruce A., and Michael X. Delli Carpini. *After Broadcast News.* New York: Cambridge University Press, 2011.

Zaller, John. *The Nature and Origins of Mass Opinion.* New York: Cambridge University Press, 1992.

Zittrain, Jonathan. *The Future of the Internet—and How to Stop It.* New Haven, CT: Yale University Press, 2008.

Zuckerman, Ethan. *Rewire: Digital Cosmopolitans in the Age of Connection.* New York: W. W. Norton, 2013.

각 장의 주

서장 정보의 오염

1   Walter Lippmann, *Liberty and the News* (Princeton, NJ: Princeton University Press, 2008 [1920]), 6.

2   Gallup poll, February 2003.

3   Program on International Policy Attitudes (PIPA)/Knowledge Networks poll, February 2003.

4   "Misperceptions, the Media, and the Iraq War," report of the Program on International Policy Attitudes, University of Maryland, College Park, October 2, 2003, 9.

5   예컨대, 다음을 참조할 것. Jeff Cohen, "Bush and Iraq: Mass Media, Mass Ignorance," *Common Dreams*, December 1, 2003, www.commondreams.org/views03/1201-13. htm.

6   PIPA / Knowledge Networks pool, February 2003.

7   Robert D. Johnston, *The Politics of Healing* (New York: Routledge, 2004), 136.

8   Richard Hofstadter, "The Paranoid Style in American Politics," *Harper's Magazine*, November 1964, 77.

9   다음을 참조할 것. John Hudson, "How the U.S. Right Wing Convinced Egyptians Obama Is a Secret Muslim," *Atlantic Wire*, July 17, 2012, www.theatlanticwire. com/global/2012/07/how-us-right-wing-convinced-egyptians-obama-secret-muslim /54674/.

10 다음을 참조할 것. Joshua Norman, "9/11 Conspiracy Theories Won't Stop," CBS News, Septemberu, 2011, www.cbsnews.com/8301-201_162-20104377.html.

11 *Wall Street Journal*/NBC News poll, August 2009.

12 Gallup poll, as reported in "In U.S., Global Warming Views Steady Despite Warm Weather," Gallup Politics, March 30, 2012, www.gallup.com/poll/153608/global-warming-views-steady-despite-warm-winter.aspx.

13 Jeffrey Scheuer, *The Big Picture: Why Democracies Need Journalistic Excellence* (New York: Routledge, 2008), 67-70.

14 로더릭 하트(Roderick Hart)가 2011년 3월 29일 루이지애나 주립대학의 브룩스 심포지엄(Breaux Symposium)에서 발표한 견해임.

15 Walter Lippmann, *Public Opinion* (New York: Free Press, 1970 [1922]), 229.

16 Lippmann, *Liberty and the News*, 6.

17 Christopher Connell, *Journalism's Crisis of Confidence*, Carnegie Corporation of

New York, 2006, 3.

18 Gallup poll, as reported in "U.S. Distrust in Media Hits New High," Gallup Politics, September, 21, 2012, www.gallup.com/poll/157589/distrust-media-hits-new-high. aspx.

19 같은 글.

20 Carol Doherty, "The Public Isn't Buying Press Credibility," *Nieman Reports*, Summer 2005, www.nieman.harvard.edu/reports/article/101115/The-Public-Isnt-Buying-Press-Credibility.aspx.

21 "Bottom-Line Pressures Now Hurting Coverage, Journalists Say," Pew Research Center's Project for Excellence in Journalism, May 23, 2004, www.people-press. org/2004/05/23/bottom-line-pressures-now-hurting-coverage-say-journalists/.

22 "The Web: Alarming, Appealing, and a Challenge to Journalistic Values," Pew Research Center for the People and the Press, March 17, 2008, www.stateofthe media.org/files/2011/01/Journalist-report-2008.pdf; 또한 다음을 참조할 것. "News Leaders and the Future," Pew Research Center's Project for Excellence in Journalism, April 12, 2010, www.journalism.org/node/20072.

23 그 예로 블로거 데이브 위너(Dave Winer)의 사이트를 참조할 것. http://scripting. com/.

24 Alex S. Jones, *Losing the News* (New York: Oxford University Press, 2009), 100.

25 "Americans Spending More Time Following the News," Pew Research Center for the People and the Press, September 12, 2010, 56, http://pewresearch.org/pubs/ 1725/where-people-get-news-print-online-readership-cable-news-viewers.

26 "The State of the News Media 2013: Overview," Pew Research Center's Project for Excellence in Journalism, March 18, 2013, http://stateofthemedia.org/2013/over view-5/.

27 Edwin Emery, *The Press and America: An Interpretive History of the Mass Media*, 4th ed. (Englewood Cliffs, NJ: Prentice-Hall, 1977), 350.

28 Michael Schudson, *Discovering the News* (Cambridge, MA: Harvard University Press, 1978).

29 예컨대, 다음을 참조할 것. Yochai Benkler, *The Wealth of Networks* (New Haven, CT: Yale University Press, 2007); Dan Gillmor, *We the Media: Grassroots Journalism by the People, for the People* (Sebastopol, CA: O'Reilly Media, 2006); Elliot King, *Free for All: The Internet's Transformation of Journalism* (Evanston, IL: Northwestern University Press, 2010); Jay Rosen, *What Are Journalists For?* (New Haven, CT: Yale University Press, 2001).

1장 정보의 문제

1   Lippmann, Liberty and the News, 6.

2   Lippmann, *Public Opinion*, 73.

3   Lippmann, *Liberty and the News*, 47.

4   Neil Postman, *Amusing Ourselves to Death* (New York: Penguin, 1985).

5   Gallup poll, "Americans' Concerns about Global Warming on the Rise," *Gallup Politics*, April 8, 2013, www.gallup.com/poll/161645/americans-concerns-global-warming-rise.aspx.

6   정치학자들은 정보 문제의 엄중함에 동의하지 않는다. 일부는 그 증거가 널리 확산된 정치적 무관심(political ignorance)을 가리킨다고 해석했고, 다른 일부는 조사 응답자들에게 사실적 정보를 시험하여 공중의 정치적 인식(political awareness)을 측정하고자 한 설문 문항에 결함이 있다고 주장했다. 하지만 정책 인식이 공중의 특기는 아니라고 결론 내리는 것이 안전하다. 공중이 얼마나 알고 있는가에 대한 반대 의견에 관해서는 다음을 참조할 것. Bruce Ackerman and James Fishkin, *Deliberation Day* (New Haven, CT: Yale University Press, 2004), 5, and Doris Graber, *On Media: Making Sense of Politics* (Boulder, CO. Paradigm, 2012), 2.

7   Jane B. Singer, "The Journalist in the Network: A Shifting Rationale for the Gate-keeping Role and the Objectivity Norm," *Tríodos* 23 (2008): 63.

8. Ackerman and Fishkin, *Deliberation Day*, 5; 또한 다음을 참조할 것. Scott Keeter and Cliff Zukin, *Uninformed Choice* (New York: Praeger, 1984); Michael X. Delli Carpini and Scott Keeter, *What Americans Know about Politics and Why It Matters* (New Haven, CT: Yale University Press, 1997); Mark Bauerlein, *The Dumbest Generation* (New York: Penguin, 2008), 235.

9   다음을 참조할 것. Stephen Engelberg, "Open Your Mind," *American Journalism Review*, March 1999.

10 Scott Althaus, "Free Falls, High Dives, and the Future of Democratic Accountability," in *The Politics of News/The News of Politics*, 2nd ed., ed. Doris Graber, Denis McQuail, and Pippa Norris (Washington, D.C.: Congressional Quarterly Press, 2007), 185.

11 2012년 10월 7일, NPR의 〈온 비잉(On Being)〉에 출연해서 한 말. www.onbeing.org/program/pro-life-pro-choice-pro-dialogue/4863.

12 Todd K. Hartman and Christopher R. Weber, "Who Said What? The Effects of Source Cues in Issue Frames," *Political Behavior* 31 (2009): 537-58.

13 그 이유가 완전히 이해되는 것은 아니지만, 보수주의자들은 뜻을 같이하는 사람들과의 대화를 훨씬 선호한다. 퓨리서치의 자료에 따르면, 가장 인기가 많은 진보적 토크쇼 〈에드 슐츠 쇼(The Ed Schultz Show)〉의 청취자는 보수적인 〈러시 림보 쇼(The Rush Limbaugh Show)〉의 청취자 수의 6분의 1에 지나지 않는다.

14 Kathleen Hall Jamieson and Joseph N. Cappella, *Echo Chamber: Rush Limbaugh*

and the Conservative Media Establishment (New York: Oxford University Press, 2008), 93-96.

15 아비트론(Arbitron)과 닐슨(Nielson)의 자료에서 추정한 것임.

16 더 신중한 토크쇼 상당수는 의제를 발전시키는 데 과장보다는 유머를 사용한다. 다음을 참조할 것. Jody C. Baumgartner and Jonathan S. Morris, eds., *Laughing Matters: Humor and American Politics in the Media Age* (New York: Routledge, 2012).

17 Nicholas Lemann, "The Limits of Language," in *What Orwell Didn't Know: Propaganda and the New Face of American Politics*, ed. András Szántó and Orville Schell (New York: Public Affairs, 2007), 15.

18 다음을 참조할 것. Jamieson and Cappella, *Echo Chamber*, 244-47.

19 2011년 10월 9일, 글렌 벡이 자신의 인터넷 기반 방송 쇼 〈GBTV〉에서 한 말.

20 다음에서 인용함. Alison Dagnes, *Politics on Demand: The Effects of 24-Hour News on American Politics* (Westport, CT: Praeger, 2010), 111.

21 Brendan Nyhan, "The Politics of Health Care Reform," *Forum* 8 (2010): 9.

22 *Glenn Beck Show*, February 11, 2009.

23 *Countdown with Keith Olbermann*, February 15, 2010.

24 "Partisanship and Cable News Audiences," Pew Research Center for the People and the Press, October 30, 2009, http://pewresearch.org/pubs/1395/partisanship-fox-news-and-other-cable-news-audiences; Jonathan S. Morris, "Slanted Objectivity? Perceived Media Bias, Cable News Exposure, and Political Attitudes," Social Science Quarterly 88 (2007): 725.

25 "Americans Spending More Time Following the News," 56.

26 같은 글.

27 Cass R. Sunstein, *Going to Extremes: How Like Minds Unite and Divide* (New York: Oxford University Press, 2009); 또한 다음을 참조할 것. Matthew A. Baum, "Partisan Media and Attitude Polarization: The Case of Healthcare Reform," *in Regulatory Breakdown: The Crisis of Confidence in US. Regulation*, ed. Cary Coglianese (Philadelphia: University of Pennsylvania Press, 2012), 118-42; Cass R. Sunstein, *Republic.com 2.0* (Princeton, NJ: Princeton University Press, 2009).

28 Jamieson and Cappella, *Echo Chamber*, 195-98.

29 David Kline and Dan Burstein, *Blog!: How the Newest Media Revolution Is Changing Politics, Business, and Culture* (New York: CDS Books, 2005), 11.

30 Richard Davis, *Politics Online* (New York: Routledge, 2005), 43.

31 Matthew A. Baum and Tim Groeling, "New Media and the Polarization of American Political Discourse," *Political Communication* 25 (2008): 360; Natalie J. Stroud, "Media Use and Political Predispositions," *Political Behavior* 30 (2008): 341-66.

32 Matthew Hindman, *The Myth of Digital Democracy* (Princeton, NJ: Princeton University Press, 2009), 138.

33 다음에서 인용함. Ken Auletta, "Non-Stop News," *New Yorker*, January 25, 2010,

38.

34   Peter Dahlgren, *Media and Political Engagement* (New York: Cambridge University Press, 2009), 165.

35   Ezra Klein, "Unpopular Mandate," *New Yorker*, June 25, 2012, 33; 또한 다음을 참조할 것. Dean A. Ziemke, "Selective Exposure in a Presidential Campaign," in *Communication Yearbook*, ed. Dan Nimmo (New Brunswick, NJ: Transaction, 1980), 500.

36   Nyhan, "Why the 'Death Panel' Myth Wouldn't Die: Misinformation in the Health Care Reform Debate," *Forum* 8, no. 1 (2010); Charles S. Taber and Milton Lodge, "Motivated Skepticism in the Evaluation of Political Beliefs," *Midwest Political Science Association* 50, no. 3 (July 2006): 755-69; Kari Edwards and Edward E. Smith, "A Disconfirmation Bias in the Evaluation of Arguments," *Journal of Personality and Social Psychology* 71 (July 1996): 5-24.

37   Leon Festinger, Henry W. Rieckman, and Stanley Shachter, *When Prophecy Fails* (New York: Harper Torchbooks, 1964), 31.

38   Brendan Nyhan and Jason Reifler, "When Corrections Fail: The Persistence of Political Misperception," *Political Behavior* 32 (2010): 303-30.

39   같은 글, 315.

40   2006년 쇼렌스타인 언론·정치·공공정책 센터에 다니던 존 캐럴이 한 말.

41   Edith Efron, *The News Twisters* (Los Angeles: Nash, 1971), 50.

42   예컨대, 다음을 참조할 것. Jim A. Kuypers, *Press Bias and Politics: How the Media Frame Controversial Issues* (Westport, CT: Praeger, 2002).

43   David D'Alessio and Mike Allen, "Media Bias in Presidential Elections: A Meta-Analysis," *Journal of Communication* 50 (2000): 133-56.

44   *Media Monitor*, Center for Media and Public Affairs, various dates.

45   Thomas E. Patterson, "Bad News, Bad Governance," *Annals of the American Academy of Political and Social Science* 546, no. 1 (July 1996): 97-108.

46   빌 켈러가 2010년 9월 22일 NPR의 〈온 포인트(On Point)〉에 출연해서 한 말.

47   Jeffrey E. Cohen, *The Presidency in the Era of 24-Hour News* (Princeton, NJ: Princeton University Press, 2008), 90.

48   예컨대, 다음을 참조할 것. Stephen J. Farnsworth and S. Robert Lichter, *The Mediated Presidency: Television News and Presidential Governance* (Lanham, MD: Rowman & Littlefield, 2005); Stephen J. Farnsworth and S. Robert Lichter, "News Coverage of New Presidents in *The New York Times*, 1981-2008," *Politics and Policy* 40 (2012): 69-91.

49   Mark Rozell, "Press Coverage of Congress," in *Congress, the Press, and the Public*, ed. Thomas E. Mann and Norman J. Ornstein (Washington, D.C.: Brookings Institution, 1994), 59-129.

50   Farnsworth and Lichter, *The Mediated Presidency*, 175-76.

51 다음에서 인용함. Peter Hamby, "Did Twitter Kill the Boys on the Bus?," draft paper, Shorenstein Center, May 2013, 67.

52 다음에서 인용함. David Shaw, "Beyond Skepticism: Have the Media Crossed the Line into Cynicism?," *Los Angeles Times*, April 17, 1996, A1.

53 예컨대, 다음을 참조할 것. Ida Tarbell, *The History of the Standard Oil Company* (New York: Cosimo Classics, 2010 [1905]).

54 Tim Groeling and Samuel Kernell, "Is Network News Coverage of the President Biased?,"*Journal of Politics* 60 (1998): 1063-87.

55 다음을 참조할 것. Ruth Markus, "A Campaign Isn't Just for Gaffes," *Minneapolis Star Tribune*, August 1, 2012, A11.

56 다음에서 인용함. Thomas E. Patterson, "More Style Than Substance: Television News in U.S. National Elections," *Political Communication and Persuasion* 8 (1991): 157.

57 다음에서 인용함. Doreen Carvajal, "For News Media, Some Introspection," *New York Times*, April 5, 1998, 28.

58 Shaw, "Beyond Skepticism."

59 Lippmann, *Public Opinion*, 214.

60 Patricia Moy and Michael Pfau, *With Malice Toward All? The Media and Public Confidence in Democratic Institutions* (Westport, CT: Praeger, 2000); 또한 다음을 참조할 것. Claes H. de Vreese and Matthijs Elenbaas, "Media in the Game of Politics: Effects of Strategic Metacoverage on Political Cynicism," *International Journal of Press/Politics* 13 (2008): 286.

61 다음을 참조할 것. John G. Geer, *In Defense of Negativity* (Chicago: University of Chicago Press, 2006).

62 William J. Cromie, "American Public Is Misinformed, Distrustful, New Study Finds," *Harvard Gazette*, December 5, 1996, www.news.harvard.edu/gazette/1996/12.05/AmericanPublici.html; 또한 다음을 참조할 것. Robert Blendon, "Bridging the Gap between the Public's and the Economists' Views of the Economy," *Journal of Economic Perspectives* 11 (1997): 105-18.

63 정책의 추세를 언급하는 정도는 정확했지만, 그 시기와 쟁점은 다양했다. "피를 흘리는 기사가 주목받는다"는 현상은 언론인들이 범죄에 대해 말하는 것을 왜곡했고, 1992년 경제가 호전되기 시작했을 때 언론인들은 뒤처져 있었다.

64 *Congressional Quarterly Weekly Report*, December 31, 1994, 3620.

65 다음에서 인용함. Thomas E. Patterson, *Out of Order* (New York: Knopf, 1993), 244.

66 Brian J. Fogarty, "Determining Economic News Coverage," *International Journal of Public Opinion Research* 17 (2005): 149-72.

67 예컨대, 다음을 참조할 것. H. Brandon Haller and Helmut Norpoth, "Reality Bites: News Exposure and Economic Opinion," *Public Opinion Quarterly* 61 (1997):

555-75.

68 예컨대, 다음을 참조할 것. Blendon, "Bridging the Gap"; Diana Mutz, "Mass Media and the Depoliticization of Personal Experiences," *American Journal of Political Science* 36 (1992): 483-508.

69 "Pessimistic Public Doubts Effectiveness of Stimulus, TARP," Pew Research Center, April 28, 2010, www.people-press.org/2010/04/28/pessimistic-public-doubts-effec tiveness-of-stimulus-tarp/.

70 Clay Ramsay, Steven Kull, Evan Lewis, and Stefan Subias, "Misinformation and the 2010 Election: A Study of the U.S. Electorate," Program on International Policy Attitudes, University of Maryland, College Park, December 10, 2010, 5, http://drum.lib.umd.edu/bitstream/1903/11375/4/Misinformation_Dec10_rpt.pdf.

71 CNN poll, January 25, 2010.

72 Ramsay et al, "Misinformation and the 2010 Election," 2.

73 Tom Rosenstiel and Amy Mitchell, "The State of the News Media, 2011," Pew Research Center's Project for Excellence in Journalism, March 14, 2011, http://state ofthemedia.org/2011/overview-2/.

74 Thomas E. Patterson, "Doing Well and Doing Good," Working Paper RWP01-001, Joan Shorenstein Center on the Press, Politics and Public Policy, John F. Kennedy School of Government, Harvard University (이후로는 '쇼렌스타인 센터'로 표기함), December 2000, 3, http://shorensteincenter.org/wp-content/uploads/2012/03/soft _news_and_critical_journalism_2000.pdf.

75 다음에서 인용함. James McCartney, "News Lite," *American Journalism Review*, June 1997, 21.

76 톰 브로코가 1997년 5월 9일 하버드 대학 케네디 스쿨에서 한 말.

77 Patterson, "Doing Well and Doing Good," 3-5; 또한 다음을 참조할 것. Michele Weldon, *Everyman News: The Changing American Front Page* (Columbus: University of Missouri Press, 2007), 37; 웰든은 20개 일간지를 대상으로 한 연구에서 2001~ 2004년에 연성 뉴스가 3분의 1 증가했음을 밝혔다.

78 Jones, *Losing the News*, 2-3.

79 Walter C. Dean and Atiba Pertilla, "I-Teams and 'Eye Candy': The Reality of Local TV News," in Tom Rosenstiel, Marion Just, Todd Belt, Atiba Pertilla, Walter Dean, and Dante Chinni, *We Interrupt This Newscast* (New York: Cambridge University Press, 2007), 31-35; 또한 다음을 참조할 것. Matthew R. Kerbel, *If It Bleeds, It Leads* (New York: Basic Books, 2000).

80 "AJR's 2009 Count of Statehouse Reporters," *American Journalism Review*, April/May 2009, http://ajr.org/article.asp?id=4722.

81 "Midwest Local TV Newscasts Devote 2.5 Times as Much Air Time to Political Ads as Election Coverage, Study Finds," press release announcing results from University of Wisconsin News-Lab study, Midwest Democracy Network, November 21,

2006, www.midwestdemocracynetwork.org/files/pdf/MNl_Nov06_Release.pdf. 반면에 지역 신문들은 계속해서 선거 보도를 제공한다. 예컨대, 다음을 참조할 것. R. Douglas Arnold, *Congress, the Press, and Political Accountability* (Princeton, NJ: Princeton University Press, 2004).

82 Center for Media and Public Affairs data, 1998.

83 Edwin Emery, *The Press and America*, 2nd ed. (Englewood Cliffs, NJ: Prentice-Hall, 1962), 215.

84 Michael J. Robinson, "Two Decades of American News Preferences, Part 2: News Interest across Decades and 'News Eras,'" Pew Research Center for the People and the Press, August 22, 2007, 11, www.pewresearch.org/files/old-assets/pdf/News Interest1986-2007Part2.pdf; "Anna Nicole Smith, Anatomy of a Feeding Frenzy," Pew Research Center's Project for Excellence in Journalism, April 4, 2007, 8, www.journalism.org/node/4872.

85 E-Poll, 2010, http://blog.epollresearch.com/tag/lindsay-lohan/.

86 Douglas Mataconis, "Casey Anthony Trial Got More News Coverage Than GOP Candidates," *Outside the Beltway*, July 6, 2011, www.outsidethebeltway.com/casey-anthony-trial-got-more-news-coverage-than-gop-candidates/.

87 "Casey Anthony Murder Trial Garners Extensive Media Coverage," *Los Angeles Times*, July 6, 2011, http://articles.latimes.com/2011/jul/o6/entertainment/la-et-casey-anthony-trial-sidebar-20110706.

88 "1993—The Year in Review," *Media Monitor* 8, no. 11 (January/February 1994).

89 연구에 따르면, 특히 범죄 뉴스는 사람들의 인식에 극적인 영향을 미친다. 예컨대, 다음을 참조할 것. Daniel Romer, Kathleen Hall Jamieson, and Sean Aday, "Television News and the Cultivation of Fear of Crime," *Journal of Communication* 53 (2003): 88-104; Roger D. Klein, "Audience Reaction to Local TV News," *American Behavioral Scientist* 46 (2003): 1661-72.

90 Sentencing Project data, 2001, and UK Home Office data, 2001.

91 Justice Department statistics, 1992-1994.

92 법무부 통계에 따르면, 폭력 범죄 발생률은 1993년 10만 명당 747명, 1994년 10만 명당 714명이었다.

93 다음 글의 문장을 본뜬 문장임. Lippmann, *Public Opinion*, 7.

94 George Zipf, *Human Behavior and the Principle of Least Effort* (Boston: Addison-Wesley, 1949).

95 Samuel Popkin, *The Reasoning Voter: Communication and Persuasion in Presidential Campaigns* (Chicago: University of Chicago Press, 1991). 또한 다음을 참조할 것. Paul M. Sniderman, Richard A. Brody, and Philip E. Tetlock, *Reasoning and Choice: Explorations in Political Psychology* (New York: Cambridge University Press, 1991); Arthur Lupia, "Shortcuts versus Encyclopedias: Information and Voting Behavior in California Insurance Reform Elections," *American Political Science*

Review 88 (1994): 63-76.

96   James H. Kuklinski, Paul J. Quirk, Jennifer Jerit, David Schweider, and Robert F. Rich, "Misinformation and the Currency of Democratic Citizenship," *Journal of Politics* 62 (2000): 790-816; Richard R. Lau and David Redlawsk, "Advantages and Disadvantages of Cognitive Heuristics in Political Decision Making," *American Journal of Political Science* 45 (2001): 951-71; David Redlawsk, "Hot Cognition or Cool Consideration? Testing the Effects of Motivated Reasoning on Political Decision Making," *Journal of Politics* 64 (2002): 1021-44.

97   다음에서 인용함. Kathleen Hall Jamieson and Paul Waldman, *The Press Effect: Politicians, Journalists, and the Stories That Shape the Political World* (New York: Oxford University Press, 2003), 167.

98   다음을 참조할 것. John D. Stevens, *Sensationalism and the New York Press* (New York: Columbia University Press, 1991).

99   다음에서 인용함. Stephen Bates, "Realigning Journalism with Democracy: The Hutchins Commission, Its Times, and Ours," Annenberg Washington Program, Northwestern University, Washington, D.C., 1995, 30.

100 Walter Pincus, "Newspaper Narcissism," *Columbia Journalism Review*, May/June 2009, www.cjr.org/essay/newspaper_narcissism_1.php.

101 Michael Schudson, "What Time Means in a News Story," Occasional Paper No. 4, Gannett Center for Media Studies, Columbia University, New York, 1986, 1.

102 *Good Morning America* broadcast, July 20, 2012.

103 예컨대, Steve Salerno, "Journalist-Bites-Reality!," eSkeptic, February 12, 2008, www.skeptic.com/eskeptic/08-02-13/.

104 같은 자료의 헤드라인을 참조할 것.

105 "BSE Cases in North America, by Year and Country of Death, 1993-2008," Centers for Disease Control and Prevention, 2008, www.cdc.gov/ncidod/dvrd/bse/images/bse_cases_namerica_2008.gif. 2008년 연구 이후 보고된 사례는 없다. BSE 희생자 3명 모두 외국에서 적지 않은 시간을 보냈고, 질병관리예방센터(CDC)는 그들이 미국 영외에서 감염되었다고 여긴다.

106 Salerno, "Journalist-Bites-Reality!"

107 전 CNN 뉴스 사장 릭 캐플런(Rick Kaplan)과 2001년 7월 19일에 나눈 대화를 바탕으로 함.

108 Thomas Patterson, *The Vanishing Voter* (New York: Knopf, 2002), 92.

109 다음에서 인용함. Frank Rich, "The End of the Beginning," *New York Times*, September 29, 2001, A23. 테넷의 증언에 관한 언급은 제니버 오버홀저(Geneva Overholser)의 ≪워싱턴 포스트≫ 칼럼에 처음 실렸다.

110 James Risen, "C.I.A. Chief Sees Russia Reviving Its Challenge to U.S.," *New York Times*, February 8, 2011, A11.

111 Patterson, *The Vanishing Voter*, 92.

112 Rich, "The End of the Beginning."

113 다음에서 인용함. Bates, "Realigning Journalism with Democracy," 11.

114 Salerno, "Journalist-Bites-Reality!", John H. McManus, *Market-Driven Journalism* (Thousand Oaks, CA: Sage, 1994), 162-63; Eric Jensen, "Scientific Sensationalism in American and British Press Coverage of Therapeutic Cloning," *Journalism and Mass Communication Quarterly* 89 (2012): 40-54; Richard Davis, *The Press and American Politics* (Upper Saddle River, NJ: Prentice-Hall, 2000), 24-27.

115 Doris Graber, *Mass Media and American Politics* (Washington, D.C.: CQ Press, 1980), 68. 그레이버가 언급한 연구는 다음과 같다. Robert W. Clyde and James K. Buckalew, "Inter-Media Standardization: A Q-Analysis of News Editors," *Journalism Quarterly* 46 (Summer 1969): 349-51.

116 Richard M. Perloff, Political Communication: Politics, Press, and Public in American Politics (Mahwah, NJ: Lawrence Erlbaum, 1998), 80.

117 "Campaign 2000 Final: How TV News Covered the General Election Campaign," *Media Monitor* 14, no. 6 (November/December 2000): 2.

118 Murray Edelman, *Constructing the Political Spectacle* (Chicago: University of Chicago Press, 1988), 32.

119 Meg Greenfield, "Chronic Political Amnesia," *Newsweek*, September 22, 1980, 96.

120 이 문장은 폴 비릴리오가 말한 "빛의 속도로 이루어질 수 있는 정치는 없다"라는 문장을 모방한 것이다. 다음에서 인용함. Thomas Keenen, "Live Feed: War, Humanitarianism, and Real-Time Television," unpublished fellowship proposal, Department of English, Princeton University, Princeton, NJ, 1997. 뉴스 주목도에 관한 고전 연구로는 다음을 참조할 것. G. Ray Funkhouser, "The Issues of the Sixties: An Exploratory Study of the Dynamics of Public Opinion," *Public Opinion Quarterly* 37 (1973): 62-75.

121 다음에서 인용함. Jones, *Losing the News*, 196.

122 James Fallows, "Did You Have a Good Week?," *Atlantic Monthly*, December 1994, 32-33.

123 다음에서 인용함. Auletta, "Non-Stop News," 42.

124 다음에서 인용함. Charles Sam Courtney, *Ignorant Armies* (Bloomington, IN: Trafford, 2007), 86; 또한 다음을 참조할 것. Dylan Byers, "The News Cycle Is Dead," *Politico*, September 3, 2012, www.politico.com/blogs/media/2012/09/the-news-cycle-is-dead-134216.html.

125 애덤 모스(Adam Moss)가 2011년 10월 14일 쇼렌스타인 센터 25주년 기념 세미나에서 한 말.

126 Philip Meyer, *The Vanishing Newspaper* (Columbia: University of Missouri Press, 2004), 84-86.

127 예를 들어, ≪워싱턴 포스트≫의 2011년 설문조사에 따르면, 허위 정보가 뉴스 조류에 흘러든 지 2년이 지나자 미국인의 4분의 1이 건강보험개혁안에 '국가생명윤리위원회

(death panels)' 관련 조항이 포함되었다고 믿기 시작한 것으로 나타났다.

128 예컨대, 다음을 참조할 것. Colleen Seifert, "The Continued Influence of Misinformation on Memory: What Makes a Correction Effective?," *Psychology of Learning and Motivation* 41 (2002): 265-92; Ullrich K. H. Ecker, Stephan Lewandowsky, and Joe Apai, "Terrorists Brought Down the Plane!—No, Actually It Was a Technical Fault: Processing Corrections of Emotive Information," *Quarterly Journal of Experimental Psychology* 64 (2011): 283-310.

129 예컨대, 다음을 참조할 것. Carl Hulse and Kate Zernike, "Bloodshed Puts New Focus on Vitriol Politics," *New York Times*, January 8, 2011; Jeff Zeleny and Jim Rutenberg, "In the Shock of the Moment, the Politicking Stops ... Until It Doesn't," *New York Times*, January 9, 2011.

130 CNN survey, January 17, 2011.

131 Nick Baumann, "Exclusive: Loughner Friend Explains Alleged Gunman's Grudge Against Giffords," *Mother Jones*, January 10, 2011; 또한 다음을 참조할 것. Public Policy Polling, January 18, 2011.

132 다음에서 인용함. "Communication as a Fermenting Agent: A Keynote View," *SDC Magazine*, May 1967, 4. Jay W. Stein, *Mass Media, Education, and a Better Society* (Chicago: Nelson-Hall, 1979), 40에서 재인용함.

133 Albert Camus, "Rules of Engagement," *Harpers Magazine*, July 2011, 16. 이 글은 1939년에 처음 쓰였지만 프랑스 당국에 의해 검열되어, 기록보관소에서 발견될 때까지 발표되지 못했다.

134 1931년 3월 17일 스탠리 볼드윈의 공식 논평으로 다음에서 인용함. Colin Seymour-Ure, *The Political Impact of Mass Media* (Beverly Hills, CA: Sage, 1974), 156.

135 Jamieson and Waldman, *The Press Effect*, 12.

136 "A Statement of Shared Principles," Committee of Concerned Journalists, Washington, D.C., www.concernedjournalists.org/node/380.

137 다음에서 인용함. Jackie Ogburn, "Good Persons, Good Workers, Good Citizens," *Insights*, Sanford School of Public Policy, Duke University, Durham, NC, April 2011, 20.

138 Howard Gardner, Mihaly Csikszentmihalyi, and William Damon, *Good Work: Where Excellence and Ethics Meet* (New York: Basic Books, 2001), 33.

139 "News Leaders and the Future," Pew Research Center's Project for Excellence in Journalism, April 12, 2010, www.journalism.org/node/20072.

140 "Statement of Concern," Committee of Concerned Journalists, 1999.

2장 정보원의 문제

1 Lippmann, *Liberty and the News*, 58.

2 다음 책에 실린 문장을 본뜬 문장임. Lippmann, *Public Opinion*, 228: "만일 싱클레어 씨가 우리로 하여금 믿게 한 것처럼 언론이 그렇게 일반적으로 사악한 것도 아니고 깊은 음모를 꾸미는 것도 아니라면, 언론은 민주주의 이론이 인정한 것보다 훨씬 더 부서지기 쉽다."

3 Leon Sigal, *Reporters and Officials: The Organization and Politics of News-making* (Washington, D.C.: Heath, 1973), 69.

4 Michael Schudson, *Why Democracies Need an Unlovable Press* (Boston: Polity, 2008), 52.

5 예컨대, 다음을 참조할 것. Herbert J. Gans, *Deciding What's News* (New York: Pantheon, 1979); Dominic L. Lasorsa and Stephen D. Reese, "News Source Use in the Crash of 1987: A Study of Four National Media," *Journalism Quarterly* 67 (1990): 60-71.

6 다음을 참조할 것 Edward Alwood, *Dark Days in the Newsroom* (Philadelphia: Temple University Press, 2007); Richard M. Fried, *Nightmare in Red: The McCarthy Era in Perspective* (New York: Oxford University Press, 1991).

7 Ben Bradlee, *A Good Life: Newspapering and Other Adventures* (New York: Simon & Schuster, 1995), 352.

8 Schudson, "What Time Means in a News Story."

9 다음에서 인용함. Shaw, "Beyond Skepticism."

10 Marvin Kalb, "The Rise of the 'New News,'" Discussion Paper D-34, Shorenstein Center, October 1998, 13, www.hks.harvard.edu/presspol/publications/papers/discussion_papers/d34_kalb.pdf.

11 예컨대, 다음을 참조할 것. Max Kampelman, "The Power of the Press," *Policy Review*, Fall 1978, 7-41; Irving Kristol, "Crisis Over Journalism," in *Press, Politics, and Popular Government*, ed. George Will (Washington, D.C.: American Enterprise Institute, 1972), 50; Michael Robinson and Margaret Sheehan, *Over the Wire and on TV* (New York: Sage, 1983), 2.

12 Gaye Tuchman, "Objectivity as Strategic Ritual: An Examination of Newsmen's Notions of Objectivity," *American Journal of Sociology* 77 (1972): 665.

13 Timothy Crouse, *The Boys on the Bus* (New York: Ballantine, 1974), 323.

14 다음에서 인용함. Barbara Gamarekian, "In Pursuit of the Clever Quotemaster," *New York Times*, May 12, 1989, Y10.

15 '맹목적 인용 보도'가 완전히 새로운 기술은 아니었다. 이는 1900년대 초반에 고안되었지만, 1970년대에 공격 저널리즘이 유행하기 시작할 때까지 드물게 사용되었다. 다음을 참조할 것. Kristi Andersen and Stuart J. Thorson, "Public Discourse or Strategic Game? Changes in Our Conception of Elections," *Studies in American*

Political Development 3 (1989): 271-73.

16   Paul H. Weaver, "Is Television News Biased?," *Public Interest* 27 (Winter 1972): 69.

17   다음에서 인용함. Robinson and Sheehan, *Over the Wire and on TV*, 226.

18   Patterson, *Out of Order*, 82.

19   Carl Leubsdorf, "The Reporter and the Presidential Candidate," *Annals of the American Academy of Political and Social Science* 427, no. 1 (1976): 6.

20   Weaver, "Is Television News Biased?," 69.

21   "They're No Friends of Bill," *Media Monitor*, July/August 1994, 2; 또한 다음을 참조할 것. Daniel R. Hallin, "Sound Bite News," *Journal of Communication* 42 (1992): 10; Kiku Adatto, "Sound Bite Democracy: Network Evening News Presidential Campaign Coverage, 1968 and 1988," Research Paper R-2, Shorenstein Center, 1990, 4.

22   Patterson, *Out of Order*, 75.

23   Kathleen Hall Jamieson, *Dirty Politics* (New York: Oxford University Press, 1992), 184-85; 또한 다음을 참조할 것. Jane Blankenship and Jong Guen Kang, "The 1984 Presidential and Vice-Presidential Debates: The Printed Press and 'Construction' by Metaphor," *Presidential Studies Quarterly* 23 (1991): 307-18.

24   Larry J. Sabato, *Feeding Frenzy: How Attack Journalism Has Transformed American Politics* (New York: Free Press, 1991), 1.

25   Joseph Cappella and Kathleen Hall Jamieson, "News Frames, Political Cynicism, and Media Cynicism," *Annals of the American Academy of Political and Social Science* 546 (1996): 79.

26   Jonathan S. Morris and Rosalee A. Clawson, "Media Coverage of Congress in the 1990s: Scandal, Personalities, and the Prevalence of Policy and Process," *Political Communication* 22 (2005): 297-313.

27   Kathleen Hall Jamieson and Karlyn Kohrs Campbell, *The Interplay of Influence*, 5th ed. (Belmont, CA: Wadsworth, 2001), 42.

28   "The Campaign and the Press at Halftime," report of the Times Mirror Center for the People and the Press, supplement to *Columbia Journalism Review*, July/August 1992, 4.

29   Thomas E. Mann and Norman J. Ornstein, eds., *Congress, the Press, and the Public* (Washington, D.C.: American Enterprise Institute and Brookings Institution, 1994): 59-129.

30   David Broder, "War on Cynicism," *Washington Post*, July 6, 1994, A19.

31   Maureen Dowd, "Raffish and Rowdy," *New York Times*, March 31, 1996, E15.

32   다음에서 인용함. Andrew Noyes, "FBI Director Lightens Up at Press Club," *National Journal*, May 16, 2008.

33   존 갤러가 2004년 12월 4일에 필자에게 한 말.

34 Jorgen Westerstahl and Folke Johansson, "News Ideologies as Moulders of Domestic News," *European Journal of Communication* 1 (1986): 126-43.

35 Tim Groeling and Matthew A. Baum, "Journalists' Incentives and Media Coverage of Elite Foreign Policy Evaluations," *Conflict Management and Peace Science* 26 (2009): 437-70.

36 "Campaign '96: The Media and the Candidates," final report to the Markle Foundation, Center for Media and Public Affairs, 1998; 또한 다음을 참조할 것. Erik P. Bucy and Maria Elizabeth Grabe, "Taking Television Seriously: A Sound and Image Bite Analysis of Presidential Campaign Coverage, 1992-2004," *Journal of Communication* 57 (2007): 652-75; Bruce Buchanan, *Renewing Presidential Politics* (Lanham, MD: Rowman & Littlefield, 1996), 149; Larry Bartels, *Presidential Primaries and the Dynamics of Public Choice* (Princeton, NJ: Princeton University Press, 1988), 32.

37 Matthew A. Baum and Tim Groeling, "Shot by the Messenger," *Political Behavior* 31 (2009): 157-86.

38 Tim Groeling, When Politicians Attack (New York: Cambridge University Press, 2010), 9.

39 Auletta, "Non-Stop News," 46.

40 Chris Mooney and Matthew C. Nisbet, "Undoing Darwin," *Columbia Journalism Review*, September/October 2005, 2.

41 Matthew C. Nisbet, Dominique Brossard, and Adrianne Kroepsch, "Framing Science: The Stem Cell Controversy in the Age of Press/Politics," *Harvard International Journal of Press/Politics* 8 (2003): 36-70.

42 다음을 참조할 것. Jonathan Morris, "Car Crashes and Soap Operas: Melodramatic Narrative on Cable News," in *Americana: Readings in American Popular Culture*, ed. Leslie Wilson (Hollywood, CA: Press Americana, 2006), 102.

43 다음에서 발췌한 사례임. from Natalie Jomini Stroud, *Niche News: The Politics of News Choice* (New York: Oxford University Press, 2011), 3-5.

44 같은 책.

45 "Campaign 2004: The Summer," *Media Monitor* 18, no. 5 (September/October 2004): 3.

46 W. Lance Bennett, "Toward a Theory of Press-State Relations in the U.S.," *Journal of Communication* 40 (1990): 103-25.

47 W. Lance Bennett, "Press-Government Relations in a Changing Media Environment," in *Oxford Handbook of Political Communication*, ed. Kathleen Hall Jamieson and Kate Kenski (New York: Oxford University Press, forthcoming).

48 Jamieson and Waldman, *The Press Effect*, chapter 7.

49 다음에서 인용함. Dagnes, *Politics on Demand*, 15.

50 다음에서 발췌한 사례임. Brendan Nyhan blog, "Bush vs. His Economists, IV,"

October 10, 2006, www.brendannyhan.com/blog/2006/10/bush_vs_his_eco.html.

51   Kovach and Rosenstiel, *The Elements of Journalism* (2001), 94.

52   다음을 참조할 것. William A. Gamson and Andre Modigliani, "Media Discourse and Public Opinion on Nuclear Power," *American Journal of Sociology* 95 (1989): 1-37.

53   Jack Fuller, *What Is Happening to News: The Information Explosion and the Crisis in Journalism* (Chicago: University of Chicago Press, 2010), 139.

54   Theodore J. Glasser, "Objectivity Precludes Responsibility," *Quill*, February 1984, www.columbia.edu/itc/journalism/j6075/edit/readings/glasser.html.

55   Tuchman, "Objectivity as a Strategic Ritual," 676; Bartholomew H. Sparrow, *Uncertain Guardians: The News Media as a Political Institution* (Baltimore: Johns Hopkins University Press, 1999), 26.

56   Jay Rosen, PressThink blog, April 12, 2009. 또한 다음을 참조할 것. W. Lance Bennett, Regina G. Lawrence, and Steven Livingston, *When the Press Fails: Political Power and the News Media from Iraq to Katrina* (Chicago: University of Chicago Press, 2007), 54-55.

57   Dana Milbank, "For Bush, Facts Are Malleable," *Washington Post*, October 22, 2002, A1.

58   John Zaller, *The Nature and Origins of Mass Opinion* (New York: Cambridge University Press, 1992), 315.

59   Danny Hayes and Matt Guardino, "Whose Views Made the News? Media Coverage and the March to War in Iraq," *Political Communication* 27 (2010): 59-87. James Curran, *Media and Democracy* (London: Routledge, 2011), 25에서 재인용함.

60   "The *Times* and Iraq," editors' note, *New York Times*, May 26, 2004.

61   다음에서 인용함. Howard Kurtz, "The *Post* on WMDs: An Inside Story," *Washington Post*, August 12, 2004, A1.

62   다음에서 인용함. Carol Matlack, "Crossing the Line," *National Journal* 21 (March 25, 1989): 727.

63   다음에서 인용함. Shaw, "Beyond Skepticism."

64   Campaign adviser Joseph Napolitan. 다음에서 인용함. Robert McNeil, *The People Machine* (New York: Harper and Row, 1968), 139.

65   다음에서 인용함. Steven E. Schier, *By Invitation Only: The Rise of Exclusive Politics in the United States* (Pittsburgh: University of Pittsburgh Press, 2000), 5.

66   예컨대, 다음을 참조할 것. Philip N. Howard, *New Media Campaigns and the Managed Citizen* (New York: Cambridge University Press, 2006); Pippa Norris, John Curtice, David Sanders, Margaret Scammell, and Holli A. Semetko, *On Message: Communicating the Campaign* (Thousand Oaks, CA: Sage, 1999); Hugh Heclo, "Campaigning and Governing: A Conspectus," in *The Permanent Campaign and Its Future*, ed. Norman J. Ornstein and Thomas E. Mann (Washington, D.C.:

American Enterprise Institute and Brookings Institution, 2000), 3; Michael Janeway, *Republic of Denial: Press, Politics, and Public Life* (New Haven, CT: Yale University Press, 1999), 163; Jarol Manheim, *All of the People, All the Time: Strategic Communication and American Politics* (Armonk, NY: M.E. Sharpe, 1991).

67   Edward L. Bernays, *Propaganda* (New York: Horace Liveright, 1928), 27.

68   다음을 참조할 것. Lawrence R. Jacobs and Robert Y. Shapiro, *Politicians Don't Pander* (Chicago: University of Chicago Press, 2000).

69   Joshua Green, "Meet Mr. Death," *American Prospect*, December 19, 2001, http://prospect.org/article/meet-mr-death.

70   Jamieson, *Dirty Politics*, 215.

71   Thomas E. Mann and Norman J. Ornstein, *The Broken Branch: How Congress Is Failing America and How to Get It Back on Track* (New York: Oxford University Press, 2008), vii; 또한 다음을 참조할 것. Thomas E. Mann and Norman J. Ornstein, *It's Even Worse Than It Looks: How the American Constitutional System Collided with the New Politics of Extremism* (New York: Basic Books, 2012).

72   예컨대, 다음을 참조할 것. Patrick Sellers, *Cycles of Spin: Strategic Communication in the U.S. Congress* (New York: Cambridge University Press, 2010).

73   Baum, "Partisan Media and Attitude Polarization." 바움은 또한 폭스 뉴스에 의존하는 사람들이 큰 정부를 예시한다는 근거로 다른 공화당원들에 비해 법안에 훨씬 더 반대하는 경향이 있음을 발견했다.

74   Neal Desai, Andre Pineda, Majken Runquist, and Mark Fusunyan, "Torture at Time: Waterboarding in the Media," student paper, Shorenstein Center, April 2010, http://dash.harvard.edu/bitstream/handle/1/4420886/torture_at_times_hks_students.pdf?sequence=1.

75   Rob Dietz, "Timeline of a Smear," Media Matters, January 30, 2007, http://mediamatters.org/research/2007/01/30/timeline-of-a-smear/137882.

76   Paul McLeary, "Insightmag: A Must-Read," *Columbia journalism Review*, January 29, 2007. 다음에서 재인용함. Dagnes, *Politics on Demand*, 110.

77   예컨대, 다음을 참조할 것. Harvey Molotch and Marilyn Lester, "Accidental News: The Great Oil Spill as Local Occurrence and National Event," *American Journal of Sociology* 81, no. 2 (1975): 235-58.

78   Lippmann, *Public Opinion*, 158.

79   Aristotle, *The Rhetoric* (Princeton, NJ: Princeton University Press, 1984), 32-33.

80   다음에서 인용함. Klein, "Unpopular Mandate," 31.

81   Patterson, *Out of Order*, 9-10,158.

82   Francis X. Clines, "Reagan Ridicules Mondale 'Realism,'" *New York Times*, July 26, 1984, www.nytimes.com/1984/07/26/us/reagan-ridicules-mondale-realism.html.

83   Steven R. Weisman, "Presidential Aide Scoffs at Mondale Tax Pledge," *New York Times*, July 21, 1984, www.nytimes.com/1984/07/21/us/presidential-aide-scoffs-at-

mondale-tax-pledge.html.

84 다음을 참조할 것. Mann and Ornstein, *It's Even Worse Than It Looks*; Ronald
    Brownstein, *The Second Civil War: How Extreme Partisanship Has Paralyzed
    Washington and Polarized America* (New York: Penguin, 2008).

85 W. Lance Bennett, "Press-Government Relations in a Changing Media Environ-
    ment," in *Oxford Handbook of Political Communication*.

86 Frances E. Lee, *Beyond Ideology: Politics, Principles, and Partisanship in the U.S.
    Senate* (Chicago: University of Chicago Press, 2009).

87 Juliet Eilperin, *Fight Club Politics* (Lanham, MD: Rowman & Littleheld, 2007).

88 Jay Rosen, "Why Political Coverage Is Broken," PressThink blog, August 26, 2011,
    http://pressthink.org/2011/08/why-political-coverage-is-broken/.

89 Scott McClellan, *What Happened: Inside the Bush White House and Washington's
    Culture of Deception* (New York: Public Affairs, 2008), 312.

90 Chris Wells, Justin Reedy, John Gastil, and Carolyn Lee, "Information Distortion and
    Voting Choices: The Origins and Effects of Factual Beliefs in Initiative Elections,"
    Political Psychology 30 (2009): 953-69.

91 다음에서 인용함. Jamieson and Waldman, *The Press Effect*, 189.

92 Stephen Ansolabehere, Roy Behr, and Shanto Iyengar, *The Media Game: American
    Politics in the Television Age* (New York: Macmillan, 1993), 236.

93 Taber and Lodge, "Motivated Skepticism in the Evaluation of Political Beliefs";
    Edwards and Smith, "A Disconfirmation Bias in the Evaluation of Arguments."

94 W. Lance Bennett, "Press-Government Relations in a Changing Media Environ-
    ment," in *Oxford Handbook of Political Communication*.

95 Murray Edelman, *Politics as Symbolic Action* (Chicago: Markham, 1971), 69.

96 Jennifer Jerit and Jason Barabas, "Bankrupt Rhetoric: How Misleading Information
    Affects Knowledge about Social Security," *Public Opinion Quarterly* 70 (2006):
    278-303.

97 Ramsay et al., "Misinformation and the 2010 Election," 14.

98 다음에서 발췌한 사례임. Klein, "Unpopular Mandate," 31.

99 다음을 참조할 것. "Public Attitudes Toward the War in Iraq: 2003-2008," Pew
    Research Center for the People and the Press, March 19, 2008, http://pewresearch.
    org/pubs/770/iraq-war-hve-year-anniversary.

100 Wells et al., "Information Distortion and Voting Choices."

101 Eric Pooley, "How Much Would You Pay to Save the Planet?," Discussion Paper
    D-49, Shorenstein Center, January 2009, www.hks.harvard.edu/presspol/publica
    tions/papers/discussion_papers/d49_pooley.pdf.

102 Maxwell T. Boykoff and Jules M. Boykoff, "Balance as Bias: Global Warming and
    the U.S. Prestige Press," *Global Environmental Change* 14 (2004): 126.

103 Frederick W. Mayer, "Stories of Climate Change: Competing Narratives, the Media,

and U.S. Public Opinion 2001-2010," Discussion Paper D-72, Shorenstein Center, February 2012, 8, www.hks.harvard.edu/presspol/publications/papers/discussion _papers/d72-mayer.pdf.

104 같은 글, 11.

105 Lauren Feldman, Edward W. Maibach, Connie Roser-Renouf, and Anthony Leiserowitz, "Climate on Cable: The Nature and Impact of Global Warming Coverage on Fox News, CNN, and MSNBC," *International Journal of Press/Politics* 20 (2011): 9.

106 Mayer, "Stories of Climate Change," 12; 또한 다음을 참조할 것. Feldman et al., "Climate on Cable," 9.

107 Mayer, "Stories of Climate Change," 33.

108 Maxwell T. Boykoff, *Who Speaks for the Climate? Making Sense of Media Reporting on Climate Change* (New York: Cambridge University Press, 2011), 133.

109 Pooley, "How Much Would You Pay to Save the Planet?," 4-5.

110 같은 글, 2.

111 Thomas E. Patterson, *The Mass Media Election: How Americans Choose Their President* (New York: Praeger, 1980), 156-59.

112 Ramsay et al., "Misinformation and the 2010 Election," 20-23.

113 같은 글, 13.

114 Fuller, *What Is Happening to News*, 139-41.

115 Pooley, "How Much Would You Pay to Save the Planet?," 5.

116 Bill Kovach and Tom Rosenstiel, *The Elements of Journalism*, rev. ed. (New York: Three Rivers Press, 2007), 83-84.

117 Sidney Blumenthal, "Afterword," in Lippmann, *Liberty and the News*, 80-81.

118 다음에서 인용함. Linda Greenhouse, "Challenging 'He Said, She Said' Journalism," *Nieman Reports* 66 (Summer 2012): 22.

119 W. Lance Bennett, "Press-Government Relations in a Changing Media Environment," in *Oxford Handbook of Political Communication*.

120 팰로스는 이 용어를 자신의 《애틀랜틱(Atlantic)》 블로그의 표제로 사용한다.

121 다음에서 인용함. Jay Rosen, PressThink blog, April 12, 2009, http://archive.press think.org/2009/04/12/hesaid_shesaid.html.

122 같은 글.

123 같은 글.

124 James H. Kuklinski, Paul J. Quirk, David Schweider, and Robert F. Rich, "'Just the Facts, Ma'am': Political Facts and Public Opinion," *Annals of the American Academy of Political and Social Science* 560 (1998): 148.

125 Patterson, *Out of Order*, 8.

126 "Biography of Nikita Khrushchev," National Cold War Exhibition, www.national coldwarexhibition.org/explore/biography.cfm?name=Khrushchev,%20Nikita.

127 Doris Graber, *Processing the News: How People Tame the Information Tide*, 2nd

ed. (New York: Longman, 1988), 141.

128 Scott Lehigh, "Fact Checks for the Fall Campaign," *Boston Globe*, August 15, 2012, A13.

129 Public Policy Polling survey, conducted for Daily Kos/SEIU, July 26-29, 2012.

130 Andrew Malcolm, "Poll Finds Americans Are Disgusted with Political Media," Investors.com (*Investors Business Daily*), August 9, 2012, http://news.investors.com/politics-andrew-malcolm/080912-621566-daily-kos-poll-finds-americans-think-very-little-of-media-covering-politics.htm?p=full.

131 Broder, "War on Cynicism."

132 Mark Levy, "Disdaining the News," *Journal of Communication* 3 (1981): 24-31; 또한 다음을 참조할 것. Jay G. Blumler and Michael Gurevitch, *The Crisis of Public Communication* (London: Routledge, 1995), 203.

133 예컨대, 다음을 참조할 것. Michael J. Robinson, "Public Affairs Television and the Growth of Political Malaise: The Case of 'The Selling of the Pentagon,'" *American Political Science Review* 70, no. 3 (1976): 409-32; Joseph N. Cappella and Kathleen Hall Jamieson, *Spiral of Cynicism: The Press and the Public Good* (New York: Oxford University Press, 1997); Arthur H. Miller, Edie N. Goldenberg, and Lutz Erbring, "Type-Set Politics: Impact of Newspapers on Public Confidence," *American Political Science Review* 73 (1979): 67-84; Matthew R. Kerbel, *Remote and Controlled: Media Politics in a Cynical Age*, 2nd ed. (Boulder, CO: Westview, 1999), 85; Adatto, "Sound Bite Democracy," 74; de Vreese and Elenbaas, "Media in the Game of Politics," 286.

134 Jamieson and Waldman, *The Press Effect*, 197.

135 John Zaller, "A New Standard of News Quality: Burglar Alarms for the Monitorial Citizen," *Political Communication* 20 (2003): 128.

136 Lippmann, *Liberty and the News*, 59.

137 *Federalist* No. 78.

138 Kathleen Hall Jamieson and Bruce W. Hardy, "Unmasking Deception: The Function and Failures of the Press," in *The Politics of News*, 2nd ed., ed. Doris A. Graber, Denis McQuail, and Pippa Norris (Washington, D.C.: CQ Press, 2008), 117-38.

139 Dan Pfieffer. 다음에서 인용함. Auletta, "Non-Stop News," 46.

140 John H. McManus, "Objectivity: It's Time to Say Goodbye," *Nieman Reports*, Summer 2009, 79, www.nieman.harvard.edu/reports/article/101564/Objectivity-Its-Time-to-Say-Goodbye.aspx.

141 Jonathan M. Ladd, *Why Americans Hate the Media and How It Matters* (Princeton, NJ: Princeton University Press, 2012), 199.

142 Dylan Byers, "The John King-Newt Gingrich Debate," *Politico*, January 20, 2012, www.politico.com/blogs/media/2012/01/the-john-kingnewt-gingrich-exchange-11 1596.html.

143 Nyhan and Reifler, "When Corrections Fail," 319, 324.

144 Dennis Chong and James N. Druckman, "Framing Public Opinion in Competitive Democracies," *American Political Science Review* 101 (2007): 641.

145 예컨대, 다음을 참조할 것. Albert C. Gunther and Janice L. Liebhart, "Broad Reach or Biased Source? Decomposing the Hostile Media Effect," *Journal of Communication* 56 (2006): 449-66.

146 Janeway, *Republic of Denial*, 166.

147 Jamieson and Waldman, *The Press Effect*, 30.

148 Ladd, *Why Americans Hate the Media and How It Matters*, 126.

149 같은 책, 1.

150 David Broder, "A Lonely Warning on Debt," *Washington Post*, May 4, 2006, B7.

151 다음에서 인용함. Jeffrey Katz, "Tilt?," *Washington Journalism Review*, January/February 1993, 25.

152 예컨대, 다음을 참조할 것. Hyunjin Kang, Keunmin Bae, Shaoke Zhang, and S. Shyam Sundar, "Source Cues in Online News: Is the Proximate Source More Powerful than Distal Sources?," *Journalism and Mass Communication Quarterly* 88 (2011): 719-36; Bruce E. Pinkleton, Erica Weintraub Austin, Yushu Zhou, Jessica Fitts Willoughby, and Megan Reiser, "Perceptions of News Media, External Efficacy, and Public Affairs Apathy in Political Decision Making and Disaffection," *Journalism and Mass Communication Quarterly* 89 (2012): 23-39.

153 "Who Do You Trust for War News?," Pew Research Center for the People and the Press, April 5, 2007, http://pewresearch.org/pubs/445/who-do-you-trust-for-war-news.

154 Brian J. Fogarty and Jennifer Wolak, "The Effects of Media Interpretation for Citizen Evaluations of Politicians' Messages," *American Politics Research* 37 (2009): 141.

155 Ladd, *Why Americans Hate the Media and How It Matters*, 159.

156 다음을 참조할 것. Edwin R. Bailey, *Joe McCarthy and the Press* (New York: Pantheon, 1981).

157 W. Lance Bennett, "Press-Government Relations in a Changing Media Environment," in *Oxford Handbook of Political Communication*.

158 E. J. Dionne, *They Only Look Dead* (New York: Simon & Schuster, 1996), 246.

3장 지식의 문제

1 Lippmann, *Public Opinion*, 226.

2 Greenhouse, "Challenging 'He Said, She Said' Journalism," 24.

3 Kovach and Rosenstiel, *The Elements of Journalism* (2001), 2-4.

4 "A Statement of Shared Principles," Committee of Concerned Journalists.

5   Kovach and Rosenstiel, *The Elements of Journalism* (2007), 41.

6   같은 책, 44-45.

7   같은 책, 43에서 인용함.

8   S. Robert Lichter and Ted J. Smith, "Bad News Bears," *Forbes Media Critic* 1 (1994): 81-87.

9   Westerstahl and Johansson, "News Ideologies as Moulders of Domestic News."

10   Curran, *Media and Democracy*, 97-110; 또한 다음을 참조할 것. Patterson, *Out of Order*, 176-79.

11   예컨대, 다음을 참조할 것. Thomas E. Patterson and Robert D. McClure, *The Unseeing Eye* (New York: Putnam, 1976).

12   Travis N. Ridout and Rob Mellon, Jr., "Does the Media Agenda Reflect the Candidates' Agenda?," *Harvard International Journal of Press/Politics* 12 (2007): 58.

13   Kovach and Rosenstiel, *The Elements of Journalism* (2001), 5.

14   Fuller, *What Is Happening to News*, 139.

15   Rachel Smolkin, "Media Mood Swings," *American Journalism Review*, June 2003, www.ajr.org/Article.asp?id=3040.

16   Scott R. Maier, "Accuracy Matters: A Cross-Market Assessment of Newspaper Error and Credibility," *Journalism and Mass Communication Quarterly* 82 (2005): 546.

17   David Broder, *Beyond the Front Page* (New York: Simon & Schuster, 1987), 19. Jamieson and Waldman, *The Press Effect*, 195에서 재인용함.

18   Lippmann, *Public Opinion*, 216.

19   This paragraph is modeled upon a paragraph by Lippmann, *Public Opinion*, 217.

20   Lippmann, *Liberty and the News*, 24-25.

21   "Election Study Finds Media Hit Hillary Hardest," Center for Media and Public Affairs, Washington, D.C., December 21, 2007. 클린턴의 야심에 대한 언론인들의 문제 제기는, 이 연구에서 앤드리아 미첼(Andrea Mitchell)이 〈NBC 나이틀리 뉴스(NBC Nightly News)〉에서 다음과 같이 인용한 사례에서도 찾아볼 수 있다. "비평가들이 말하기를, 이라크에 관해 가장 잘 알려진 그녀의 상원투표는 원칙이 아닌, 정치에 의해 이루어졌다."

22   예컨대, 다음을 참조할 것. "Pakistanis Disapprove of Bin Laden's Killing," Pew Global Attitudes Project, http://pewresearch.org/databank/dailynumber/?NumberID=1277.

23   다음에서 인용함. Thomas E. Patterson, *The American Democracy*, 5th ed. (New York: McGraw-Hill, 2001), 161.

24   Lippmann, *Public Opinion*, 228.

25   다음을 참조할 것. J. Goldstein, "Foucault Among the Sociologists: The 'Disciplines' and the History of the Professions," *History and Theory* 18 (1984): 175.

26   Everett C. Dennis and John C. Merritt, *Media Debates: Great Issues for the Digital Age*, 5th ed. (Belmont, CA: Wadsworth, 2006), 190-99.

27 다음을 참조할 것. Paul Godkin, "Rethinking Journalism as a Profession," *Canadian Journal of Media Studies* 4 (2008): 111.

28 기자들의 교육·훈련 배경에 관한 자세한 프로필에 관해서는 다음을 참조할 것. David H. Weaver, Randal A. Beam, Bonnie J. Brownlee, Paul S. Voakes, and G. Cleveland Wilhoit, *The American Journalist in the 21st Century* (Mahwah, NJ: Lawrence Erlbaum, 2007), 31-53.

29 다음에 인용함. Sparrow, *Uncertain Guardians*, 58.

30 Andrew Rich, *Think Tanks, Public Policy, and the Politics of Expertise* (New York: Cambridge University Press, 2004).

31 "Informing Communities: Sustaining Democracy in the Digital Age," Report of the Knight Commission on the Information Needs of Communities in a Democracy, April 7, 2010.

32 Robert J. Haiman, *Best Practices for Newspaper Journalists*, a handbook prepared for the Free Press/Fair Press Project, Freedom Forum, Arlington, Virginia, September 3, 2002, 23.

33 Jamieson and Waldman, *The Press Effect*, 12.

34 Lippmann, *Public Opinion*, 228.

35 1820년에는 제임스 먼로가 큰 격차로 이겼으나, 당시에는 단일 정당으로 구성되어 있었다[화합의 시대(Era of Good Feelings)]. 1964년에 린든 존슨은 프랭클린 루스벨트가 기록했던 일반 투표 표차를 앞질렀다. 다만 선거인단 투표에서의 표차는 그렇지 않았다.

36 Anthony Leviero, "Truman Confident of a Groundswell," *New York Times*, November 1, 1948, 1, 19.

37 Patterson, *Out of Order*, 95.

38 "Experts See Dewey Victory but Tight Race for Senate," *Newsweek*, November 1, 1948, 12.

39 "Seldom an Encouraging Word," *Newsweek*, November 1, 1948, 17.

40 "Prayer for a Chain Reaction," *Newsweek*, October 25, 1948, 24.

41 "Democrats," *Time*, October 18, 1948, 24.

42 Regina Lawrence, "Framing Obesity: The Evolution of News Discourse on a Public Health Issue," *International Journal of Press/Politics* 9, no. 3 (Summer 2004): 56-75.

43 Lippmann, *Public Opinion*, 217.

44 Scheuer, *The Big Picture*, 46-47.

45 다음에서 인용함. Cristine Russell, "Covering Controversial Science: Improving Reporting on Science and Public Policy," Working Paper 2006-4, Shorenstein Center, Spring 2006, 36.

46 Todd Oppenheimer, "Reality Bytes," *Columbia Journalism Review* 35 (September/October 1996): 40-42.

47 Emery, *The Press and America* (1962), 735.

48 Kevin Barnhurst, unpublished book manuscript, chapters 2 and 7.

49 Paul Radin, *Primitive Man as Philosopher* (New York: Dover, 1927).

50 Robert D. Leigh, *A Free and Responsible Press* (Chicago: University of Chicago Press, 1947), 23.

51 다음에서 인용함. Bates, "Realigning Journalism with Democracy," 23.

52 Lewis Gannett, "A Free and Responsible Press," *New York Herald Tribune*, March 28, 1947, 24.

53 다음에서 인용함. Bates, "Realigning Journalism with Democracy," 10.

54 Guido H. Stempel III and Hugh M. Cuthbertson, "The Prominence and Dominance of News Sources in Newspaper Medical Coverage," *Journalism Quarterly* 61 (1984): 671-76; Tony Atwater and Norma Green, "News Sources in Network Coverage of International Terrorism," *Journalism Quarterly* 65 (1988): 967-71; D. Charles Whitney, Marilyn Fritzler, Steven Jones, Sharon Mazzarella, and Lana Rakow, "Geographic and Source Biases in Network Television News, 1982-1984," *Journal of Broadcasting and Electronic Media* 33 (1989): 159-74.

55 Kevin G. Barnhurst, "The Makers of Meaning," *Political Communication* 20 (2003): 1-22.

56 Whitney et al., "Geographic and Source Biases in Network Television News."

57 Lawrence Soley, *The News Shapers: The Sources Who Explain the News* (New York: Praeger, 1992).

58 Barnhurst, unpublished book manuscript.

59 Matthew Nisbet, "Nature's Prophet," Discussion Paper D-78, Shorenstein Center, March 2013, http://shorensteincenter.org/wp-content/uploads/2013/03/D-78-Nisbeti.pdf.

60 Pincus, "Newspaper Narcissism."

61 Dennis and Merritt, *Media Debates*, 196.

62 해당 조사는 볼프강 돈스바흐와 토머스 패터슨이 이끌었다. 견해는 필자가 2012년에 해당 조사의 자료를 분석한 것을 토대로 한 것이다.

63 다음을 참조할 것. Remy Fröhlich and Christina Holtz-Bacha, *Journalism Education in Europe and North America* (New York: Hampton Press, 2003).

64 "Planning for Curricular Change in Journalism Education," Project on the Future of Journalism and Mass Communication Education, School of Journalism, University of Oregon, Eugene, 1984, 5.

65 다음을 참조할 것. Rakesh Khurana and J. C. Spender, "Herbert A. Simon on What Ails Business Schools: More Than A Problem in Organizational Design,'" *Journal of Management Science* 49 (2012): 619-39.

66 Kovach and Rosenstiel, *Elements of Journalism* (2001), 79-80.

67 같은 책, 79.

68 같은 책, 83.

69 같은 책.

70 같은 책, 89.

71 Lee Keath and Hadeel Al-Shalchi, "Protesters Press for Voice in Egyptian Democracy," Associated Press, March 12, 2011.

72 Thomas Friedman of the *New York Times*. 다음에서 인용함. Brendan Nyhan and John Sides, "How Political Science Can Help Journalism (and Still Let Journalists Be Journalists)," *Forum* 9 (2011): 8.

73 같은 글.

74 Kovach and Rosenstiel, *Elements of Journalism* (2001), 85.

75 Lippmann, *Public Opinion*, 217-18; Heclo, "Campaigning and Governing," 3.

76 Fuller, *What Is Happening to News*, 139.

77 Pincus, "Newspaper Narcissism."

78 다음에서 인용함. Bob Giles, "Universities Teach Journalists Valuable Lessons," *Nieman Reports*, Spring 2001, www.nieman.harvard.edu/reports/article/101711/Universities-Teach-Journalists-Valuable-Lessons.aspx.

79 Meyer, *Precision Journalism*, 4, 14.

80 같은 책, 13.

81 Stephen K. Doig, "Reporting with the Tools of Social Science," *Nieman Reports*, Spring 2008, 48-49.

82 Lippmann, *Public Opinion*, 227.

83 B. Medsger, "Winds of Change: Challenges Confronting Journalism Education," Freedom Forum, Arlington, Virginia, 1996.

84 Michelle K. McGinn and Wolff-Michael Roth, "Preparing Students for Competent Scientific Practice: Implications of Recent Research in Science and Technology Studies," *Educational Researcher* 28, no. 3 (April 1999): 14-24; 또한 다음을 참조할 것. N. Roll-Hansen, "Science, Politics, and the Mass Media: On Biased Communication of Environmental Issues," *Science, Technology, and Human Values* 19 (1994): 324-41; Matthew Yglesias, "Political Science and Political Journalism," Think-Progress blog, March 12, 2009.

85 Nyhan and Sides, "How Political Science Can Help Journalism," 1.

86 Barnhurst, unpublished book manuscript, chapter 3 and page 11.

87 Scheuer, *The Big Picture*, 104.

88 Lippmann, *Liberty and the News*, 74.

89 다음을 참조할 것. Khurana and Spender, "Herbert A. Simon on What Ails Business Schools."

90 다음을 참조할 것. Stephen D. Reese, "The Progressive Potential of Journalism Education: Rethinking the Academic versus Professional Divide," *Harvard International Journal of Press/Politics* 4 (1999): 70-91.

91 Geneva Overholser, "Keeping Journalism, and Journalism Education, Connected to

the Public," *Nieman Journalism Lab*, September 11, 2012, www.niemanlab.org/2012/09/geneva-overholser-keeping-journalism-and-journalism-school-connected-to-the-public/?utm_source=Daily+Lab+email+list&utm_medium=email&utm_campaign=8454ca109d-DAILY_EMass.lL.

92   Craig Silverman, "A New Age for Truth," *Nieman Reports* 66 (Summer 2012): 4.

93   다른 직종과의 비교 사례에 관해서는 다음을 참조할 것. Christopher Johns, "Framing Learning through Reflection within Carper's Fundamental Ways of Knowing Nursing," *Journal of Advanced Nursing* 22 (1995): 226.

94   다음에서 인용함. Melvin Mencher, "Will the Meaning of Journalism Survive?," *Nieman Reports*, June 2006, www.nieman.harvard.edu/reports/article/100501/Will-the-Meaning-of-Journalism-Survive.aspx.

95   Hamby, "Did Twitter Kill the Boys on the Bus?," 64.

96   C. W. Anderson, Emily Bell, and Clay Shirky, "Post-Industrial Journalism: Adapting to the Present," Tow Center for Digital Journalism, Columbia University Graduate School of Journalism, New York, 2012, http://towcenter.org/research/post-industrial-journalism/.

4장   교육의 문제

1   Lippmann, *Liberty and the News*, 59.

2   Jack Slater, "Who Said It First? Journalism Is the First Rough Draft of History," *Slate*, August 30, 2010.

3   Philip Schlesinger, "Newsmen and Their Time Machine," *British Journal of Sociology* 28 (1977): 336.

4   다음에서 인용함. Paul Taylor, *See How They Run* (New York: Knopf, 1990), 25.

5   다음을 참조할 것. James N. Gregory, *The Southern Diaspora: How The Great Migrations of Black and White Southerners Transformed America* (Chapel Hill: University of North Carolina Press, 2005).

6   조지 윌이 1977년에 워싱턴 D.C.에서 열린 미국정치컨설턴트협회(American Association of Political Consultants) 연례회의에서 한 발언. 저널리즘과 역사의 괴리를 보여주는 또 다른 사례는 항공 안전이다. 다음을 참조할 것. Roger W. Cobb and David M. Primo, *The Plane Truth: Air line Crashes, the Media, and Transportation Policy* (Washington, D.C.: Brookings Institution, 2003), 46.

7   Melvin L. DeFleur and Everett E. Dennis, *Understanding Mass Communication*, 7th ed. (Boston: Houghton Mifflin, 2002), 73-74.

8   다음에서 인용함. Nyhan and Sides, "How Political Science Can Help Journalism," 1.

9   Lippmann, *Public Opinion*, 219.

10   Jennifer Mahand, "Birth Control Linked to Heart Attack, Stroke," ABC News, June

13, 2012, http://abcnews.go.com/Health/birth-control-linked-heart-attack-stroke/story?id=16559498.

11 Victor Cohn. 다음에서 인용함. Russell, "Covering Controversial Science," 32.

12 Robert Entman, *Democracy Without Citizens: Media and the Decay of American Politics* (New York: Oxford University Press, 1989); Shanto Iyengar, *Is Anyone Responsible?: How Television Frames Political Issues* (Chicago: University of Chicago Press, 1991).

13 다음에서 인용함. Mencher, "Will the Meaning of Journalism Survive?"

14 Cappella and Jamieson, *Spiral of Cynicism.* Doris A. Graber, *Processing Politics: Learning from Television in the Internet Age* (Chicago: University of Chicago Press, 2001), 140에서 재인용함.

15 Graber, *Processing Politics*, 145.

16 Lichter and Smith, "Bad News Bears," 82.

17 Scheuer, *The Big Picture*, 46-47.

18 같은 책, 94에서 인용함.

19 예컨대, 다음을 참조할 것. Richard Nadeau, Neil Neville, Elisabeth Gidengil, and Andre Blais, "Election Campaigns as Information Campaigns," *Political Communication* 25 (2008): 229-48.

20 Donald A. Schön, *The Reflective Practitioner: How Professionals Think in Action* (New York: Basic Books, 1983), 61.

21 같은 책.

22 J. John Loughran, "Effective Reflective Practice," *Journal of Teacher Education* 53 (2002): 33.

23 다음을 참조할 것. Michael Schudson, *Discovering the News* (Cambridge, MA: Harvard University Press, 1978).

24 Nina Easton, "Rebelling Against the Rich," Discussion Paper D-75, Shorenstein Center, September 2012, 2, http://shorensteincenter.org/wp-content/uploads/2012/09/D-75_easton1.pdf.

25 이러한 경향에 관한 초기 연구로는 다음을 참조할 것. J. Herbert Altschull, "The Journalist and Instant History," *Journalism Quarterly*, 50 (1973): 545-51.

26 다음에서 인용함. Sparrow, *Uncertain Guardians*, 119.

27 Russell, "Covering Controversial Science," 2.

28 Joseph P. Bernt, Frank E. Fee, Jacqueline Gifford, and Guido H. Stempel III, "How Well Can Editors Predict Reader Interest in News?," *Newspaper Research Journal* 21 (2000): 2-10.

29 Anderson et al., "Post-Industrial Journalism."

30 Robert Niles, "A Journalist's Guide to the Scientific Method, and Why It's Important," *Online Journalism Review*, USG Annenberg, August 23, 2011, www.ojr.org/ojr/people/robert/201108/2004/.

31 Barnhurst, unpublished book manuscript, chapters 2 and 10; C. Tavris, "How to Publicize Science," in *Reporting Science: The Case of Aggression*, ed. J. H. Goldstein (Hillsdale, NJ: Lawrence Erlbaum, 1986), 21-32.

32 언론인들이 인터뷰를 보도의 한 도구로 개발하기 전, 보도는 대개 문서와 개인적인 관찰에 기반했다. 1900년대 초반까지 인터뷰는 미국 저널리즘의 주축이었다. 인터뷰는 점차 다른 국가에서도 보도의 도구로 사용되었으나, 미국에서보다는 제한적으로 사용되었다.

33 Kathleen Hall Jamieson and Karlyn Kohrs Campbell, *The Interplay of Influence*, 5th ed. (Belmont, CA: Wadsworth, 2001), 72.

34 Edward E. Jones and Victor A. Harris, "The Attribution of Attitudes," *Journal of Experimental Social Psychology* 3 (1967): 1-24.

35 Adam Nagourney, "G.O.P. Retakes Control of the Senate in a Show of Presidential Influence; Pataki, Jeb Bush, and Lautenberg Win," *New York Times*, November 6, 2002, A6.

36 Dana Milbank and Mike Allen, "White House Claims Election Is Broad Mandate," *Washington Post*, November 7, 2002, A27.

37 Luke J. Keele, Brian J. Fogarty, and James A. Stimson, "Presidential Campaigning in the 2002 Congressional Election," *PS: Political Science and Politics* 37 (2004): 827.

38 같은 글.

39 같은 글, 831.

40 Jack Fuller, *News Values* (Chicago: University of Chicago Press, 1996), 212; Hugh Heclo, "The Presidential Illusion," in *The Illusion of Presidential Government*, ed. Hugh Heclo and Lester M. Salamon (Boulder, CO: Westview, 1981), 8.

41 John Hartley, *Understanding News* (London: Methuen, 1982), 78.

42 Patterson, *The Mass Media Election*, 51.

43 다음에서 인용함. Kovach and Rosenstiel, *The Elements of Journalism* (2001), 187.

44 Westerstahl and Johansson, "News Ideologies as Moulders of Domestic News."

45 Hans Mattias Kepplinger and J. Habermeier, "The Impact of Key Events on the Presentation of Reality," unpublished paper, Insitut für Publizistik, University of Mainz, Germany, 1995.

46 Boykoff, *Who Speaks for the Climate?*, 118-19.

47 Meyer, *The Vanishing Newspaper*, 89.

48 Patterson, *The Mass Media Election*, 77-80.

49 Matthew C. Nisbet and Bruce V. Lewenstein, "Biotechnology and the American Media," *Science Communication* 23 (2002): 364.

50 Robert Entman, "Framing: Towards Clarification of a Fractured Paradigm," in *McQuail's Reader in Mass Communication Theory*, ed. Denis McQuail (London: Sage, 2002), 391-92.

51   예컨대, 다음을 참조할 것. Emily K. Varga, D. Jasun Carr, Jeffrey P. Nytes, and
      Dhavan V. Shah, "Precision vs. Realism on the Framing Continuum," *Political Com-
      munication* 27 (2010): 1-19; Iyengar, *Is Anyone Responsible?*, James N. Druckman,
      "Political Preference Formation," *American Political Science Review* 98 (2004):
      671-86; de Vreese and Elenbaas, "Media in the Game of Politics," 290; Nicholas A.
      Valentino, Thomas A. Buhr, and Matthew N. Beckmann, "When the Frame Is the
      Game," *Journalism and Mass Communication Quarterly* 78 (2001): 93-112.

52   Jacobs and Shapiro, *Politicians Don't Pander*, 181.

53   "Osama Bin Laden's Death Continues to Dominate the News," Pew Research
      Center's Project for Excellence in Journalism, May 9, 2011, 2, www.journalism.org/
      index_report/pej_news_coverage_index_may_2_8_2011.

54   Jamieson and Waldman, *The Press Effect*, 93-94; 해당 책에서 인용한 자료의 마지막
      문장이 나머지 문장보다 먼저 나온다. 또한 다음을 참조할 것. Martin Gilens, Lynn
      Vavreck, and Martin Cohen, "The Mass Media and the Public's Assessments of
      Presidential Candidates, 1952-2000," *Journal of Politics* 69 (2007): 1160-75.

55   Iyengar, *Is Anyone Responsible?*, 56.

56   같은 책.

57   Lesa Hatley Major, "The Mediating Role of Emotions in the Relationship between
      Framing and Attribution of Responsibility for Health Problems," *Journalism and
      Mass Communication Quarterly* 88 (2011): 502-22.

58   Matthew V. Storin, "While America Slept: Coverage of Terrorism from 1993 to
      September 11, 2001," Working Paper 2002-7, Shorenstein Center, Spring 2002,
      http://shorensteincenter.org/wp-content/uploads/2012/03/2002_07_storin.pdf.

59   리처드 홀브룩이 2001년 10월 4일 쇼렌스타인 센터에서 한 말.

60   Iyengar, *Is Anyone Responsible?*, 140.

61   Nicholas Lemann, "Research Chat: Nicholas Lemann on Journalism, Scholarship,
      and More Informed Reporting," Journalist's Resource, June 20, 2012, http://
      journalistsresource.org/reference/research/nicholas-lemann-journalism-scholarship
      -reporting.

62   J. S. Brown et al., "Situated Cognition and the Culture of Learning," *Educational
      Researcher* 18 (1989): 32-41. Michelle K. McGinn and Wolff-Michael Roth,
      "Reviewed work(s)," *Educational Researcher* 28 (1999): 14-24에서 재인용함.

63   Lee S. Shulman, "Those Who Understand: Knowledge Growth in Teaching," *Edu-
      cational Researcher* 15 (1986): 9. 다음 글에 기술되었다. Punya Mishra and Matthew
      J. Koehler, "Technological Pedagogical Content Knowledge," *Teachers College
      Record* 108 (2006): 1021.

64   Jean Lave and Etienne Wenger, *Situated Learning: Legitimate Peripheral Partici-
      pation* (Cambridge, UK: Cambridge University Press, 1991). Lynette Sheridan Burns,
      "Teaching Journalism as Decision-Making Best Practice in Journalism Education: An

International Web Conference," March 25–April 7, 2001에서 재인용함.

65   Steve Coll, "Research Chat: Steve Coll of *The New Yorker* and the New America Foundation," Journalist's Resource, June 20, 2012, http://journalistsresource.org/reference/research/research-chat-steve-coll-new-yorker-new-america-foundation.

66   Tom Rosenstiel, *The Beat Goes On* (New York: Twentieth Century Fund, 1994), 46. 다음에서 인용함. Rosen, *What Are Journalists For?*, 292.

67   Anderson et al., "Post-Industrial Journalism."

68   Harry C. Boyte, *Civic Agency and the Politics of Knowledge*, Kettering Foundation, April 3, 2009.

69   Shulman, "Those Who Understand," 9.

70   다음에서 인용함. Donica Mensing, "Rethinking [Again] the Future of Journalism Education," *Journalism Studies* 11 (2010): 514.

71   Emery, *The Press and America* (1962), 735.

72   다음에서 인용함. Scheuer, The Big Picture, 132.

73   다음에서 인용함. W. David Sloan and Lisa Mullikin Parcell, *American Journalism: History, Principles, Practices* (Jefferson, NC: McFarland, 2002), 82.

74   Scheuer, *The Big Picture*, 133.

75   "Planning for Curricular Change in Journalism Education," 5.

76   Cherian George, "Beyond Professionalization," *Journalism and Mass Communication Educator* 66 (2011): 259.

77   Robert Steiner, "In Toronto, We're Dumping the J-School Model to Produce a New Kind of Reporter," *Nieman Journalism Lab*, October 16, 2012, www.niemanlab.org/2012/10/robert-steiner-in-toronto-were-dumping-the-j-school-model-to-produce-a-new-kind-of-reporter/.

78   "New Curriculum Project," unpublished and undated report, Columbia University Graduate School of Journalism, New York.

79   Alex Jones, "Forward," in "A Report on the Carnegie-Knight Initiative on the Future of Journalism Education," Shorenstein Center, 2011, 1.

80   다음에서 인용함. Wolfgang Donsbach and Tom Fiedler, "Journalism School Curriculum Enrichment: A Mid-Term Report of the Carnegie-Knight Initiative on the Future of Journalism Education," Shorenstein Center, October 2008, 2.

81   같은 글, 3.

82   같은 글, 2.

83   다음을 참조할 것. Leonard Downie, Jr., and Robert G. Kaiser, *The News about the News: American Journalism in Peril* (New York: Vintage, 2003).

84   Lemann, "Research Chat."

85   Anderson et al., "Post-Industrial Journalism," 93.

86   Robin Blom and Lucinda D. Davenport, "Searching for the Core of Journalism Education," *Journalism and Mass Communication Educator* 67 (2012): 79.

87 2008년 쇼렌스타인 센터에서 수행한 미발표 조사.

88 예컨대, 다음을 참조할 것. Chris Argyris, "Teaching Smart People How to Learn,"
    Harvard Business Review 69 (1991): 99-109.

89 다음에서 인용함. Jones, "Forward," 3.

90 다음에서 인용함. Giles, "Universities Teach Journalists Valuable Lessons."

91 Wilson Lowrey, George L. Daniels, and Lee B. Becker, "Predictors of Convergence
    Curricula in Journalism and Mass Communication Programs," *Journalism and Mass
    Communication Educator* 60 (2005): 31-46.

92 Jones, "Forward," 4.

93 Mitchell Stephens, "Beyond News: The Case for Wisdom Journalism," Discussion
    Paper D-53, Shorenstein Center, June 2009, 24, http://shorensteincenter.org/wp-
    content/uploads/2012/03/d53_stephens.pdf.

94 다음에서 인용함. Katie Koch, "Academia, Meet the Press," *Harvard Gazette*, March
    28, 2012, http://news.harvard.edu/gazette/story/2012/o3/academia-meet-the-press/.

95 다음에서 인용함. Andrew Phelps, "From White Paper to Newspaper," *Nieman
    Journalism Lab*, November 21, 2011, www.niemanlab.org/2011/11/from-white-
    paper-to-newspaper-making-academia-more-accessible-to-journalists/.

96 다음에서 인용함. Koch, "Academia, Meet the Press."

97 Anderson et al., "Post-Industrial Journalism."

98 다음에서 인용함. Meyer, *The Vanishing Newspaper*, 233.

5장 수용자의 문제

1 Lippmann, *Public Opinion*, 223-24.

2 Thomas Jefferson, letter to Virginia legislator Charles Yancey, January 6, 1816,
   accessible at http://oll.libertyfund.org/?option=com_staticxt&staticfile=show.php%
   3Ftitle=807&chapter=88152&layout=html&ltemid=27.

3 *New York Times Co. v. United States*, 403 U.S. 713 (1971), http://caselaw.lp.find
   law.com/cgi-bin/getcase.pl?court=us&vol=403&invol=713.

4 다음을 참조할 것. Michael Schudson, *The Power of News* (Cambridge, MA:
   Harvard University Press, 1995), 199.

5 Matthew Gentzkow, Edward L. Glaeser, and Claudia Goldin, "The Rise of the
   Fourth Estate," in *Corruption and Reform: Lessons from Americas Economic
   History*, ed. Edward L. Glaeser and Claudia Goldin (Cambridge, MA: National
   Bureau of Economic Research, 2006), 187-230.

6 V. O. Key, Jr., *Public Opinion and American Democracy* (New York: Knopf,
   1961), 388; 또한 다음을 참조할 것. Paul Starr, *The Creation of the Media* (New
   York: Basic Books, 2004).

7   다음을 참조할 것. David T. Z. Mindich, *Just the Facts: How "Objectivity" Came to Define American Journalism* (New York: New York University Press, 2000).

8   Frank Bruni, *Ambling into History: The Unlikely Odyssey of George W. Bush* (New York: HarperCollins, 2002), 101.

9   다음에서 인용함. Graber, *Processing Politics*, 184.

10   예컨대, 다음을 참조할 것. Charles Layton, "State of the American Newspaper. What Do People Really Want?," *American Journalism Review*, March 1999, www.ajr.org/Article.asp?id=3271.

11   Doris Graber, *Processing the News* (New York: Longman, 1984), 103-5.

12   Delroy L. Paulhus and Douglas B. Reid, "Enhancement and Denial in Socially Desirable Responding," *Journal of Personality and Social Psychology* 60 (1991): 307-17.

13   예컨대, 다음을 참조할 것. Layton, "State of the American Newspaper."

14   Michael J. Robinson, "Two Decades of American News Preferences," parts 1 and 2, Pew Research Center for the People and the Press, 2007, www.pewresearch.org/2007/08/15/two-decades-of-american-news-preferences/. 이어지는 논의는 로빈슨의 평가에서 도출한 것임.

15   Patterson, "Doing Well and Doing Good," 6-7.

16   Michael J. Robinson, "Two Decades of American News Preferences, Part 1: Analyzing What News the Public Follows—and Doesn't Follow," Pew Research Center for the People and the Press, 2007, 9, http://pewresearch.org/files/old-assets/pdf/NewsInterest1986-2007.pdf.

17   같은 글.

18   Patterson, *The Mass Media Election*, 86-89; Graber, *Processing Politics*, 203-6.

19   Shanto Iyengar, Helmut Norpoth, and Kyu S. Hahn, "Consumer Demand for Election News: The Horserace Sells," *Journal of Politics* 66 (2004): 174.

20   같은 글.

21   Graber, *Processing the News* (1988), 206.

22   "The Invisible Primary—Invisible No Longer," Pew Research Center's Project for Excellence in Journalism, October 29, 2007, 8, www.journalism.org/node/8187.

23   다음에서 인용함. Hamby, "Did Twitter Kill the Boys on the Bus?," 28.

24   W. Lance Bennett, "Political Communication and Democratic Governance," in *Democracy in the Twenty-First Century*, ed. Peter Nardulli, draft manuscript. 또한 다음을 참조할 것. Susan Herbst, *Reading Public Opinion: How Political Actors View the Democratic Process* (Chicago: University of Chicago Press, 1998); Jamieson and Waldman, *The Press Effect*, 168.

25   다음에서 인용함. Hamby, "Did Twitter Kill the Boys on the Bus?," 26.

26   예컨대, 다음을 참조할 것. David E. Sanger, "Obama Nuclear Agenda Only Gets Harder after Treaty," *New York Times*, December 21, 2010, www.nytimes.com/

2010/12/22/us/politics/22assess.html?_r=0.

27 Jay Rosen, PressThink blog, April 12, 2009.

28 Patterson, *Out of Order*, 60-65.

29 Tom Wicker, "The Role of the Media—Informing or Influencing the Electorate?," paper presented at NBC Forum, Washington, D.C., March 1977, 1-2.

30 Hamby, "Did Twitter Kill the Boys on the Bus?" 27.

31 같은 글, 67.

32 Pamela J. Shoemaker, Timothy P. Vos, and Stephen D. Reese, "Journalists as Gatekeepers," in *The Handbook of Journalism Studies*, ed. K. Wahl-Jorgensen and T. Hanitzsch (New York: Routledge, 2009).

33 Dagnes, *Politics on Demand*, 30.

34 Pincus, "Newspaper Narcissism."

35 Levy, "Disdaining the News."

36 Graber, *On Media*, 30.

37 같은 책, 22.

38 다음에서 인용함. Jib Fowles, *Why Viewers Watch* (Newbury Park, CA: Sage, 1992), 163. 해당 연구는 마크 레비(Mark Levy)의 컬럼비아 대학 박사학위 논문에서 수행됨.

39 Robinson, "Two Decades of American News Preferences, Part 1," 19.

40 Pete Hamill, *News Is a Verb* (New York: Ballantme, 1998), 49.

41 Gerry Philipsen, "Speaking as a Communal Resource in Four Cultures," *International and Intercultural Communication Annual*, 1989, 79-92.

42 예컨대, 다음을 참조할 것. Cornelia Brantner, Katharina Lobinger, and Irmgard Wetzstein, "Effects of Visual Framing on Emotional Responses and Evaluations of News Stories about the Gaza Conflict, 2009," *Journalism and Mass Communication Quarterly* 88 (2011): 523-40.

43 Robinson, "Two Decades of American News Preferences, Part 1," 9.

44 같은 글, 11.

45 Jacquielynn Floyd, "When Horse Races Go Too Far Astray," *Dallas Morning News*, August 30, 2004,1B.

46 Rosenstiel et al., *We Interrupt This Newscast*, 101. [이 책은 한국에서 『뉴스 시청률 마법의 공식』(커뮤니케이션북스, 2012)이라는 제목으로 출간됨.]

47 "What Americans Learned from the Media about the Health Care Debate," Pew Research Center's Project for Excellence in Journalism, June 19, 2012, www.jour nalism.org/commentary_backgrounder/how_media_has_covered_health_care_deb ate.

48 Cappella and Jamieson, "News Frames, Political Cynicism, and Media Cynicism," 71.

49 Patterson, *The Mass Media Election*, 86, 89.

50   Graber, *Processing the News* (1984), 203, 206.

51   예컨대, 다음을 참조할 것. Adam Nagourney, "Broad Gun Control Efforts Intro-
      duced in Wake of Shooting," *New York Times*, December 18, 2012, www.nytimes.
      com/2012/12/19/us/states-leaders-proposing-steps-to-control-guns.html?_r=0.

52   "How the Media Covered the Gulf Oil Spill Disaster," press release, Pew Research
      Center's Project for Excellence in Journalism, August 25, 2010.

53   David Buckingham, "News Media, Political Socialization and Popular Citizenship:
      Towards a New Agenda," *Critical Studies in Mass Communication* 14 (1997): 344-
      66; Graber, *Processing Politics*, 134.

54   Robinson, "Two Decades of American News Preferences, Part 1," 12.

55   같은 글, 8.

56   Graber, *Processing the News* (1984), 105.

57   Christine F. Rideout, "News Coverage and Talk Shows in the 1992 Presidential
      Campaign," *PS: Political Science and Politics* 26 (1993): 712-16.

58   Pincus, "Newspaper Narcissism."

59   Popkin, *The Reasoning Voter*; Benjamin I. Page and Robert Y. Shapiro, *The
      Rational Public* (Chicago: University of Chicago Press, 1992).

60   Kovach and Rosenstiel, *The Elements of Journalism* (2007), 221-22.

61   Rosenstiel et al., *We Interrupt This Newscast*, 9.

62   Meyer, *The Vanishing Newspaper*, 2.

63   같은 책, 82.

64   Jeffrey A. Dvorkin, "It's About Time: Have NPR Reports Become Too Short?,"
      Organization of News Ombudsmen, November 7, 2002, http://newsombudsmen.
      org/columns/its-about-time-have-npr-reports-become-too-short.

65   "The Invisible Primary," 8.

66   Richard Adler, "News Cities: The Next Generation of Healthy Informed Communi-
      ties," Report of the 2010 Aspen Institute Forum on Communications and Society,
      Aspen Institute, Queenstown, MD, May 10, 2011, 46.

67   Michael P. McCauley, *NPR: The Trials and Triumphs of National Public Radio*
      (New York: Columbia University Press, 2005), 79.

68   "Americans Show Signs of Leaving a News Outlet, Citing Less Information," Pew
      Research Center's Project for Excellence in Journalism, March 18, 2013, http://
      stateofthemedia.org/2013/special-reports-landing-page/citing-reduced-quality-many
      -americans-abandon-news-outlets/.

69   "Understanding the Participatory News Consumer," Pew Research Center's Internet
      and American Life Project, March 1, 2010, www.pewinternet.org/Press-Releases/
      2010/Online-News.aspx.

70   Tom Rosenstiel et al., *We Interrupt This Newscast*, 185.

71   클레이 서키가 2011년 10월 14일 쇼렌스타인 센터 25주년 기념 세미나에서 한 말.

72   짐 밴더하이가 2011년 10월 15일 쇼렌스타인 센터 25주년 기념 세미나에서 한 말.

73   애덤 모스가 2011년 10월 14일 쇼렌스타인 센터 25주년 기념 세미나에서 한 말.

74   같은 출처.

75   비벡 쿤드라(Vivek Kundra)가 2011년 10월 14일 쇼렌스타인 센터 25주년 기념 세미나에서 한 말.

76   Rosenstiel et al., *We Interrupt This Newscast*, 185-86.

77   Anderson et al., "Post-Industrial Journalism."

78   같은 글.

79   Stephens, "Beyond News," 10.

80   같은 글, 25.

81   Patterson, "Doing Well and Doing Good," 7.

82   Jakob Nielsen, "Search Engines as Leeches on the Web," Jakob Nielsen's Alertbox, October 31, 2012, www.nngroup.com/articles/search-engines-as-leeches-on-the-web/; 또한 다음을 참조할 것. Jakob Nielsen, *Designing Web Usability* (Indianapolis, IN: New Riders, 1999).

83   Meyer, *The Vanishing Newspaper*, 2.

84   예컨대, 다음을 참조할 것. John Maltby, Liza Day, Lynn E. McCutcheon, Raphael Gillett, James Houran, and Diane D. Ashe, "Personality and Coping: A Context for Examining Celebrity Worship and Mental Health," *British Journal of Psychology* 95 (2004): 411-29.

85   다음에서 인용함. McCartney, "News Lite," 19-21.

86   Matthew Carleton Ehrlich, "The Journalism of Outrageousness," *Journalism and Communication Monographs* 155 (February 1996).

87   Deborah Potter and Walter Gantz, "Bringing People Back to Local TV," NewsLab survey, 2000.

88   Ladd, *Why Americans Hate the Media and How It Matters*, 126.

89   Stroud, *Niche News*.

90   Richard Maisel, "The Decline of Mass Media," *Public Opinion Quarterly* 37 (1973): 159-70.

91   Meyer, *The Vanishing Newspaper*, 82.

92   Rosenstiel et al., *We Interrupt This Newscast*, 49.

93   다음에서 인용함. "The State of the News Media 2013: Overview," Pew Research Center's Project for Excellence in Journalism.

94   Graber, *Processing the News* (1988), 129.

95   Timothy E. Cook, *Governing with the News* (Chicago: University of Chicago Press, 1998), 173.

96   다음에서 인용함. Jones, *Losing the News*, 203.

97   다음을 참조할 것. Lippmann, *Public Opinion*, 37-40.

98   Rosen, *What Are Journalists For?*, 295.

6장 민주주의의 문제

1   Lippmann, *Public Opinion*, 19.

2   Bruce Bimber, *Information and American Democracy: Technology in the Evolution of Political Power* (New York: Cambridge University Press, 2003), 34.

3   예컨대, 다음을 참조할 것. W. Russell Neuman, ed., *Media, Technology, and Society: Theories of Media Evolution* (Ann Arbor: University of Michigan Press, 2010).

4   Frank Luther Mott, *American Journalism: A History, 1690-1960* (New York: Macmillan, 1962), 122-23, 220-27.

5   Emery, *The Press and America* (1962), 515-16.

6   William H. Young and Nancy K. Young, *The 1930s* (Westport, CT: Greenwood, 2002), 163.

7   Robinson, "Public Affairs Television and the Growth of Political Malaise."

8   Martin J. Wattenberg, *Is Voting for Young People?* (New York: Pearson Longman, 2008), 32.

9   라디오 이전 뉴스의 수치는 필자가 1920년대의 성인 인구와 신문 발행 부수를 토대로 추정한 것임.

10   Thomas E. Patterson, "Young People and News," Shorenstein Center, July 2007, 22, www.hks.harvard.edu/presspol/research/carnegie-knight/young_people_and _news_2007.pdf.

11   Patterson, "Doing Well and Doing Good," 13.

12   Victoria J. Rideout, Ulla G. Foehr, Donald F. Roberts, and Mollyann Brodie, "Kids and Media at the New Millennium," Kaiser Family Foundation Report, Menlo Park, CA, 1999, 12.

13   Patterson, "Doing Well and Doing Good," 13.

14   Wattenberg, *Is Voting for Young People?*, 32.

15   같은 책.

16   "Americans Spending More Time Following the News," 43.

17   Patterson, "Young People and News," 12-14.

18   같은 글, 11; Hindman, *The Myth of Digital Democracy*, 131.

19   Hindman, *The Myth of Digital Democracy*, 68.

20   "In Changing News Landscape, Even Television Is Vulnerable," Pew Research Center for the People and the Press, September 12, 2012, www.people-press.org/ 2012/09/27/section-1-watching-reading-and-listening-to-the-news-3/.

21   Joseph Turow, *Breaking Up America* (Chicago: University of Chicago Press, 1997), 2.

22   다음을 참조할 것. Pew Research Center surveys, 1994-2012.

23   "Americans Spending More Time Following the News," 43.

24   Todd Gitlin, *Media Unlimited* (New York: Henry Holt, 2002), 5-6.

25 다음을 참조할 것. Robert Putnam, *Bowling Alone* (New York: Simon & Schuster, 2000).

26 다음을 참조할 것. William Powers, *Hamlet's BlackBerry* (New York: HarperCollins, 2010); Gitlin, *Media Unlimited*.

27 Marshall McLuhan, *Understanding Media* (Cambridge, MA: MIT Press, 1964), xi.

28 Samantha Murphy, "Afraid of Losing Your Cell Phone? You May Have Nomophobia Like Half the Population," Mashable Tech, February 21, 2012, http://mashable.com/2012/02/21/nomophobia/.

29 다음에서 인용함. Steve Lohr, "The Smartphone's Rapid Rise from Gadget to Tool to Necessity," *New York Times*, June 10, 2009, B1.

30 다음에서 인용함. Cara Feinberg, "The Mediatrician," *Harvard Magazine*, November/December 2011, 52.

31 Amanda Lenhart, "Teens, Smartphones, and Texting," Pew Research Center's Internet and American Life Project, March 19, 2012, http://pewinternet.org/Reports/2012/Teens-and-smartphones.aspx.

32 다음을 참조할 것. Kevin G. Barnhurst and Catherine A. Steele, "Image Bite News: The Coverage of Elections on U.S. Television, 1968-1992," *Harvard International Journal of Press/Politics* 2 (1997): 40-58.

33 같은 글, 42.

34 "Internet Sapping Broadcast News Audience," Pew Research Center for the People and the Press, June 11, 2000, www.people-press.org/2000/06/11/section-iv-attitudes-toward-the-news/.

35 Bauerlein, *The Dumbest Generation*, 45.

36 "Key News Audiences Now Blend Online and Traditional Sources," Pew Research Center for the People and the Press, August 17, 2008, www.people-press.org/2008/08/17/key-news-audiences-now-blend-online-and-traditional-sources/.

37 Mickie Edwardson, Kurt Kent, and Maeve McConnell, "Television News Information Gain: Videotext versus a Talking Head," *Journal of Broadcasting and Electronic Media* 29 (1985): 367-85.

38 Jonathan S. Morris and Richard Forgette, "News Grazers, Television News, Political Knowledge, and Engagement," *Harvard International Journal of Press/Politics* 12 (2007): 91-107.

39 "Interview: Sherry Turkle," *Frontline*, February 2, 2010; 또한 다음을 참조할 것. Sherry Turkle, *Alone Together* (New York: Basic Books, 2011).

40 Doris A. Graber, "Seeing Is Remembering," *Journal of Communication* 40 (1990): 134-55.

41 Herbert A. Simon, "Designing Organizations for an Information-Rich World," in Martin Greenberger, *Computers, Communication, and the Public Interest* (Baltimore: Johns Hopkins University Press, 1971), 40-41.

42   "Five-Minute Memory," November 27, 2008. 해당 연구는 Lloyds TSB에서 마케팅 전략 결정을 목적으로 의뢰해 행동심리학자들의 주도로 수행된 것이다.

43   Herbert H. Hyman and Paul B. Sheatsley, "Some Reasons Why Information Campaigns Fail," *Public Opinion Quarterly* 11 (1947): 412.

44   Prior, *Post-Broadcast Democracy*, 83; 또한 다음을 참조할 것. Ackerman and Fishkin, *Deliberation Day*, 5; Keeter and Zukin, *Uninformed Choice*; Delli Carpini and Keeter, *What Americans Know about Politics and Why It Matters*; Bauerlein, *The Dumbest Generation*, 235.

45   다음을 참조할 것. Edward Jay Epstein, *News from Nowhere* (New York: Vintage, 1974); Maxwell E. McCombs and Donald L. Shaw, "The Evolution of Agenda-Setting Research: Twenty-Five Years in the Marketplace of Ideas," *Journal of Communication* 43 (1993): 58-67.

46   다음을 참조할 것. Patterson and McClure, *The Unseeing Eye*.

47   Shanto Iyengar, "The Flow of Information in the Digital Age," Political Communication Report, October 2011, www.politicalcommunication.org/newsletter_21_3_iyengar.html.

48   Colin Leys, *Market-Driven Politics* (London: Verso, 2001), 150.

49   Karl W. Deutsch, "Communication Theory and Social Science," *American Journal of Orthopsychiatry* 22 (1952): 469-83.

50   Eric J. Johnson and Lisa Zaval, "Some People's Climate Beliefs Shift with Weather: Study Shows Malleability on a Long-Term Question," Earth Institute, Columbia University, New York, April 6, 2011, www.earth.columbia.edu/articles/view/2794; Lee Dye, "Global Warming and the Pollsters: Who's Right?," ABC News, June 16, 2010, http://abcnews.go.com/Technology/DyeHard/global-warming-polls-climate-change/story?id=10921583#.T_yQO5HpcjA.

51   예컨대, 다음을 참조할 것. Benkler, *The Wealth of Networks*.

52   Bruce A. Williams and Michael X. Delli Carpini, *After Broadcast News* (New York: Cambridge University Press, 2011), 88.

53   예컨대, 다음을 참조할 것. Gillmor, *We the Media*.

54   Williams and Delli Carpini, *After Broadcast News*, 89.

55   Singer, "The Journalist in the Network," 76.

56   Scott Gant, *We're All Journalists Now* (New York: Free Press, 2007).

57   다음에서 인용함. William Cole, ed., *The Most of A. J. Liebling* (New York: Simon & Schuster, 1963), 7.

58   Mary Lou Fulton. 다음에서 인용함. Mark Glaser, "The New Voices: Hyperlocal Citizen Media Sites Want You (to Write)!," *Online Journalism Review*, USC Annenberg, November 17, 2004.

59   군중의 판단이 전문가의 분석보다 우월한 경우도 있다. 다음을 참조할 것. James Surowiecki, *The Wisdom of Crowds* (New York: Doubleday, 2004).

60 Anderson et al., "Post-Industrial Journalism," 1.

61 Serena Carpenter, "How Online Citizen Journalism Publications and Online Newspapers Utilize the Objective Standard and Rely on External Sources," *Journalism and Mass Communication Quarterly* 85 (2008): 533-50.

62 Hindman, *The Myth of Digital Democracy*, 101.

63 같은 책, 90-91.

64 같은 책, 60-61.

65 Tom Grubisich, "Grassroots Journalism: Actual Content vs. Shining Idea," *Online Journalism Review*, USC Annenberg, October 6, 2005, www.ojr.org/ojr/stories/051006/.

66 Graber, *On Media*, 52.

67 D. Travers Scott, "Pundits in Muckrakers' Clothing," in *Blogging, Citizenship, and the Future of Media*, ed. Mark Tremayne (New York: Routledge, 2007), 39; Michael Keren, *Blogosphere: The New Political Arena* (Lanham, MD: Lexington, 2006).

68 William P. Eveland, Jr., and Ivan Dylko, "Reading Political Blogs in the 2004 Election Campaign," in Tremayne, *Blogging, Citizenship, and the Future of Media*, 108; 또한 다음을 참조할 것. Thomas J. Johnson and Barbara K. Kaye, "Wag the Blog," *Journalism and Mass Communication Quarterly* 81 (2004): 622-42.

69 Carpenter, "How Online Citizen Journalism."

70 Graber, *On Media*, 52.

71 W. Russell Neuman, "New Media—New Research Paradigm?," Political Communication Report, October 2011, www.politicalcommunication.org/newsletter_21_3_neuman.html.

72 Williams and Delli Carpini, *After Broadcast News*, 124.

73 John Dewey, *The Public and Its Problems* (New York: Holt, 1927), 142.

74 같은 책, 213.

75 제이 로젠, 제프 자비스 등은 듀이를 시민 저널리즘의 창시자로 언급하기도 한다.

76 Jeff Jarvis, *What Would Google Do?*, reprint ed. (New York: HarperBusiness, 2011), 245.

77 Jamieson and Waldman, *The Press Effect*, 12.

78 Graber, *On Media*, 52.

79 Williams and Delli Carpini, *After Broadcast News*, 311.

80 다음을 참조할 것. Rosen, *What Are Journalists For?*

81 John Hartley, "Journalism as a Human Right," in *Global Journalism Research*, ed. Martin Löffelholz and David Weaver (Malden, MA: Blackwell, 2008): 43.

82 David S. Broder, "Press Should Level with the Readers," *Washington Post*, June 9, 1979.

83 Dennis and Merritt, *Media Debates*, 156.

84 Klein, "Unpopular Mandate."

85   Lippmann, *Public Opinion*, 202.

86   예컨대, 다음을 참조할 것. Delli Carpini and Keeter, *What Americans Know about Politics*.

87   Maureen Dowd, "Toilet Paper Barricades," *New York Times*, August 12, 2009.

88   Bruce Ackerman, "The *Daily Show* and The *Colbert Report* in a Changing Information Environment: Should Take News' Be Held to Real Standards?," in *Will the Last Reporter Please Turn Out the Lights*, ed. Robert McChesney and Victor Pickard (New York: New Press, 2011), 301.

89   다음에서 인용함. Boyte, "Civic Agency and the Politics of Knowledge," 9.

찾아보기

인물 찾아보기

용어 찾아보기

지은이 **토머스 패터슨 Thomas E. Patterson**

하버드 대학 존 F. 케네디 스쿨의 쇼렌스타인 언론·정치·공공정책 센터(Joan Shorenstein Center on the Press, Politics and Public Policy)에서 정치와 언론 분과 전담 교수(Bradlee Professor of Government and Press)로서 연구 및 강의를 하고 있다. 그는 또한 정치·언론 분야에서 상당한 영향력을 지닌 저술가이기도 하다. 그의 첫 번째 책인 『보지 못하는 눈(The Unseeing Eye)』(1975)은 미국여론조사학회(American Association for Public Opinion Research)에 의해 지난 반세기 동안 출판된 저서 가운데 가장 영향력 있는 책 50권 중 하나로 선정되었다. 클린턴 대통령이 모든 정치인과 언론인이 읽어야 한다고 말해 화제가 되기도 한 『오류의 정치(Out of Order)』(1993)는 2002년 미국정치학회(American Political Science Association)에서 최근 10년간 출판된 정치 커뮤니케이션 분야 저술 중 가장 우수한 저서를 선정해 수여하는 그레이버상(Graber Award)을 수상했다. 그 밖에 그의 대표작으로는 『매스미디어 선거(The Mass Media Election)』(1980), 『미국의 민주주의(The American Democracy)』(1990), 『사라지는 유권자(The Vanishing Voter)』(2002) 등이 있다. 그의 연구는 포드(Ford), 마클(Markle), 스미스-리처드슨(Smith-Richardson), 퓨(Pew), 나이트(Knight), 카네기(Carnegie) 재단 및 국립과학재단(National Science Foundation) 등의 지원을 받았다.

옮긴이 **오현경**

2004년 서울대학교 언론정보학과를 졸업했으며, 2007년 동 대학원에서 석사학위를 받았고, 2009년 미국 포덤 대학(Fordham University)에서 도널드 맥거넌 연구센터(Donald McGannon Research Center)의 연구조교로 일하면서 커뮤니케이션 석사학위를 받았다. 2016년 조지메이슨 대학(George Mason University)에서 "How Political Disagreements Lead to Participation: Comparing Less and More Experienced Voters in the Case of the U.S. 2014 Midterm Elections"라는 논문으로 커뮤니케이션학 박사학위를 받았다. 박사학위 과정 수학 중 하버드 대학 존 F. 케네디 스쿨 출신 로버트 릭터(Robert Lichter) 교수의 정치 커뮤니케이션 수업에서 패터슨 교수의 책 『오류의 정치(Out of Order)』를 접했고, 이것이 계기가 되어 『뉴스 생태학』을 우리말로 소개하게 되었다. 옮긴 책으로 『수용자 진화: 신기술과 미디어 수용자의 변화』(공역, 2013)가 있으며, 현재 (주)문화방송 정책협력부 전문연구위원으로 재직 중이다.

방송문화진흥총서 183

뉴스 생태학
정보의 오염과 지식 기반 저널리즘

지은이 토머스 패터슨 ι **옮긴이** 오현경
펴낸이 김종수 ι **펴낸곳** 한울엠플러스(주) ι **편집** 최규선

초판 1쇄 인쇄 2018년 8월 27일
초판 1쇄 발행 2018년 8월 31일

주소 10881 경기도 파주시 광인사길 153 한울시소빌딩 3층
전화 031-955-0655 ι **팩스** 031-955-0656 ι **홈페이지** www.hanulmplus.kr
등록번호 제406-2015-000143호

ISBN 978-89-460-6540-6 03300 (양장) ι 978-89-460-6541-3 03300 (반양장)

Printed in Korea.
책값은 겉표지에 표시되어 있습니다.